美國多元假象

一味迎合種族和性別議題，
使大學沉淪，並逐漸侵蝕我們的文化

THE DIVERSITY DELUSION

How Race and Gender Pandering Corrupt the University and Undermine Our Culture

希瑟・麥克・唐納——著
黃庭敏——譯

HEATHER MAC DONALD

作者其他著作

《警察面對的戰爭》（*The War on Cops: How the New Attack on Law and Order Makes Everyone Less Safe*）

《敵視警方，兩敗俱傷》（*Are Cops Racist?: How the War Against the Police Harms Black Americans*）

《現代知識分子對社會的負面影響》（*The Burden of Bad Ideas: How Modern Intellectuals Misshape Our Society*）

《更好的移民方案》（*The Immigration Solution: A Better Plan Than Today's*）——與維克托・戴維斯・漢森（Victor Davis Hanson）和史蒂芬・馬蘭（Steven Malanga）合著

目錄

致謝

感謝湯馬斯．史密斯基金會（Thomas W. Smith Foundation）慷慨資助我在智庫曼哈頓政策研究所（Manhattan Institute）的研究，以及對本書的支持。我也要感謝安德莉亞．維特．卡爾頓家族基金會（Andrea Waitt Carlton Family Foundation）、彼得．法雷爾（Peter Farrell）、藍迪．肯德瑞克（Randy Kendrick）、黛安．葛瑞夫．歐文基金會（Dian Graves Owen Foundation）和亞瑟．魯普基金會（Arthur N. Rupe Foundation）的幫助，讓本書得以出版。

前言

一九〇三年，在美國最黑暗的仇恨時期，W．E．B．杜波依斯（William Edward Burghardt Du Bois，第一位從哈佛大學取得博士的美國非裔社會學家）語重心長地承認他與西方文明在知識上的密切關係，「我和莎士比亞比肩而坐，他並不畏縮。我與巴爾札克（Balzac）和大仲馬（Dumas）連袂而行，不分種族膚色。」杜波依斯在著作《黑人的靈魂》（*The Souls of Black Folk*）中寫道，「我隨心所欲地召喚亞里斯多德和奧理略[1]以及其他靈魂。他們飄然而至，既不輕蔑也不俯就。」[2]

半個世紀前，弗雷德里克．道格拉斯（Frederick Douglass）向十八世紀的英國演說家致敬，他十二歲時從一本政治演講選集[3]中認識了這些演說家。道格拉斯在自傳中回憶說：「有段時間，我一有機會就會孜孜矻矻研讀這本著作。」他寫道：「該選集的確實是豐富瑰寶。」在書中，理查．謝里丹（Richard

1　譯注：奧理略（Aurelius），羅馬帝國最偉大的皇帝之一。

2　W. E. B. Du Bois, *The Souls of Black Folk*, with an introduction by John Edgar Wideman (New York: The Library of America, 2009, pbk.), 438.

3　譯注：《哥倫比亞演說家》（*The Columbian Orator*）。

Sheridan）、查爾斯・詹姆士・福克斯（Charles James Fox）和威廉・皮特（William Pitt）「發表絕妙高論，這些想法也常常從我靈魂深處掠過，卻苦於無法用言語捕捉而消失無影。」[4]

然而，景況已大不相同。

二〇一六年，耶魯大學的學生遞交請願書，要求耶魯取消長達數十年的修課要求，喬叟、史賓賽、彌爾頓和華茲渥斯的作品，不該再是英語系學生的必修。學生抱怨說，這些作者的著作「會醞釀出一種格外仇視有色人種的文化」。[5]感嘆的是，在此刻這種要求已不足為奇。自一九八〇年代以來，人們就抨擊西方文化經典是排他和壓迫的手段，當時傑西・傑克遜（Jesse Jackson）[6]與史丹福大學的學生一起高呼：「嘿嘿呵呵，西方文明該滾蛋！」；而在過去幾年當中，這種敵意背後的世界觀更加激進，不僅改變了大學，也改變了整個世界。對「安全空間」[7]的要求、反射式地一味控訴別人種族歧視和性別歧視，以及輕視理性和正當程序等啟蒙價值，都不再只是學術界自我耽溺的奧秘物種；它們正日益影響企業界、政府和我們的公民社會。本書試圖研究這種轉變如何發生並探究其原因。

問題根植於當今充斥一套批評高等教育的觀念：認為人類是由膚色、性別和性取向等特徵來定義，而西方文明向來藉由歧視這些特徵而驅動；美國仍然是個偏見根深蒂固的地方，異性戀白人男性持續在這片土地上剝奪其他人的機會。

這些想法可歸類為「多元化」和身分政治，它重塑了大學，開創出圍繞著種族、族群、性別和性別認同等議題的全新研究領域。傳統科系的課程也透過同樣自我中心的透鏡，來回顧過去和現在。龐大的行政體系，即多元化官僚機構，推廣了這種觀念：想在越來越多的受害者群體中成為一名大學生，意味著你每天都會經歷到教授和同儕的偏執行為。二〇一五年秋天，普林斯頓大學的黑人學生高呼：「我們早已厭倦。」此語出自美國深南部[8]人權運動家芬妮・露・哈默（Fannie Lou Hamer）說的話，她在一九五〇年代因試圖投票而遭毆打。哈默有充分理由厭倦當時的氛圍，但若有哪位普林斯頓的學生自認受到迫害，那就是陷入嚴重的妄想。然而，這種妄想卻受到普林斯頓行政官僚的積極鼓動，其中包括機構平等和多元化教務長，她於二〇一八年初在校園四處張貼海報，邀請學生舉報「因身分問題而遭遇的不愉快經歷」。二〇一六年，布朗大學學生占領教務長辦公室，要求廢除傳統的課業要求，例如上課出勤率，因為他們在校園內還得費心在保命上，傳統的課業要求讓他們吃不消。然而實情是，不會有布朗大學的學生因為去上課或是為了學習，生命受到威脅。

這種受害者心態有時會助長激烈的反應，所以一旦有挑戰校園內「主流觀念」的言論出現，就會受到打壓。學生被教導要相信自己的存在受到周遭偏見的威脅，凡不相容的想法都是「仇恨言論」，這些「仇恨言論」和威脅生命的舉措行為，必要時應該予以懲罰、審查和強行驅趕。二〇一七年三月，米德爾伯

4　*The Frederick Douglass Papers, Series Two: Autobiographical Writings, vol. 2: My Bondage and My Freedom*, eds. John W. Blassingame, John R. McKivigan, and Peter P. Hinks (New Haven and London: Yale University Press, 2003), 90–91.

5　Victor Wang, "Student Petition Urges English Department to Diversify Curriculum," *Yale Daily News*, May 16, 2016, accessed May 7, 2018, http://yaledailynews.com/blog/2016/05/26/student-petition-urges-english-department-to-diversify-curriculum/.

6　譯注：傑西・傑克遜是美國著名黑人民權領袖和浸信會牧師。一九八四年和一九八八年曾是民主黨總統提名候選人。

7　譯注：即保護人們不受直率、令人不舒服的問題所影響，且不受到「言語上的暴力」。

8　譯注：一般將阿拉巴馬州、喬治亞州、路易斯安那州、密西西比州和南卡羅來納州視為深南部的範圍。

里大學（Middlebury College）的學生用叫囂、敲打牆壁和引發火警感應器等手段，成功阻止社會科學家查爾斯・默里（Charles Murray）到校演講；隨後學生襲擊一名與默里會談的教授，造成她腦震盪和頸部扭傷。默里好險沒被撞到，卻也絆跌倒地。[9]這起襲擊事件後，全美國各地一百七十七名教授簽署一封公開信，抗議襲擊者遭到處分，儘管處分極其輕微。教授們指責米德爾伯里大學的暴行，譴責校方決定讓默里前來演講、對學生構成「威脅」。幾天後，另一批教職員聲稱在這所風光如畫的校園裡，學生和「有色人種」教職員受到邊緣化、忽視、物化，並且因為受到排斥而無法好好參與學校生活的遭遇。他們寫道，這項抗議的主旨關乎「積極反對種族歧視、性別歧視、階級歧視、同性戀恐懼症、跨性別恐懼症、殘疾歧視、民族優越感、仇外心理，以及所有其他形式的不公正歧視」。[10]

二〇一七年五月，華盛頓州長青州立大學（Evergreen State College）的學生衝進生物學教授布萊特・溫斯坦（Bret Weinstein）的課堂，放聲咒罵並憤怒說出種族歧視的髒話。一位學生尖叫說：「幹，你這個爛人。」另一位學生尖叫：「幹，滾開這裡。」溫斯坦一生支持革新，拒絕服從該校種族多元文化諮詢服務主任要求所有白人教職員取消一天的課程、並且離開校園的命令；白人學生還被指示要缺席一日，以聲援長青州立大學少數族裔學生的抗爭。溫斯坦告訴抗議學生說，他不相信長青大學的理科教授會「針對」有色人種學生，違背新宣布的平等方案前提。「幹，誰要聽你說話，」一名學生回應，「誰跟你討論了！」長青大學的校長在遭受髒字連篇的暴民抨擊後，表示「感謝學生的熱情和勇氣」。二〇一七年九月，溫斯坦和他的妻子，也是長青州立大學的生物學教授，接受一筆五十萬美元的和解金後，辭去教職。

大學應該是學生接觸人類最偉大著作的場所，讓學生學習並瞭解這些著作之所以成為人類經驗試金石的理由。歷史應該傳達人們經過好幾個世紀的辛苦與努力，才從暴力、暴政和腐敗中開拓出穩定和繁榮。然而，受害者的意識形態卻鼓勵愚昧無知的年輕人去厭惡西方文明的里程碑，甚至拒絕研讀這些作品（布魯斯．包爾〔Bruce Bawer〕和羅傑．坎佰爾〔Roger Kimball〕之前分別在著作《受害者的革命》〔*The Victims' Revolution*〕和《獲得終身教職的激進分子》〔*Tenured Radicals*〕中指出這些趨勢）。針對學生不明就理的胡鬧，教職員以沉默回應，其他時候兩造則積極共謀，破壞人文學科的學習。

這種校園自憐事件沒有一件站得住腳。如今的美國大學生在歷史上屬於最有特權的人士，但是「種族歧視、性別歧視、階級歧視、同性戀恐懼症、跨性別恐懼症、殘疾歧視、民族優越感和仇外心理」的主張卻無所不在，現在也在學術界之外出現，受惠的受害者團體以此為由，將他們不認同的演講者和觀念噤聲。文明正在萎縮，公民和平岌岌可危，蒙面的無政府主義者使用暴力，阻止保守派人士在公共論壇上發表談話。要等到人們願意挑戰這種受害者心理的預設立場，揭露其與事實不符，才能解決校園內外的言論自由危機，這也是本書的目的。

學術界對身分認同的執迷真是諷刺，因為其源頭正是否認自我存在的哲學思想。一九七〇年代，解

9 Allison Stanger, "Understanding the Angry Mob at Middlebury That Gave Me a Concussion," op-ed, *New York Times*, Mar. 13, 2017, accessed May 7, 2018, https://www.nytimes.com/2017/03/13/opinion/understanding-the-angry-mob-that-gave-me-a-concussion.html.

10 Middlebury Faculty for an Inclusive Community, "An Initial Statement of Our Principles," *Middlebury Campus*, May 10, 2017, accessed May 7, 2018, http://middleburycampus.com/35724/opinions/an-initial-statement-on-the-principles-of-inclusivity-civil-freedoms-and-community/.

構主義文學理論掌管了人文科系，提出一系列關於語言的奇特主張，認為語言符號跟語意無直接關係，所以成功的溝通是不可能的。最令人驚訝的是，他們宣稱人文學科是虛構的，只是在上演浮誇橋段。一九八〇年代，隨著女性主義者和種族理論家採用了這種矯揉造作的解構術語，並挪用為政治武器，自我的概念開始強勢回歸。語言學上「延異」（*différance*）[11]這個關鍵的解構概念，成為受迫者與壓迫者之間的身分差異，研究的主要對象轉變成個人的自我以及其受害經驗。最重大的變化則是對西方知識傳統的態度，像是保羅·德曼（Paul de Man）和雅克·德希達（Jacques Derrida）等解構理論家，運用詮釋的手法，對普魯斯特（Proust）、盧梭（Rousseau）、柏拉圖、雪萊和華茲渥斯以及其他主要哲學家和作家進行批判；但是這些解構理論家並沒有貶抑這些複雜的文本，把它們說成是死去的白人男性的卑鄙作品。然而，多元文化主義在一九八〇年代掌管文學研究後，破壞了對文學經典的尊重，同時繼續以解構主義立場，揭露疑似的弦外之音和壓抑的含意，曾經是認識論[12]的課題如今成了政治課題。

多元文化主義將過去清白無辜的著作，一味地嘲諷成「死去的白人男性」所寫的作品，做為抨擊的藉口；現在還用這個幌子，進一步合理化成正式和非正式的審查制度。加州大學聖地牙哥分校一名二十三歲戲劇系學生，在二〇一八年二月廣傳一份請願書，以伍迪·艾倫涉嫌不正當性行為為由，要求取消討論伍迪·艾倫電影的課程。當被問及取消這門課程的要求是否違反言論自由的問題時，該學生對第一修正案不予理會，認為那是「過時的」法律，因為那是由一群白人撰寫的（可以肯定的是，她沒有讀過憲法修正案或權利法案的歷史）。聖地牙哥大學拒絕了她的請願書，但是多元文化頻頻找藉口、試圖廢除啟蒙運動的基本原則，持續在其他地方造成破壞。

即使是大學內唯一剩下的光明據點也受到攻擊，懷著受害者心態的人士正瞄準科學學術殿堂準備下手。目前，大學研究人員在智識發現上仍卓有貢獻，但是行政官僚和政府官員卻不斷要求理工科系按性別和種族雇用人員，而非看應徵者的既有成就。這麼做，可能會損害理工科系的智慧資本。這種要求目前延伸到就業市場上，維權團體和媒體也向矽谷和各地方的科技公司施加相同的壓力。

學術界的「多元化」，標榜的是搭橋和擴展人們的經驗，如今卻背道而馳，反而分裂社會，減少學習，並形成對立預設立場、阻礙個人把握住機會。相較之下，人文學科的目標應該放在，當學生進入與自己背景截然不同的世界時，讓他們經歷真正的多元化與差異。人文學科的研究涉及富想像力的同理心和好奇心，如今卻被大學壓制，受到支持的變成完全以自我為中心的怨天尤人。我們的責任是將經典傳承下去，以此回報這些偉大作品提供的崇高體驗。一旦我們停止情深意重地將它們傳遞給下一代，它們就會凋零消逝。

幾十年來，大學已越來越偏離其真正目標。現在，還要帶著其他人跟著他們一起錯下去。

11 譯注：意指語言的意義最終不可能獲得，意義只能是一個不斷向外擴散的過程。
12 譯注：為研究人類知識的真確性、可能性及其範圍的一種哲學。

第一部
種族

第一章

歇斯底里的校園

校園不寬容（intolrance）根本不是一種心理現象，而是一種思想現象。其中心是一種認為西方文化普遍都是種族主義和性別歧視的世界觀。教導年輕人將自己視為實存的受壓迫者，結果便是對於相反言論的強勢噤聲。

教職員去哪了？美國大學生越來越常使用粗暴手段，有時甚至訴諸暴力的犯罪行為，來打壓他們不喜歡的觀念。然而，當這樣的悲劇發生時，儘管大學教職員被賦予特權，可以保護他們自己的思想和言論自由，他們卻不見人影，除了鳳毛麟角的例外。現在是時候讓他們出來面對，不該再像埋在沙中的鴕鳥了。

二〇一七年，我連續兩天成為這種噤聲策略的目標，較嚴重的一天發生在加州克萊蒙特（Claremont）的克萊蒙特麥肯納學院（Claremont McKenna College），前一天在加州大學洛杉磯分校（UCLA）的情況則沒那麼糟糕。

克萊蒙特麥肯納學院的羅斯州和地方政府研究中心（The Rose Institute for State and Local Government）邀請我在四月與學生見面，就我的著作《警察面對的戰爭》（*The War on Cops*）進行演講。當時臉書上出現一些聲音，要求「封鎖」希瑟．麥克．唐納「這個惡名昭彰的白人至上法西斯主義者」。「我們克萊蒙特學院的有色人種學生」臉書粉絲專頁發出一則貼文，誇大地宣稱：「作為一個群組，我們**不能**、也**不允許**法西斯份子來論壇演說。我們反對一切形式的壓迫，我們拒絕讓麥克．唐納來演講。」「封鎖反黑人法西斯份子」粉絲頁則推出了「封鎖反黑人法西斯份子希瑟．麥克．唐納」的活動，鼓勵學生抗議這場演講活動，因為我涉嫌「譴責『黑人的命也是命』的維權活動」、「支持種族歧視的警察」，以及「支持增加法西斯式的『法律與秩序』」。[1]（我被人認為是法西斯份子，是因為我試圖替住在高犯罪率地區、數百萬守法的少數族裔居民發聲，這些居民支持警察，並迫切希望獲得更多的執法保護）。

活動主辦單位在演講前一天通知我，有人計畫要抗議，所以他們考慮把場地從學校的雅典娜會館，移往另一個玻璃窗較少且方便離場的地點。當我抵達校園時，我被專車送往一間安全的屋內；那是學校提供給賓客使用的客房，套房內的百葉窗是放下的。我聽到聚集的人群越來越多，有叫喊和敲擊的聲音，但我看不到示威者包圍的禮堂。一名女性發出歇斯底里的刺耳聲音，在所有叫喊聲中特別突出。我從陽台上看到一名身材嬌小的金髮女性走了過去，她臉上罩著巴勒斯坦的黑白格紋頭巾、身上揹著擴音器放大聲量。在大約三十五公尺遠的地方有個瞭望台，學生就坐在我陽台下的階梯上，在那裡制定戰略。

當天我沒有看到會館外（雅典娜會館仍是演講地點）的情形，但後來校刊《學生生活》（*The Student Life*）的精彩報導提供了當時的詳細資訊：

> 示威者大都身穿黑衣，下午四點聚集在哈諾德默德（Honnold/Mudd）圖書館外，進行抗議。「我們來到這裡，是為了封堵該死的法西斯份子。」一名活動領袖向大約一百名學生呼籲。示威者隨後一邊叫喊，一邊於四點半時遊行至雅典娜會館。活動領袖透過擴音器大喊：「種族主義者怎麼拼？」示威者回答：「C─M─C」[2]。
>
> 當他們到達時，示威者與駐守在會館四周大約二十名校警和克萊蒙特警察相遇。示威者無視於校警（他們並沒有阻撓示威者），以及隔開法蘭森廣場（Flamson Plaza）的臨時白色柵欄，他們手挽手，排成

1 Steven Glick, "Claremont Students Plan to Protest 'Anti-Black Fascist' Heather Mac Donald," *Claremont Independent*, Apr. 6, 2017, accessed May 7, 2018, https://claremontindependent.com/students-plan-to-protest-anti-black-fascist-heather-mac-donald/.

2 譯注：克萊蒙特麥肯納學院的縮寫。

好幾排，把雅典娜會館的所有入口都給包圍起來；他們還鼓勵白人學生站到抗議隊伍前面，在有色人種學生與警察之間形成一道藩籬。

示威者繼續呼喊口號，包括「嘿嘿呵呵，希瑟・麥克快滾蛋！」、「封堵」，以及持續不停的「黑人的命也是命！」。在呼喊「從奧克蘭到希臘，去你媽的警察！」口號時，有些警察顯得相當不自在。凱克科學學院（Keck Science）的東尼・富卡洛羅（Anthony Fucaloro）教授試圖進入會館大門未果，與抗議人群推擠、扭成一團。葛瑞特・萊恩（Garrett Ryan，二〇一七級學生）拿了一個大擴音器到廣場中心的露台，大聲撥放蘇沙（John Philip Sousa）的愛國進行曲「永遠的星條旗」（The Stars and Stripes Forever），結果激怒了示威者。有個女人跑向他，想要拆掉他的音源線，經過一陣小衝突後，音樂終止了，她回到人群時，示威者一陣歡呼。

萊恩告訴校刊說：「我的舉動不太受歡迎。」

波莫納學院（Pomona College）二〇一七級學生史蒂芬・葛里克（Steven Glick）是《克萊蒙特獨立報》（*The Claremont Independent*）的共同主編，試圖直播抗議活動，但是示威者蜂擁而上，擋住了他的手機。

幾名行政人員參加了抗議活動，並站在一邊。他們告訴校刊說，他們的角色是確保學生安全，但他們對示威者的觀點也表示同情。波莫納的副院長珍・柯林斯—艾格林（Jan Collins-Eaglin）說：「我很關心『黑人的命也是命』這個活動。」

在所有的口號中，「種族主義者怎麼拼？」（How do you spell racist?）「C—M—C」這個回答是最荒謬的（而且沒押到韻）。「種族主義者」克萊蒙特麥肯納學院非常熱衷招收「多元化」學生，以致長久以來他們招收的黑人和拉美裔學生，其學術水準測驗分數（SAT）平均比白人和亞裔學生低兩百分。

下午六點前，一名行政人員和幾名警察帶我去搭一台僻靜的電梯，悄悄進入雅典娜會館。我原本演講之前會先與學生碰面、並一起共進晚餐的大型宴會廳，整個空蕩蕩的。場外抗議人數接近兩百人，他們成功阻止了其他人進入會場。大片落地窗被半透明的百葉窗遮住，從裡面只能看到一大片模糊人影衝撞玻璃。校方決定讓我一人留在空曠的會場內進行演講直播，以保持原計畫的部分樣貌。演講台已從窗戶旁邊移開，這麼一來當天色暗下、室內燈光打開時，外頭的煽動份子就不會看到我。

開始演講時，我以過去兩小時聽到的「黑人的命也是命」口號，做為我演講的開場白。二〇一〇年萬聖節，五歲的亞倫．夏儂（Aaron Shannon Jr.）在洛杉磯中南部，驕傲地秀他的蜘蛛人服時無故遭到殺害。因此我希望，示威者當年憤怒的情緒與現在對我嗆聲的情緒是同樣強烈的。瓦茨（Watts）區廚房瘸幫（Kitchen Crips）一名二十六歲的幫派份子朝亞倫頭頂射了一發子彈，還開槍射到亞倫的叔叔和祖父。我也表示，我希望示威者也抗議二〇一五年十一月的一樁憾事，當時九歲的泰尚．李（Tyshawn Lee）被人用糖果引誘到芝加哥的一條小巷，隨後被泰尚父親的幫派仇家給暗殺了。凶手最初的計畫是割下泰尚的手指，寄給他的母親。我說，事實上「黑人的命也是命」的示威者忽略了一件事，那就是在這所有亂象中，他們真正該去關心的是警察。我不知道外面的示威者中，是否有人因飛車掃射失去了親人，如果發生了這樣的悲劇，首要之務就是打電話報警。

我在外頭持續的叫喊聲和敲打窗戶聲中完成了演講。我本來可以透過現場直播回答兩個問題，但宴會聽內的校方人員和警察在我的演講過程中，始終緊張地盯著窗戶看，並且判定外面的情況就要失控，不能再繼續下去了，因此暗示我該結束了。他們透過對講機協調，讓我從雅典娜會館的廚房離開，那裡停著一台上面沒有標記克萊蒙特警察局的黑色廂型車，我們經過廚房外門階上坐著的學生旁邊，他們看到我大吃一驚。在我進入廂型車之前，一名學生走過來，感謝我到克萊蒙特，然後我們飛車驅往警局。

就在前一晚，我成功地向前來聽演講的聽眾發表了一席關於警務的談話；以前這種情況很尋常，現在可不得了了。演講主持人是UCLA的共和黨員，將我的演講題目取名為「警察的命也是命」，但校園激進份子卻認為這是一種挑釁。我演講完畢，歡迎聽眾提問時，台下群情沸騰。示威者衝到講堂前面，搶走麥克風，大聲喊著「美國從來都不是偉大的國家」、「黑人的命也是命」，當然還有其他見解。經過近十分鐘的叫喊，一名主辦單位人員設法說服學生排隊提問。專注於高等教育的美國保守新聞網站 *The College Fix* 記錄了當時我與聽眾的交互問答：

一位黑人女性問，被警察殺死的黑人受害者是否重要。

「重要，」麥克・唐納回答，「那被黑人殺死的黑人小孩，對你來說重要嗎？」

此時教室裡發出震驚的抽氣聲、憤怒的抱怨聲以及熊熊燃燒的怒氣，提問的年輕女性開始用手指著麥克・唐納，對她大喊，並重複一開始的問題……

「我當然關心（被警察殺死的黑人受害者），而且你知道嗎？」麥克・唐納說：「政府沒有哪個機構比警察更為『黑人的命也是命』這個觀點付出心力。」

講堂到處出現人們震驚的抽氣聲和抱怨聲，「胡說！胡說！」一位沒被鏡頭拍到的年輕女子狂聲尖叫。

麥克・唐納繼續說：「過去二十年的犯罪率延續下降，直到二〇一四年八月趨勢突然扭轉，在此之前這至少挽救了上萬條少數族裔的生命，因為警察去到那些社區，趕走街上的毒販及幫派份子。」

麥克・唐納聽了更多問題，有時在問答中表達了自己的觀點，但是憤怒的聽眾也經常對她叫囂，例如：

「我不相信你的數據。」

「為什麼白人總要高人一等？我們可以談黑人的性命嗎？」

「同一個體制讓警察去殺害黑人的性命……」

「你沒有權利說話！」

「白人恐怖主義要怎麼解釋？！」

貧困會導致槍枝暴力，對於這種因果論的說法，我的回答是，如果真的相信這種因果關係，就應該關心大量低技術移民正在拉低美國窮人的工資。這麼一說，又引起新的怒喊：「大聲說清楚！美國歡迎移民。」

晚上八點，主辦單位決定結束活動，而我在警察護送下速速離開講堂。

UCLA校方並未承認我的演講和與學生互動的過程中有出現中斷。但是，克萊蒙特麥肯納學院承認這件事；在事件發生前後，校方都做出了回應。在我發表演講的前兩天，羅斯機構的所長安德魯．布施（Andrew Busch）發了一封電子郵件，譴責給演講者扣上「種族主義者」的稱號作為打擊手段，「要人閉嘴，或是用來操控同儕。」布施樂觀地用「如果……就會……」的條件式說法來看待事情：「如果我們使用這種方法，就會大步走向放棄思想自由和表達自由一途。」就好像使用「種族主義者」一詞來恐嚇人，在校園內外還不夠常見似的。布施嘗試對我的觀點做出中立的結論，指出我也以保護黑人生命為目標。

在我被帶出雅典娜會館幾分鐘後，教務長和院長彼得．烏文（Peter Uvin）發了一封公文給全校師生，表達對於人們無法參加講座感到失望，並讚賞講座最終還是以現場直播進行了。烏文是專門研究發展與人權的政治學教授，他接下來與呼籲社會正義的人群建立起善意溝通：「我完全理解人們對希瑟．麥克．唐納討論的議題有強烈的意見和不同的經歷（通常是痛苦的經歷）。但我也明白言語會傷人。在一個權力不平等的世界裡，曾遭受排擠的人往往會受到語言傷害。我支持人人有權讓這個世界變得更美好。」但此時可能不是重申這種觀點的最佳時機，因為抗議活動強化了禁止他人發言的姿態，並且根本上認為他人的發言有損被排斥或邊緣化的少數族裔。

第二天，CMC校長、前國際法教授希拉姆．喬多西（Hiram Chodosh）發表意見，解釋了未能干預示威者的失敗原因：「根據克萊蒙特警局的研判，我們共同得出結論是，任何強行干預或逮捕都會帶給學生、教職員、工作人員和賓客不安全感。基於安全考量，我們選擇了穩當的做法，對此我負全部責任。」[3]喬多西說，阻撓他人進入學校大樓的學生們，他們的舉動違反了學校政策，將會被追究責任。

校刊上有篇社論則對我亂扣帽子、刻意曲解我的立場，還對我說的話斷章取義。這樣斷章取義，想當然耳會造成誤解。至於為什麼要圍堵我的演講，社論記者則以「種族歧視無處不在」的說法來給人洗腦。即使像ＣＭＣ這樣比較保守的校園，學生看到的訊息也是：「如果我們讓她在雅典娜會館演講，或是去聽她的演講，那將會放大她的聲量並提高她的信譽。上個月我們提到，在撰寫和發表（即使「不夾帶主張」的）文章時，任何人的意圖都不會是被動消極的。這是今年我們多篇社論自始至終堅持的路線：許多在理論上看似中立的舉動，實際上都是根深蒂固的不自覺偏見。」[4]

當演講者需要警察在大學校園內外護送時，就是一個警訊，顯示發生了嚴重問題。除了硬底子的自然科學外，其他學科的教授都灌輸學生相信，今天在美國，除了亞裔以外的少數族裔或女性，都是受壓迫的對象，即使你是少數幸運兒，並且上的學校是多方資助、資源豐富的美國大學也不例外。那些教授還認為，若有人膽敢質疑這種普遍存在的偏執說法，就是發表「仇恨言論」[5]，等於是對少數族裔和女性的人身攻擊。結果，制止和懲罰異見變得合理。對於那些教職員來說，我是不折不扣的法西斯主義和白人至上份子，隨之而來的是我喪失了交流意見的權利。

政治演說必然伴隨著誇張，但我希望還剩下一些教職員對現實仍有一些體認，這樣他們就會明白，我和其他的保守派份子對少數族裔學生來說不是真正的威脅。試圖阻止我或其他持異議的知識份子與學生交流，這種做法只是為了讓左派思想繼續壟斷下去，這種被稱作「反法西斯」的打壓方式尤其多不勝

3　Hiram Chodosh, "Last Night's Ath Talk," email message to Claremont McKenna faculty, staff, and students, Apr. 7, 2017.

4　Editorial Board, "Ath Talks Aren't Neutral," *Student Life*, Apr. 7, 2017, accessed May 7, 2018, http://tsl.news/opinions/6698/.

5　譯注：因為作者受邀來學校演講，卻講出不同於校園內普遍的言論，所以學校師生直接認定作者是惡意的仇恨言論。

舉。我不願像宣稱是我的反對者的那些人一樣，隨意為他人扣上「法西斯份子」的稱號，但必須注意的是，如果校園保守份子試圖用蠻力阻止參議員伊莉莎白・華倫（Elizabeth Warren）[6]演講，《紐約時報》可能會把這事件放在頭版報導，而「法西斯份子」一詞會傳得滿天飛，緊接著就會出現「厭女症者」的稱號。當學生和無政府主義的同夥打破玻璃、破壞商家並攻擊他們所謂的敵人時，就如同二〇一七年二月學生暴動，抗議米羅・雅諾波魯斯（Milo Yiannopoulos）[7]前來柏克萊大學演講，或是阻止社會學家查爾斯・默里三月在米德爾伯里大學的演講，就很難不聽到一九三〇年代法西斯主義的餘音。

光是大學教授簽署支持言論自由的聲明，這樣還不夠（令人驚訝的是，這麼做的教授少之又少）。[8]當消息走漏、出現要將不相容政治觀點「圍堵」的計畫時，校方就必須嚴肅處理。CMC為了確保我的演講能順利進行，顯然付出了努力，但這樣還不夠。喬多西校長決定不逮捕那些阻擋人們進入雅典娜會館的滋事群眾，對此我事後不予置評。校方和校警可能不願做出任何需要對寶貝學生動用武力的事情；但是，若不要逮捕任何人，就必須召集足夠警力，透過警力指揮坐鎮，才能維持會場的進出順暢。

在有人計畫阻礙演講之前，教職員就必須在他們的課堂上重申學校對言論自由的信念。在面對威脅事件時，教職員應該為言論自由的理想賦予意義；有些學生試圖阻止其他人聽取挑戰校園正統觀念的想法，教職員應該讓這些學生覺得慚愧才是。不幸的是，自CMC的圍堵事件以來，全美國教授在面對學生審查時，要不繼續保持沉默，就是積極加入。二〇一八年一月，芝加哥大學的數十名教師，敦促校方取消川普總統前政治顧問史蒂芬·班農（Steve Bannon）就民族主義進行的辯論活動。[9] 出乎意料的是，芝加哥大學校方的做法與其他大學迥異，針對這種令人作噁、振振有詞的安全空間訴求，明確地拒絕並發出警告。很顯然的是，校方進行公開辯論的決心固然令人欽佩，但芝加哥大學教授們的態度，卻看不出願意讓別人表達言論的態度。

對於違反校規，處罰是絕對必要的。二〇一七年七月，CMC針對七名參與阻礙活動的學生，三人處以停學一學年、二人停學一學期，另外二人則處以緩處分。儘管受懲戒的學生不多，但對強行拒絕言論自由的學生來說，這些停學處分仍是至今美國大學給過最嚴厲的處分。米德爾伯里大學聲稱，已將數十名涉及默里事件的學生予以緩處分。雖然他們有暴力犯罪行為，但沒有人被停學。鄰近克萊蒙特地區其他大學的學生也阻礙了我的演講，但他們沒受到懲戒。

當然，CMC的學生和其支持者對於學校的處分並不買單。二〇一七年五月，CMC的學生、教職員和校友，聯合譴責學校是在「將本來就已經邊緣化的學生進一步定罪」。學校宣布停學的處分後，臉

6　譯注：美國民主黨政治人物，是麻州資深聯邦參議員。二〇一九年二月十日，華倫正式宣布參加二〇二〇年美國總統選舉，卻因在超級星期二的表現不佳宣布退出競選。

7　譯注：英國記者，自由意志主義者、演說家。他是出櫃的同性戀，他公開支持保守主義，支持唐納·川普的反政治正確，強烈反對左派進步主義。

8　原注：「正統學院組織」（Heterodox Academy）是一個致力於大學可以有多樣觀點的組織，擁有大約一千八百名教職員和研究生。這個組織是對學術界意識形態單一文化的必要制衡，其一千八百名成員占了美國一百六十萬名全職和兼職教職員的1%。

9　譯注：班農是知名的極端右翼民族主義份子，也常被外界質疑為「白人民族主義者」或「白人至上主義者」。

書粉絲頁「黑人的正義勇士」（Justice Warriors 4 Black Lives）的學生律師，宣稱校方的行為「非常粗暴」，根本是為了「恫嚇和霸凌」阻礙演講的人。可笑的是，那些學生自己才是恫嚇和霸凌他人的人，但在校園受害者心態這種是非顛倒的世界裡，這個事實並不被接受。

我們正在培育完全不瞭解美國建國基本思想的學生。任何文明的標記都必須對理性和對話有所承諾。歐洲啟蒙運動的偉大成就，是要求所有形式的權威都透過理性的論證為自己辯護，而不是以強迫的方式，或大辣辣地訴諸於傳統。在面對分歧時，訴諸暴力手段在大學校園內尤其令人不安，因為大學本來應該是提供文明對話模型的所在。

但是，那些正因妄想的怨恨和自憐而發火的學生終究會畢業的，而且有些人未來掌握的權力，會遠高於目前奉承他們的校園官僚和犬儒教師。除非現在就對抗校園審查的狂熱，否則我們寶貴的傳承可能會逐步受到殘害，甚至面目全非，而軟性的極權主義可能會成為美國的新常態。

—

在我現身CMC後幾週，波莫納學院和克萊蒙特地區附近學校的黑人學生發布一封公開信，公然表達他們反對言論自由。當然，是指他人的言論自由。這封信表示，克萊蒙特地區的大學教師沒做到最基本的教育職責。這份宣言是由「我們，波莫納學院和克萊蒙特地區大學的少數黑人學生」所撰寫，因為他們被波莫納學院即將卸任的院長大衛．奧斯托比（David Oxtoby）針對學術自由的溫和言論給激怒了。

奧斯托比的言論，是針對學生試圖封堵我的演講、引發阻撓事件所做的回應。暫且不論公開信簽署人為了建立自己的自由，自己的言論就可以不受約束，表現出對於言論自由明顯的無知；單就正式角度來看，這封信[10]也給了波莫納學院和克萊蒙特地區的大學莫大的難堪。

首先，信裡充滿惱人的語法錯誤（「儘管這學校，以及這整個國家裡的許多其他機構，都是建立在壓迫和貶低被邊緣化人群的基礎上，但學校有責任保護所服務的學生」）；以及信中反覆曲解學院裡的高階理論（high theory）[11]（公開信中又說「在討論到經歷和身分認同時，論述的概念阻止了學校用『哥倫布發現新大陸』[12]的視角，去推廣既定的現實和真理（學校變相說成是「智識探求」）」）。[13]

學生寫的公開信是否展現了波莫納學院教育的價值？簽署人的教授對於學生的英文掌握力是否滿意？如果把這封信當作學期報告來看，這篇不通順的文章能拿到幾分？

無疑地，教師擔心糾正「邊緣學生」的寫作，會讓自己遭遇第四章中ＵＣＬＡ教育學院的教授瓦爾．魯斯特（Val Rust）所遭受的壓迫。教師應該要對公開信寫出內容感到擔憂才對（學生寫出像「我們，這些……的少數黑人學生」這種傅柯後現代主義流派拗口的內容，至少那些可沒啟發學生這麼寫的老師會憂心）。這些學生

10 Dray Denson, Avery Jonas, and Shanaya Stephenson, "Open letter to David Oxtoby: In Response to Academic Freedom and Free Speech," Apr. 17, 2017, accessed Apr. 24, 2018, http://archive.is/Dm2DN#selection-147.10-147.127.

11 譯注：一般認為，學校教育中能登上教學殿堂的「官方知識」，應該是由中上階級文化所主導的「高階理論」。

12 譯注：「哥倫布發現新大陸」（Columbusing）一詞嘲諷白人自以為發現了新事物（其實早已經存在很久），並認為它是匪夷所思的外來者。

13 Dray Denson, Avery Jonas, and Shanaya Stephenson, "Open letter to David Oxtoby: In Response to Academic Freedom and Free Speech," Apr. 17, 2017, accessed Apr. 24, 2018, http://archive.is/Dm2DN#selection-147.10-147.127.

似乎在辯稱，言論自由的理想是建立在單一真理的概念上；而這種故弄玄虛而壓迫人的概念，鞏固了白人至上的地位：「只有一個真理，而『這真理』是西方歐洲的觀念建構，深植於啟蒙運動……這種架構是個神話，而白人至上、帝國主義、殖民、資本主義和美國就是其結果。在危及我們於公開場合生存的問題上，真理是我們必須尋求的實體——這種想法企圖讓被壓迫人民保持沉默。」

「我們，這些……少數的黑人學生」的做法是在開倒車，因為言論自由才是挑戰霸權的最佳工具。絕對統治者企圖壓制所有不順從社會規範的意見，審查是暴君不可或缺的堡壘。若沒有啟蒙運動及其對權威的挑戰，「我們，這些……很少數的黑人學生」甚至不會在克萊蒙特地區的大學讀書，那些世俗的獨立學院甚至可能不存在（很有趣的是，有多少啟蒙哲學家是「我們，這些……很少數的黑人學生」可以說出名字的?幾乎能肯定的是，他們沒有仔細研究過）。在反奴隸制和反「吉姆・克勞法」（Jim Crow laws）[14]的抗爭中，使用修辭手段來說服是絕對必要的。弗雷德里克・道格拉斯在一八六〇年時表明「奴隸制不能容忍言論自由。言論自由只要行使五年，就可以消除販賣奴隸的平台，打破南方的每一道鎖鏈」，當時波士頓暴民圍剿一個會議，阻止道格拉斯和其他人紀念激進的廢奴主義者約翰・布朗（John Brown）。那時候，北方報紙就像今日的學生進行審查一樣，一直呼籲要禁止廢奴主義者的言論。在波士頓暴民展開攻擊後，道格拉斯警告說：「在表達自己思想和意見的權利不復存在的地方，自由是沒有意義的。因為，所有權利中暴君最恐懼的東西就是自由。他們首先要廢除的就是這項權利。」「我們，這些……很少數的黑人學生」卻認為道格拉斯是個騙子。

「我們，這些……很少數的黑人學生」假裝自己是後現代的相對主義者，他們對於掌握關於我以及他們在ＣＭＣ受壓迫困境的真相，有十足的信心。

如同所有審查員和暴君一樣，「我們，這些……很少數的黑人學生」也很想徹底擊垮異議人士。他們要求ＣＭＣ校方對保守的《克萊蒙特獨立報》編輯「針對被邊緣化背景的學生，發出持續不斷的仇恨言論、反黑人和恐嚇行為」等等無止盡的罪行，同時處以紀律和法律處分。這些並非相對主義者的要求，而是專制主義者決心鞏固自己權力的要求。

「我們，這些……很少數的黑人學生」也對我的工作有嚴重的誤讀，這顯示克萊蒙特地區學生的閱讀能力與他們的寫作技巧一樣差強人意。對於合法、積極警務的必要性，我的所有論點都是基於黑人生命的價值。我譴責黑人因飛車掃射和其他形式街頭暴力的罪行而喪生。黑人死於凶殺的比率是白人和拉美裔人口總和的六倍，這是對公民權利的憎惡。黑人兒童應該要能走路上學，他們面臨到的幫派襲擊風險，應該要和白人兒童一樣低。

「我們，這些……很少數的黑人學生」說了一堆文法不通的修飾詞，來取消我的發言資格。「希瑟·麥克·唐納是個法西斯份子、白人至上主義者、戰鷹、恐懼跨性別者、恐懼性別酷兒者、階級主義者，她對環環相扣的壓迫體制非常無知，這種壓迫造成致命情況，迫使受壓迫者生活其中。」果不其然，這種眾所皆知的無知也顯示在書信的其餘部分。針對伊拉克戰爭及其政權轉移，我很早就寫了一篇文章提

14　編注：一八七六年至一九六五年間，美國南部各州及邊境各州，對有色人種（主要針對非裔美國人，但同時也包含其他族群）實行種族隔離制度的法律。這些法律上的種族隔離強制公共設施必須依照種族的不同而隔離使用。

出反對意見，這部分是有書面紀錄可資證明。他們給我冠的其他稱號並不值得回應。

在過去的幾年中，無獨有偶地，我的校園經歷早已頻繁到人們習以為常了。

在這更加黑暗的政治時代裡，柏克萊大學的反米羅·雅諾波魯斯事件，引發了特別廣大的迴響。雅諾波魯斯（Milo Yiannopoulos）是個大膽浮誇的挑釁份子，支持川普，喜好違反政治正確的禁忌，原定二〇一七年二月受邀到柏克萊演講，但柏克萊和市警為他的演講做準備時，配備人員嚴重不足，這無疑是因為盛行的執法理念要求現場看起來沒「火藥味」。舊金山灣區的維權人士在二〇一四年「他X的警察」抗議活動中抱怨，由於這種反警暴動當地人都知道，看到警察穿著防暴裝備就會讓人們感到不安。從那時起，警察便不願使用傳統的人群控制策略。但是，雅諾波魯斯的這場演講肯定會引發嚴重衝突，出現幾十個所謂的黑衣人無政府主義者也不意外；自二〇〇〇年代初期以來，這些目無法紀的攻擊者一直是灣區抗議活動常見的景象。

當燃燒的炮彈開始在雅諾波魯斯預定演講的學生中心四處亂飛時，加州大學的校警撤退到大樓內部，直到事件結束才又出現。戴著黑色面具的無政府主義者對假定的參與者拳腳相向、噴胡椒水，並向警察投擲爆炸裝置後，演講活動被取消了。當暴動者散開到市區街道上，警方指揮官既沒有戰術策略，也沒有人力來制止混亂。搗亂份子洗劫並放火燒了銀行和零售商店，打破窗戶、點火，並砸毀自動提款機。警察整夜只逮捕了一個人，而這人因為是來不及驅散而被捕。暴動者肯定注意到他們不受阻礙的優勢，第二天繼續暴力行為，在校園內外都有柏克萊大學的共和黨人士遭到人身攻擊。

接下來的一週，柏克萊校刊邀請幾位現任和前任專欄作家，為反雅諾波魯斯的暴力活動進行辯護。這是一項簡單的任務，這些作家只需回收利用校方和教師多年來餵養學生的矯情煽動言論即可。

其中一位贊成暴力的專欄作家寫道，他會「奮力為生存權而戰」（並透過他自豪的聲明來爭戰）。他還說，允許雅諾波魯斯演講，「可能危及校園學生……的身分認同」。[15]另一位專欄作家認為，黑衣人的襲擊「不是暴力行為，而是自衛行為」，[16]這想法與一百多名教師一致，他們試圖以雅諾波魯斯「透過誹謗和騷擾行為，實質傷害了學生」為由，來取消演講。[17]

幾位柏克萊大學的教授轉傳的電子郵件，則對暴力的重要意義輕描淡寫。法語系副教授黛博拉・布瓦克（Déborah Blocker）向她的教授同事們敘述了校園的無政府狀態，她說：「大部分是典型的黑衣人行動，非常有組織，而且非常有效率，只有幾個突發狀況。他們襲擊了學校的資產，但**非常謹慎地**只破壞了恰恰好足以取消米羅・雅諾波魯斯來演講的學校資產，並確保沒有人受傷。」（實際上，一名婦女在接受訪時

---

15 Haruka Senju, "Violence as Self-defense," *Daily Californian*, Feb. 7, 2017, accessed May 7, 2018, http://www.dailycal.org/2017/02/07/violence-self-defense/.

16 Neil Lawrence, "Black Bloc Did What Campus Should Have," *Daily Californian*, Feb. 7, 2017, accessed Apr. 24, 2018, http://www.dailycal.org/2017/02/07/black-bloc-campus/.

17 Elizabeth Abel, Wendy Brown, Judith Butler, Ian Duncan, Donna Jones, David Landreth, Saba Mahmood, et al., Letter to Chancellor Nicholas Dirks, Jan. 3, 2017, accessed Apr. 22, 2018, https://docs.google.com/document/d/13mTOQ7wVst6voLMg6Pvr-3uJ2Fbn7zcXg_Bkx8mGDOk/edit.

被人噴了胡椒水，她的丈夫被毆打到好幾根肋骨被打斷，還有其他的校園襲擊案件）。數學系副教授卡特琳・威漢（Katrin Wehrheim）描述了暴徒在市中心的行動：「是的，一些黑衣人確實攻擊了大企業的建築。」但是，好在「站出來或給予精神支持」的參與者「多半是開朗和平的群眾」。

多年來，大學畢業生一直被告知，美國的制度是種族主義和不公正的。暴動者破壞他人財物那種令人反感的理所當然，以及對意識形態敵人的痛擊，是美國政體嚴重喪失權威後，自然會有的擴大結果。

——

二〇一五年秋天，美國大學生這種病態性的自憐情緒，在運動產業找到了潛藏的毀滅性新力量。密蘇里大學的校長提摩西・沃爾夫（Timothy Wolfe）因為橄欖球校隊黑人球員威脅要抵制出賽而辭職。沃爾夫的罪行在於，對於該校有色人種學生所經歷的「體制性壓迫」沒有足夠認識。一名研究生宣布絕食，聲稱自己遭到白人學生毆打，並在他的門上塗上「黑鬼」一詞。他說，校方允許這些攻擊發生。

學校監委會在緊急會議上討論了這個橄欖球抵制事件，而沃爾夫在與他們會面之前就已請辭，並簽署了標準的道歉聲明：「我對學生的挫敗感負起全責，也對校方不採取任何行動負起全責。」根據《紐約時報》報導，密蘇里大學若放棄與楊百翰大學的足球比賽，損失可能超過一百萬美元。一個名為「相關教師」的團體聲援學生維權人士，發起罷工，並呼籲其他教師加入他們的行列。

沒有證據顯示，密蘇里大學否認黑人學生享有平等機會。黑人學生與校園中其他學生一樣，都被大量的教育資源所包圍，只要他們開口，這些資源都可供他們使用，這與膚色毫無關係。也沒有任何證據能證明，該研究生確實遭到聲稱的襲擊；他並沒有向大學或市政府執法部門提報任何遭襲的情況。該校教師和校方人員無疑是地球上最沒偏見、最善意的成人。不用懷疑，只要有機會被密蘇里大學的超強實驗室和研究經費「體制性壓迫」，會有千名以上的中國學生甘願做牛做馬。

但是，密蘇里州的政治階層卻相信這種顯而易見的妄想，認為大學正盛行著種族主義。州長傑伊・尼克森（Jay Nixon）呼籲大學官員，「確保密蘇里大學是個讓所有學生都能在被尊重、寬容和包容多元的環境中實現夢想的地方」。實際上，實現這種理想的唯一障礙是學生自己的學術準備不足，我將在第二章和第三章中討論這部分。沃爾夫辭職後，密蘇里大學總校區所在的哥倫比亞市（Columbia）市長鮑勃・麥克戴維（Bob McDavid）告訴美國有線電視新聞網ＣＮＮ，他恭喜「學生達成了他們的目標」。麥克戴維堅信，我們需要「處理少數族裔的痛苦」，只有當「每個學生都不再受到種族稱號的阻礙，擁有能實現自己夢想的自由」時，我們才「完成該做的事」。

這裡破天荒開了先例，任何學生示威者若能說服大學橄欖球隊或籃球隊罷練，就有辦法比平時更快速地使校方屈服。行政官僚的貪婪和校友的狂熱，使得大學運動產業成為校園中最強大的力量。一旦最新的種族煽動能說服這個龐大勢力的支持——通常是眾多黑人運動員現身訴求——那麼軟弱的領導階層就會徹底拋棄現實原則。

然而，即使不利用體育校隊做為抵制工具，透過以種族為藉口，鬼話胡說一番的方式來接管大學校園，看來也是無往不利了。在一段惡名昭彰的影片中，耶魯大學一名黑人女學生於二〇一五年十一月對她的舍監尖叫詛咒，令人對學生那種自以為有權利這麼做的狹隘自我中心意識不寒而慄。然而，這種情況從未被真相給撥亂反正，他們更是從不克制自己的舉措。「安靜點！」她對快要凍僵的舍監尖叫：「你他媽的為什麼要接受〔舍監〕這個職位，哪個他媽的請你來的？！」她繼續用力地自以為是地大嚷：「你晚上不該睡覺！你太噁心了！」[18]

舍監的妻子——兒童心理學家艾瑞卡．克里斯塔基斯（Erika Christakis），最近在一封電子郵件中建議，耶魯的多元文化主義官僚組織無須監督學生的萬聖節服裝。結果，這封郵件引發近千名教職員、院長和學生簽署了一封公開信，指控她種族主義並白人至上，因此呼籲學校應該立刻解雇她和她的丈夫，離開校園宿舍。之後，大約一百名左右的少數族裔學生圍堵她的丈夫——著名的醫師和社會學家尼古拉斯．克里斯塔基斯（Nicholas Christakis），在大學廣場進行了長達一小時的辱罵，包括尖叫要他「安靜！」以及同樣恐怖的粗魯行為。「你真噁心！」另一名學生尖叫，「我希望丟掉你的工作。你看著我的臉，你要知道對這所大學來說，對學生來說，還有對你自己來說，你都令人萬分失望；你二十秒前、一天前和一個月前都是個噁心的男人。」《時代》雜誌曾評選尼古拉斯．克里斯塔基斯為二〇〇九年全球百大最具影響力人物之一，但學生才不買單。當克里斯塔基斯溫和地告訴學生，他正試著瞭解他們的困境時，一名高大的男人大步走向他，在離他臉只有幾英寸之處，以命令語氣要克里斯塔基斯看著他（其實克里斯塔基斯本來就在看他了）。克里斯塔基斯隨後以安撫的姿態，擁抱了阿卜杜勒－拉薩．穆罕默德．撒迦利亞（Abdul-Razak Mohammed Zachariah），但是撒迦利亞斥喝克里斯塔基斯要明白，「現在的情況不需要你微笑」。另一位女學生亞歷山德拉．齊娜．巴洛（Alexandra Zina Barlowe）則大叫說，克里斯塔基斯對於言論自由的呼籲，創造了「校園裡容忍暴力發生的空間」。克里斯塔基斯回答：「我不同意這種說法。」巴洛則對他大喊：「你同不同意並不重要……這不是在辯論。」[19]沒有一名校方人員因為學生的不適當舉止而譴責他們。

相反地，耶魯大學校長彼得・沙洛維（Peter Salovey）發表一貫討好的遺憾聲明，表達了耶魯少數族裔學生遭受的苦難。他在二〇一五年十一月寫道：「他們擔憂並尋求幫助的呼聲，清楚表明了有些學生在校園裡過得很辛苦。」十天後，他又進一步表示同情：「在這個校園的三十五年中，我從未像過去兩週那樣，對於我們的社群及其體現的所有期望，同時覺得感動、考驗並受到鼓舞。你們提供我從你們身上傾聽和學習的機會。」[20]

萬一有人對校方的同情心產生誤解，那我要告訴你，耶魯大學後來以「為種族和族群關係服務」的成就，在巴洛和撒迦利亞兩人畢業時授予獎狀。耶魯大學稱讚巴洛在「婦女主義、女性主義、反種族主義上表現突出」，並讚揚她以「包容性的領導力」教會了同儕、教職員和校方很多事。但很顯然，那種包容性的領導力並不尊重辯論。

18 "Yale University Student Protest Halloween Costume Email," YouTube video, posted Nov. 6, 2015, accessed Apr. 22, 2018, https://www.youtube.com/watch?v=9IEFD_JVYd0&feature=youtu.be.

19 "Part III: Yale Students and Nicholas Kristachis [sic]," YouTube video, Nov. 5, 2015, posted Nov. 14, 2015, accessed Apr. 22, 2018, https://www.youtube.com/watch?v=u-q3Y8pRoj8&feature=youtu.be&t=2m; "Part IV: Yale Students and Nicholas Kristachis [sic]," YouTube video, Nov. 5, 2015, posted Nov. 14, 2015, https://www.youtube.com/watch?v=es1W9cREZAs&feature=youtu.be&t=2m.

20 "President and Yale College Dean Underscore Commitment to a 'Better Yale'" statement, Yale University website, Nov. 6, 2015, accessed Apr. 22, 2018, https://news.yale.edu/2015/11/06/president-and-yale-college-dean-underscore-commitment-better-yale.

艾瑞卡和尼古拉斯・克里斯塔基斯夫婦的整個職涯都致力於促進社會正義。儘管如此，艾瑞卡・克里斯塔基斯辭去了耶魯大學的教職，尼古拉斯・克里斯塔基斯則取消了他二〇一六年的春季課程，因為學生到他們家門前抗議，並用粉筆在臥室窗外寫下充滿敵意的文字。在一些學生拒絕從尼古拉斯・克里斯塔基斯手上接下文憑後，這對夫妻於二〇一六年五月辭去學校舍監的工作。中國文化大革命的效率都還比不上這些學生。

———

在埃默里大學（Emory University）也發生了屈服於學生的類似事件（但少了咒罵）。當時有數十名學生闖入學校行政大樓要求保護，因為有人在校園人行道上用粉筆寫了「二〇一六川普」的口號。學生表現出脆弱的受壓迫者模樣，如今已成了標準的心理劇橋段，屢見不鮮；他們說，在人行道上看到川普的名字，證實了身為少數族裔在埃默里校園內並「不安全」。大二的強納森・佩瑞薩（Jonathan Peraza）帶領據稱受到創傷的學生高呼：「你們沒有在聽！出來和我們對話，我們很痛苦！」

當埃默里示威者進入行政大樓時，他們引用《共產黨宣言》[21]（可能是他們聽過的唯一政治理論）來表達自己的困境：「為自由而戰是我們的責任，贏得勝利是我們的責任。我們必須彼此相愛，相互支持。除了枷鎖，我們沒有什麼可失去的。」[22]

抗議的重點是要顧及感受。「我們有何感受？」抗議領袖佩瑞薩問他同病相憐的受難者，答案與目前在校園占主流的新維多利亞時期感傷主義一致，是「沮喪」和「恐懼」。「我（在這裡）應該要感到舒適和安全才對，」一名學生告訴校刊《埃默里車輪報》（*Emory Wheel*）的記者，「我不該在學校裡感到害怕。」

埃默里示威者把他們因川普所引發的「痛苦」和「不安全」，借題發揮到雇用更多多元化官僚這個司空見慣的要求上。學生還用一個迷因來辯解為什麼「平權行動」所招收的學生在學術表現上不具競爭力——因為他們為自己創造一個安全空間的需求太沉重了。埃默里的一位學生告訴校長詹姆斯・華格納（James Wagner）說：「有色人種在學術上之所以辛苦掙扎，是因為他們太過專注於建立一個安全社群。」

撇開學生要求保護、不受政治言論侵害（在人行道上用粉筆寫「二〇一六川普」不能被歸類為挑釁）先不談，他們的自我形象是被弄得可憐兮兮的無產階級，為了安全和支持，大家蜷縮在一起。當然，這純屬幻想。實際上，他們極為幸運，能享用並接觸到無限的知識、科學和社會資源，這是專制時代的每個君王都稱羨的。任何想讓學生做好準備並與現實建立起客觀關係的校方人員，都在試圖傳達這個真相。相反地，獎勵學生妄想與自憐，只會增加以下可能性：他們無法利用垂手可得的大量知識財富所帶來的益處，反而懷憂喪志，終日耿耿於懷。但是，華格納校長卻步上幾乎所有大學校長的後塵，在面對學生聲稱「不安全」時，和其他校長一樣束手就縛。

最初，華格納拒絕寄出電子郵件，批評那些支持「法西斯主義、種族主義川普」的人，這點值得讚許，

21 譯注：下面引言作者說是引用《共產黨宣言》，但這整段話是黑人社會運動者 Assata Shakur 說的，《共產黨宣言》裡的倒數第二句 The proletarians have nothing to lose but their chains，才跟引言最後一句雷同。

22 Sam Budnyk, "Emory Students Express Discontent with Administrative Response to Trump Chalkings," *Emory Wheel*, Mar. 22, 2016, accessed Apr. 22, 2018, http://emorywheel.com/emory-students-express-discontent-with-administrative-response-to-trump-chalkings/.

但他終究發了一封公文，證實學生在各個方面的自憐自艾。他告訴「埃默里的社群」，學生認為用粉筆寫的支持川普口號「令人生畏，因此表達出真實的擔憂和痛苦」，而他「不能以政治偏好或過於敏感為由，就忽略他們表達出的感受和擔憂」。

因此，他宣布一項四點計畫，以「體認、傾聽並尊重這些學生的擔憂」。這項計畫包括「以正式程序制度化地針對社會公正的機會和問題加以辨認、查核及解決」。他承諾每年舉行一次種族正義靜修營，並設置更好的偏見舉報和回應程序。根據《埃默里車輪報》，校方會調閱監視錄影帶，來指認用粉筆塗鴉者，並提交至「違規行為的處置程序」，予以裁定用粉筆塗鴉是否違反需事先獲得批准的規定。如果粉筆寫的換作是「二〇一六希拉蕊」，校方是否會執行同樣的政策和程序？

對於言論自由，華格納不過是在講場面話，只是用「安全空間」的術語來圓場罷了：「作為學術群體，我們必須重視和鼓勵人們表達思想，進行激烈辯論、言論、異議和抗議。與此同時，我們對尊重、文明和包容的承諾，要求我們提供安全的環境來激發並支持人們勇敢地探索。」[23]為什麼「勇敢地探索」需要「安全的環境」？如果探索是「勇敢的」，想必可以抵擋大學校園那種嬌寵的溫室環境。

所有採用「安全空間」進行巧辯的大學校長全都迷失方向了，這樣的巧辯意味著在他們的校園裡，有個地方並不「安全」，而這全是謊言。華格納是受過正規訓練的工程師，這表示即使有實證基礎的科學背景，也沒替他打好預防針，讓他對學生的神經衰弱免疫。

華格納在向校園發布的訊息中附和了耶魯的觀點：頌讚示威者，因為他們教會他很多事。華格納寫道：「我從昨天的每一場談話中都學到了東西，並且知道進一步的談話是必要的。」這令人想耶魯校長沙洛維給搗亂學生的那封令人作嘔的情書。

顯然，埃默里大學的學生在政治辯論中需要一些入門公民課程。他們在人生旅途中，可能會遇到更多令他們強烈反彈的候選人名字，屆時他們將沒有校園官僚機構可以尋求保護；而這已是當今學生遇到任何令他們不悅的行為時會有的反射反應。對於你不同意的政治言論，成熟的回應應該是論證。不過，我認為比起告訴他們言論自由的價值和民主說服的過程，埃默里大學學生需要的甚至是更基本的東西——他們需要停止自憐，將自己視為優秀大學的一員，並以此為榮。

這種軟性的極權主義究竟是怎麼回事？通常人們誤以為這主要是種心理障礙；他們說，年輕的「草莓族」在直升飛機父母的過度保護下，到現在還沒有為日常生活中瑣碎的對立狀況做好準備。

二〇一五年《大西洋》雜誌（*The Atlantic*）中的一篇文章〈美國大學生的玻璃心〉（The Coddling of the American Mind）（現已擴編成一本書）提供了心理學解釋中最有影響力的治療方法。教育個人權利基金會（Foundation for Individual Rights in Education）的格雷格·盧基諾夫（Greg Lukianoff）和紐約大學的強納森·海特（Jonathan Haidt）認為，懲罰那些異見的運動「主要是為了情感上的幸福」。作者舉出，維權人士以表

23 Jim Galloway, "Chalk One Up for Donald Trump at Emory University," *Political Insider* (blog), *Atlantic Journal-Constitution*, Mar. 22, 2016, accessed Apr. 22, 2018, https://politics.myajc.com/blog/politics/chalk-one-for-donald-trump-emory-university/6pgzUuEj8T4bhrGT2RFMjL/.

層的心理傷害為由，建議當新生入學時應指導他們認知行為療法，讓他們在面對不同意見時能保持心理健康。

但是，如果問題的根源是規避風險的教養方式，為什麼異性戀白人男學生不要求「安全空間」呢？這些異性戀白人男學生與自稱遭受父權體制致命攻擊的憤青女性有著同樣的父母，而且是普遍論述的目標。這種論述將他們描繪為萬惡淵藪，與校園中其他團體不同，有著有罪不罰的汙名，從「強暴文化」到種族壓迫等所有事情，全都歸咎到他們頭上。

校園不寬容（intolrance）根本不是一種心理現象，而是一種思想現象。其中心是一種認為西方文化普遍都是種族主義和性別歧視的世界觀。教育機構的最重要目標，是在不斷增加的官方受害人分類項目中，教導年輕人把自己視為實存的受壓迫者。這種教導的結果之一，就是對於相反言論的強勢噤聲。

此類自我保護的感傷訴求很典型，衛斯理學院（Wellesley College）校刊的一篇社論辯駁說，應該要「終止破壞他人生存和權利的巧辯」。

冒犯人的「巧辯」往往也包括西方文明的偉大著作。二〇一五年十一月，哥倫比亞大學一名大二生在臉書上宣告，一位白人教授授課的核心課程威脅到他的「健康與生命」。留言欄激起了同情的怒火：「大多數白佬學生會修〔當代文明〕，他們在這個校園裡永遠不必隨時隨刻意識到自己的白人身分，可以一邊坐在當代文明課堂上，一邊讀著由白人教授講授種族主義的父權文本；而這些教授很可能並沒有意識到當代文明的文本對有色人種的各種影響。」

另一位大二學生嚴厲譴責：「其中許多文本**喚起我每天被迫忍耐的種族主義**，而且還期望、甚至暗示說那沒關係。他媽的在輕視羞辱人！**實在太超過了**。」[24]那些「種族主義」文本包括柏拉圖、亞里斯多德、康德、盧梭和彌爾頓的作品。

許多觀察家認為，這種無知的胡鬧只是過程，一旦「草莓族」進入現實世界，這個階段就會結束。但是，有學術受害者情結的畢業生正在用他們的形象重塑世界（正如我們會在第十一章中詳細介紹的）。想想看，二〇一七年八月谷歌工程師詹姆士．達莫爾（James Damore）因質疑公司的多元化意識形態而被解雇。達莫爾在參加完多元化培訓課程後，寫了一篇十頁的備忘錄，標題為「谷歌的意識形態回音室」。他注意到，「男女間的特質差異，一定程度上解釋了為什麼女性在工程技術和領導階層中的代表比例不到一半」。這些特質包括果斷、對地位的追求、對事不對人，以及能承擔多少壓力。不過他也承認，許多特質的差異很小，並在性別之間有很大的重疊部分，因此不能單從一個人的性別來斷定此人的個性特質。大量研究支持了達莫爾對於男女職業偏好和性格特徵的說法。

達莫爾表達了他對多元化的支持，並提出使軟體設計更加以人為本的建議。但他指出，谷歌在多元化的實踐方面，有些做法特別偏袒婦女和少數族裔。他呼籲對於挑戰進步教條的觀念能更加開放，尤其「人性科學」已經顯示，並非所有的差異都是「社會建構出來或出於歧視」。

谷歌執行長桑德爾．皮蔡（Sundar Pichai）在回應達莫爾時，採用了學院沉浸的受傷語言。他在自己

24 BWOG Staff, "Columbia Class of 2018 Facebook Page Debates POC Core Professors," BWOG Columbia Student News, Nov. 15, 2015, accessed Apr. 21, 2018, http://bwog.com/2015/11/15/columbia-class-of-2018-facebook-page-debates-poc-core-professors/.

的備忘錄中堅稱：「這份備忘錄顯然影響了我們的同事，其中一些人受到傷害，感覺自己的性別被論斷了。」[25]最近離職的谷歌資深工程師約納坦・宗格（Yonatan Zunger）在一篇網路文章中聲稱，達莫爾這名初階員工的推測「已對整家公司的員工，以及公司運作的能力造成了重大傷害」。他補充說：「並不是所有關於思想的對話都具有基本的**正當性**。」[26]〔強調字體是依照原文〕。

諷刺的是，比起達莫爾，谷歌做出更大的動作來聲明公司並沒有偏袒女性。美國勞工部的稽核員指出，該公司的工資差異反映出性別歧視；對此谷歌堅決否認。谷歌「人力營運」副總裁艾琳・諾頓（Eileen Naughton）於二〇一七年七月表示：「我們公正無私地對待所有員工並給予報酬，不受性別和種族等因素的偏見所影響。公司對於自己在這領域的做法和領導力感到自豪。」但一般來說，所有執迷於多元化的公司都有認知上的矛盾，谷歌讓員工上「隱性偏見」訓練課程，這個課程提出性別和種族偏見會不可避免地影響人們對女性、少數族裔員工，以及求職者公平評斷的能力。

企業界甚至效仿學術界，冷漠對待那些不遵從社會規範的演講者。二〇一七年初，一名谷歌員工問我是否有興趣到他們那邊談警察議題。但最終告訴我說不能邀請我去演講，因為他必須就「攸關個人／專業的問題」為自己打算。與挑戰「黑人的命也是命」概念的人士有所牽扯，無論關係相隔多遠，顯然在谷歌都會讓人飯碗不保。達莫爾在二〇一八年一月告谷歌歧視，宣稱公司有一份右翼評論員黑名單，只要這些右翼評論員進入谷歌企業園區，就會觸發無聲的安全警報。

不要以為市場的紀律，就可以阻止來自學術界的受害者論點損害商業競爭力。隨著多元化的情況增加，谷歌設定了管理目標。達莫爾寫道，他觀察到這種目標導致了歧視，這點完全可信。在內部匿名討論的 app 中，有則留言警告說，需要更多谷歌員工挺身而出，「抵制這樣荒唐的情形。否則，『多元化與包容』這個屬於女性和非洲研究的討論途徑將會毀掉公司。」[27]

在全球其他競爭對手皆以業績為導向時，美國公司卻在為了多元化花費更多資源，結果越發削弱了我們的科技優勢。達莫爾被解雇後，在接受採訪時說，公司強硬的意識形態會讓員工考慮離職。儘管在大公司工作的名聲可能比面對審查的負擔感更重要，但當情況發生變化時，還是會踩到容忍的底線。

在二〇一七年六月的股東大會上，谷歌母公司 Alphabet 即將離任的董事長艾立克．史密特（Eric Schmidt）說，谷歌是基於「科學的思維」而成立的，這充分說明了企業界的情況，也讓大學看起來更像是個思想開放的市場。在學術界中，生物差異性的研究可能不受歡迎，但仍在邊緣地帶進行著。但是，這間美國影響力最大的公司卻把科學發現貶損為「刻板印象」，[28]這難道沒讓史密特去考慮過，自己的公司「真的是基於科學思維」而創建的嗎？

現在，對於審查政治不正確的熱衷，正逐漸滲入政府機制中。二〇一八年二月，美國國家勞資關係

---

25 "Note to Employees from CEO Sundar Pichai," Google blog, Aug. 8, 2017, accessed Apr. 22, 2018, https://www.blog.google/topics/diversity/note-employees-ceo-sundar-pichai/.

26 Yonatan Zunger, "So, About This Googler's Manifesto," Medium, Aug. 5, 2017, accessed Apr. 22, 2018, https://medium.com/@yonatanzunger/so-about-this-googlers-manifesto-1e3773ed1788.

27 Sarah Emerson, Louise Matsakis, and Jason Koebler, "Internal Reaction to Google Employee's Manifesto Show Anti-Diversity Views Have Support," Motherboard, Aug. 5, 2017, accessed Apr. 22, 2018, https://motherboard.vice.com/en_us/article/ywpamw/internal-reaction-to-google-employees-manifesto-show-anti-diversity-views-have-support.

28 譯注：科學證實，男女的確是有別的，但谷歌硬要把男女說成是一樣的，說男女不同是刻板印象。

委員會副總法律顧問發布了一份官方的「建議備忘錄」，認為谷歌解雇達莫爾是正當的。達莫爾於二〇一七年八月向該委員會提起訴願，但在向州法院提起訴訟後，於二〇一八年一月訴願被撤回。副總法律顧問繼續就這問題發表意見，儘管這個議題並不重要。

美國國家勞資關係委員會的法律顧問潔咪・索菲爾（Jayme Sophir）宣稱，達莫爾關於「標榜男女之間存在生理差異」的陳述，「具有歧視意涵，並構成了性騷擾」。索菲爾譏諷達莫爾，試圖利用「科學的參考和分析」來偽裝他的評論。她沒有針對達莫爾的科學參考是否達到傳統研究標準（事實上是有的）做出任何努力；而是單單認為如果科學與女性主義的意識形態有矛盾，那麼科學一定是錯的，並且是壓制異己的。索菲爾指出，有些谷歌員工抱怨，達莫爾的備忘錄讓他們感到「在公司不安全」。就這樣，充滿虛偽的學術受害者心態，被進一步引導去攻擊學院以外的理性探究。

索菲爾的建議備忘錄雖然不具法律效力，但卻是衡量官僚機構風向的指標。一如我們將看到的，她的觀點沒有多特別。她的裁決意味著任何研究性別之間生理差異的研究人員，都可能面臨工作不保的風險。進化生物學家、心理學家、語言學家、神經學家或經濟學家（任何人記錄了不同的風險偏好、溝通方式、情感維繫方式或男女企圖心的差異）都可能被索菲爾標籤為「有害、歧視和破壞性」而遭到解雇。如果這項裁決成為政府對性別研究的標準回應，那麼它將完全終結該科學領域，並在許多其他領域產生寒蟬效應。

教師和校方人員必須開始捍衛啟蒙時代傳承下來的理性和公民辯論遺產，但即使大學校園做到接納

異見，受害者意識形態仍會嚴重破壞美國社會及文明和諧。噤聲是個嚴重問題，而且是現實被嚴重扭曲這個更嚴重問題的徵兆。現實被扭曲，有部分本意甚好，源自旨在讓少數族裔在美國教育體系中被拉拔、接受好的高等教育這樣的公共政策。然而這些政策的客觀失誤，導致越來越多扭曲的理論試圖做出解釋。體制性的種族歧視所導致的失誤引發了受害者意識形態，這在很大程度上勾勒出當今校園的樣貌。

第二章

硬用「平權行動」的錄取方式

「多元化」（即由社會設計的種族比例）如今可是教育機構的官方意識形態，而加州讓我們看見，當這種意識形態與法律衝突時，各種替種族護航的替代方案紛紛出爐。

一九九六年，加州人投票決定在政府機構和教育機構禁止種族和性別的差別待遇。[1]十年後，加州大學柏克萊分校校長羅伯特・博吉紐（Robert Birgeneau）宣布，為了平等與包容，校方設立新任副校長，負責讓柏克萊對「代表性不足的少數……族群」更具「包容性」與「較少敵意」。此舉只是加州大學對一九九六年選民的倡議再一次表達不屈不撓的抗議。他們用盡辦法，只差沒用到專利侵權。加州選民投票禁止種族優待制度後，該州執行種族優待的官員退出的情況，還不比蘇聯解體後共產黨祕密警察解散時那般溫和。

一九九六年，反優待措施的發起者沃德・康納利（Ward Connerly）[2]引領美國「不區分膚色」改革運動；在這場運動中，加州展現了影響力及其限制。毫無疑問，這項被稱為二〇九號法案的措施，削減了加州政府機構的種族優徔配額，卻也同時暴露了菁英人士對於該法案的藐視，以及教育界的菁英們對民意的輕看。「多元化」（即由社會設計的種族比例）如今可是教育機構的官方意識形態，而加州讓我們看見，當這種意識形態與法律衝突時，會發生什麼情況。

當二〇九號法案通過時，一些政治人物，像是舊金山市長威利・布朗（Willie Brown）就大聲發誓絕不遵守；不過，大多數公職人員採取了更謹慎的做法。毫無疑問，他們指望在選舉後第二天就高調提出訴訟，好在新憲法修正案產生影響之前就廢掉這個法案。加州一些最棒的律師事務所，免費幫族群倡議團體和龐大勞工組成的聯盟提出訴訟，試圖阻止該修正案生效。原告辯稱，要求政府平等對待所有人，違反了第十四條修正案的平等保護條款。

原告不能找到比聯邦法官塞爾頓・亨德森（Thelton Henderson）更同情他們的聽眾了。亨德森是聯邦法官中最傾向自由派的一位，他迅速發布禁令禁止二〇九號法案，理由是美國社會是如此地種族主義和性別主義，只有給少數族裔和婦女特殊優惠，才能確保憲法賦予他們的平等保護權。亨德森一九九六年的裁決，是在法院喧嚷聲中接受優惠配額的最高潮。聯邦第九巡迴上訴法院於次年推翻了亨德森的裁決，宣布二〇九號法案禁止歧視和優待措施的做法，與平等保護條款的精神完全相符，這一點加州的菁英律師們顯然不清楚。

從那時起，州和聯邦法官對選民意向以及該州新憲法修正案的明確意涵，表示了崇高敬意。但加州官僚機構和警察可就不這麼認為了。許多人選擇被動抵抗，或者試圖進行歐威爾式[3]的改名，來掩飾違規行為。例如，聖荷西的「平權行動」官僚機構就更名為「平等保證辦公室」。

若沒有一家小型公益律師事務所的努力，加州某些最大的公家機構仍會使用種族優待的方式雇用員

1　譯注：加利福尼亞州二〇九法案（California Proposition 209），是美國加州州憲法的一個修正案，批准於一九九六年十一月。此法案禁止州政府機構在雇用公務員、簽訂公共服務合約和公共教育中，考慮種族、性別和族群因素。目的在於每個人不因為種族或性別而受到差別對待，不論是歧視還是優待，因為種族原因而優待某一個體，會侵犯其他個體的公平機會。

2　譯注：康納利堅信，按照加州大學的慣例，平權行動是另一種種族歧視。根據統計學家庫克（Cook）提供的數據顯示，白人和亞裔學生的成績和考試成績，通常比被錄取的其他學生還要好，但他們被拒絕錄取。康納因此建議該取消有爭議的基於種族的計畫，同時允許大學考慮社會或經濟因素。儘管激進主義者傑西．傑克遜（Jesse Jackson）和其他支持平權的支持者提出抗議，但一九九六年一月該提議仍通過了。在取消平權行動的第二年，加州大學錄取的亞洲學生人數顯著增加。

3　譯注：「歐威爾式」如今用來形容反對自由開放社會的行為，包括政府洗腦人民，或時時刻刻監視和控制民眾。

工，並要求承包商也這麼做。太平洋法律基金會（Pacific Legal Foundation）為了維護人民的意願，不得不把舊金山市郡、沙加緬度市政府公用事業部（Sacramento Municipal Utility District）、加州樂透局、加州債券局和加州社區學院系統等機關告上法院。洛杉磯和柏克萊學區繼續以種族平權的方式分配學生和老師名額，儘管基金會在控告其他學區不遵守法案的官司勝訴。

加州當時的檢察總長比爾．盧基爾（Bill Lockyer）提交了一份非當事人意見的陳述，支持聖荷西市持續以優待政策對待承包商。至於以執行國家憲法來處理違反二〇九號法案的情事，盧基爾根本不當一回事。州議會議員還經常在拉美裔擁護者的壓力下，試圖違背選民的意願。二〇〇三年發生一次特別緊繃的行動中，加州眾議院採用了一九六九年聯合國在「消除一切形式種族歧視國際公約」（International Convention on the Elimination of All Forms of Racial Discrimination）中提出的歧視定義，表示會重新採用其中關於種族優待的條款。加州法院識破了他們的詭計，而於二〇〇四年予以否決。

康納利在二〇〇六年估計，加州有65～75%的政府機構不再使用種族平權作為雇用或承包的依據——這樣看起來不算是有在完全遵循法規，但比起二〇九號法案實施之前已有極大的進步。一個支持種族優惠待遇的組織在二〇〇四年聲稱，自一九九六年以來，授予少數族裔企業的運輸建築發包案下降了50%，建築業中女性比例下降了三分之一。這些數字顯示，過去對種族和性別採優惠待遇，反而讓許多不具競爭力的企業存活下來。

加州的大學體系完全是另一回事。那個執著於種族和性別平權的頑固中心，有辦法遠離訴訟（除了跟支持優惠待遇的擁護者有過一次暗通款曲的甜心訴訟外，私下還另有暗盤交易），藉由極狡詐的方式，按法律字面意義去遵守法規，粗暴地踐踏了法律的精神。為此，大學官員揭露黑人和拉美裔學生的學術表現低落的致命事實，譴責這完全是一九五〇年代南方人偏見的翻版。

在二〇九號法案通過後，羅伯特・萊爾德（Robert Laird）於一九九三年至一九九九年擔任柏克萊大學的招生部主任。他支持種族優待政策，表示柏克萊和其他加州大學分校一樣，「都曾經歷一段低潮期，不知該如何是好」。學校體制的沮喪是可以理解的，因為它倚靠極不平等的雙重標準來錄取程度不佳的「代表性不足的少數族裔」，尤其是柏克萊大學和UCLA這兩所競爭激烈的大學。柏克萊的文科學程中，黑人和拉美裔入學的均標比白人和亞裔低了二百五十分（總分為一千六百分），這個分數差距在教室裡很明顯。柏克萊著名的哲學教授約翰・希爾勒（John Searle）認為「平權行動」是一場「災難」，他說：「他們錄取了那些幾乎不識字的人。」

希爾勒說，這些學生人數減少的趨勢是必然的，他回憶說：「你很高興地發現你的哲學入門課看起來像個聯合國，但是在六到八週後，黑白相間的情況就消失了。」「到了學期中，我班上透過『平權行動』入學的學生出現很高的退選率。沒有人教過他們上課的必要性，因此我們開始引進一些鬼扯蛋的科系，好讓大學做好接收他們的萬全準備，而非讓他們為上大學做好準備。」希爾勒回憶說，當時他的課前一堂是「黑人研究」課，那門課「與一九五〇年代密西西比州一樣根本是種族隔離」。[4]希爾勒說，某天，

4　譯注：一九五〇、六〇年代的密西西比州種族歧視非常嚴重，在美國黑人民權鬥爭歷史上，密西西比州是重要鬥爭地點。

這門課的教授在黑板上寫道：非洲有個特定部落「會穿色彩鮮豔的衣服」。[5]

即使優惠待遇的受益人經常選擇最簡單的主修科系——在競爭最激烈的工程和資訊科學科系中，黑人和拉美裔學生很少——畢業率卻反映出了數值上的差距。一九九一年至一九九七年間（即優惠的最後一年），錄取的黑人和「奇卡諾人」（在加州指墨西哥裔美國人）平均要念六年才會畢業，比白人和亞裔低了約20％。但大學在公開討論其「多元化」錄取政策時，總是笑著面對。然而在內部，即使是優惠待遇的真正信徒也無法忽略這些問題。加州大學聖地牙哥分校的一位心理學教授回憶說：「評議會裡學生平權行動委員會每次開會都很不開心，他們看著畢業率、成績和其他指標，然後說：『我們失敗了』。」[6]

然而，對於遊說優待錄取的團體而言，一個失敗的多元化學生也比沒有多元化學生來得好，因為重點與學生無關，而是關於機構的自我形象；這個好處大到他們也能雨露均霑。因此，在一九八八年二〇九號法案生效的第一年，柏克萊錄取的「代表性不足的少數族裔」人數掉了一半，UCLA的情形也差不多，大學立刻採取行動。別擔心，其他學校減少的人數還更多。柏克萊當時的校長羅伯特．柏達爾（Robert Berdahl）到柏克萊法學院，要求教職員增加少數族裔錄取人數。當一位教授問說該如何做才能符合二〇九號法案的規定時，柏達爾不耐煩地回答說，他不在乎他們怎麼做，他們只要照做就是了。UCLA法學教授理查德．桑德（Richard Sander）參加了一個委員會，討論二〇九號法案生效後事情該怎麼辦。「與會的許多教師和行政人員的語氣並不是『我們該如何誠實地遵守法律』，而是『我們如果不遵守，被抓到的可能性有多大』。一些教職員還觀察到，許多研究所的錄取決定，取決於非常多的主觀標準，所以要讓外界察覺不出他們繼續以種族優待錄取學生，依然非常容易。」[7]

就像希臘神話裡，普羅透斯（Proteus）這個善變的神被網住時不斷變化外型一樣，在接下來的十年中，加州大學重新制定招生辦法，想辦法在不明顯使用種族優待的情況下，重新打造過往的「多元化」形象。一九六七年，阿肯色州的消防部門如果假借名義制定表面上不分種族的工作資格、實際上卻阻撓廢止種族歧視的命令，想必會被判定為違憲。但現在，為了替「代表性不足的少數族裔」設計出一定程度的代表性，法律菁英鑽各種漏洞，想出替種族護航的替代方案。

大學的態度與其行動一樣，都是具有破壞性的。在二〇九號法案通過後，該如何解釋為何黑人和拉美裔申請加州大學最菁英分校的人數明顯下降呢？當時贊成優惠待遇的柏克萊法學院院長赫瑪·希爾·凱（Herma Hill Kay）告訴美國公共電視台的新聞節目《新聞一小時》（*NewsHour*）說：「我認為，當人們感覺加州大學會拒絕少數族裔時，就想說既然這裡對他們不友善，乾脆不要來念。」另一種解釋可能是，少數族裔學生很瞭解過去他們從種族優待中獲得了多少好處，因此意識到在沒有這些優待的情況下，他們幾乎沒機會進入這些篩選最嚴格的學校。

加州大學本可妥善地回應「不友善」的指控，說：「我們歡迎所有種族和族群的學生。每位學生都將根據自己的成績受到評斷，只要符合我們的標準（對所有人而言都一樣高）都將被錄取。加州大學從未歧視，也永遠不會歧視。」但加州大學沒這麼做，相反地，還繼續強調「友善對待」少數族裔的唯一方法，

5 John Searle, interview, Dec. 1, 2006.
6 Interview with University of California-San Diego professor, Dec. 4, 2006.
7 Richard Sander, interview, Nov. 4, 2006.

就是無論他們的學業成績是否能與白人和亞裔學生並駕齊驅，都要確保他們被錄取。

大學發言人不斷傳達的觀點是，二〇九號法案迫使他們做出不公義的事。行政官員尼娜．羅賓遜（Nina Robinson）觀察到：「這個訊息很難傳達，當我們拒絕掉許多符合資格的學生，卻又得反過來說服代表性不足少數族裔的學生說，他們在大學裡有一席之地，這還真的自打嘴巴。」[8]（羅賓遜高明地將「不友善」這種陳詞濫調的意象與大學的現行說詞融合，即那些只有靠「平權行動」優待管道才可能被錄取的學生都是「素質很高的」）。加州大學拒絕了在所有學術水準測驗和在校平均成績分別達到一千分和二點八五分的白人和亞裔申請者，卻沒人指責加州大學這麼做對白人和亞裔學生不友善。與白人和亞裔學生相比，黑人和拉美裔學生符合入學條件的學生人數比例少上很多，那就表示問題出在這些學生整體性的成績低落，而非出在招生標準上。但二〇九號法案通過以來，大學一直在否認這個事實。

一九九八年，加州大學的錄取過程沒有明顯的種族優待或隱瞞種族優待之實的替代名稱，結果反映了真實情況：在柏克萊，學術水準測驗的均標差距縮小了近一半，減少至一百二十分；黑人和拉美裔錄取者的學術水準測驗成績表現亮眼，平均為一千二百八十分。與前兩屆錄取者相比，黑人在六年中畢業的比率提高6.5％，拉美裔則提高了4.9％。

這樣產生了更健全的教學環境，但對專門製造種族問題的人來說，這並不重要。他們長期投入努力，採用不同的招生方案，目的就如前加州大學日裔副校長派崔克．林（Patrick Hayashi）在二〇〇五年所寫的：「讓整體學生保持種族和族群的多元化。」該大學嘗試的第一個方案是讓低收入學生優先入學。但結果不如預期，因為結果錄取了大批東歐和越南裔學生，而非大學原本設想的那種「多元化」。因此，校園將新的社經因素優先權減少一半，然後重新開始。

自此，招生系統中的各個環節開始降低對成績的要求。柏克萊法學院降低了法學院入學考試和大學在校平均成績的影響力，還降低了法學院入學考試的最低標準分數，沒達到這分數的就不予考慮。過去，降低的標準僅適用於少數族裔，如今從技術上來講，這些標準適用於所有學生。學校還取消了對學生高中在校成績的校準。結果是，兩名同樣拿三點八分的學生，一名來自一半學生輟學的學校，另一名來自所有學生瘋狂競爭成績榮譽的學校，兩人成績被視為一樣。

其他學校則巧立名目、設置一些科系，期盼吸引少數族裔學生就讀。UCLA法學院成立了批判種族研究的專業為法律理論的一個分支，主張法律的每個範疇幾乎都存在種族主義的陰影，因此將自己與種族主義抗爭的個人經歷寫下，才是真正的法律學問。在UCLA法學院申請書上，表明自己會專攻種族批判研究的大四生，錄取機會大幅提升。學校謹慎地說明，學生對該系所的興趣「將列入整體錄取的計算當中」。二〇〇二年，UCLA拒絕該系所的所有白人申請者，即使他們法學院入學考試的平均分數高於被錄取的黑人。

所有加州大學都開始錄取高中時班排前4%的學生，不管他們在標準化測驗的成績如何，只為了讓來自都是少數族裔的學校有更多申請者受益。德州和佛羅里達州的學校，也因為禁止招生時以「平權行動」優待特定族群，上有政策、下有對策地仿效了這種做法。他們給出的公開理由是，只要是班上前幾名，

8 Nina Robinson, interview, Nov. 30, 2006.

就是有相同學術能力的徵兆，無論你的學校是否會為了增加曝光率，總是給學生的成績打優等。二〇〇五年，一項大學董事會的研究發現，高中平均成績為優等的非裔和拉美裔學生，有30%在學術水準測驗中口語成績表現平平，只有五百分或甚至更低。[9]的確，班排前10%的黑人和拉美裔學生，只有一半的人在學術水準測驗中有一科得分超過六百分，至於班排前3%的所有白人學生都有六百分的水準。與「平權行動」支持者所主張的情況相反，有充分的證據顯示，在競爭激烈的大學中，學術水準測驗總分只有一千的學生，能把書讀好的機會，比那些總分高出幾個標準差的學生，可能性要來的小。此外，加州大學還優先考慮參加過大學贊助輔導課程的學生，這些課程雖然理論上開放給所有學生，但卻是針對代表性不足的少數族裔設立的。

然而，這種種新的招生措施，為柏克萊和UCLA帶來的「代表性不足的少數族裔」學生人數，並沒有達到州立法機關裡多元化理論家和族群遊說團體的要求。立法機關的拉丁裔委員會告訴大學，柏克萊和UCLA要有更多「他們的人」，這是想得到預算支持的代價。顯然，該大學仍然太拘泥於根據成績招生的老派做法，無法實現有「足夠數量」少數族裔的目標。多元化倡導者認為這才是健全的教育所必備。因此，加大的前副校長派崔克．林說，學校「開始質疑所有標準，包括長期以來被認為能反映高學術成就的標準」。令人難以置信的是，學校竟然開始完全忽略申請者的客觀學術排名。

過去幾十年來，加州大學把申請人分為兩類。只有一半的錄取者是根據客觀的學術成就（如標準化考試成績和榮譽課程）被錄取；另一半學生則是透過主觀的評估方式，將種族、經濟地位或領導力等因素一併列入考量。在這一層級上，種族優待完全可以適用，因此吸引了大量黑人和拉美裔學生前來申請。

二〇九號法案通過之後，加州大學在招生上不再能以第二種方式讓種族優待過關。如果學校發展出的替代方案，網羅到的少數族裔學生比例上還是低於純粹以種族來錄取，那麼這問題該如何解決？只能撇下學術表現，根據主觀和「背景」因素來對申請者進行評估。這樣做，顯然是希望消除以成績為標準的錄取名額，釋放出更多名額給因「整體」因素被錄取的學生，而他們剛好是黑人和拉美裔。

加州大學的校長理查德．阿特金森（Richard Atkinson）在二〇〇一年提出，所有分校都應採用這種新的「全面評估」程序。經過全面評估（多元化狂熱的柏克萊大學已在使用了）之後，我們應該用「背景」因素來理解學術水準測驗滿分一千六百分。這樣一來，得分一千六百分的學生若來自穩定的雙親家庭，並且上的是明星高中，他們的分數加權後可能與一千一百分的學生相同。得分九百分的學生若來自課業成績普遍不佳的學校，或來自單親家庭，或家中母語不是英文，那麼他的分數經過加權後，可能會超過得分一千六百分的學生。當招生人員在申請表上看到一名學生住在幫派區或被槍擊過，眼睛就會一亮。加州大學推廣課程的輔導教師教導學生，在申請書的陳述中要強調他們的社經劣勢。

加州大學體系中極少有教職員敢公然反對阿特金森的全面評估提議（儘管根據民調機構羅珀〔Roper〕的調查，多數教授反對種族優待，當然了，是私下反對）。柏克萊大學的政治學家傑克．西特林（Jack Citrin）是少數敢公開直言的人。西特林表示，加州大學戴維斯分校的一項研究顯示，全面評估勢必會降低大一新

9 Brent Bridgeman and Cathy Wendler, Characteristics of Minority Students Who Excel on the SAT and in the Classroom, Policy Information Report (Princeton, NJ: Educational Testing Service, 2005), accessed Apr. 22, 2018, https://www.ets.org/Media/Research/pdf/PICMINSAT.pdf.

生的素質。的確，根據《今日美國》（*USA Today*）的報導，柏克萊新生入學的學術水準測驗平均分數，已從一九九八年的一千三百三十分，下降到二〇〇一年的一千二百九十分；此外，如果把白人與亞裔學生歸為一組，黑人與拉美裔學生歸在另一組，兩組之間的分數差距也擴大了。

加州大學主張，有必要「完善和重新定義申請者成就的概念，使招生更具包容性」，而西特林揭露了這種主張之愚蠢。「該如何讓主修政治或電機的學生成就定義變得『完善』？這已經超越這個論題的知識和批判能力。」西特林在報紙專欄中寫道，「很明顯地，『背景評估』是在引入新的群體優待錄取方式。我個人認為，貧窮不應成為上加州大學的障礙，我也大力支持各方提供學生慷慨的獎助學金；但我不認為背景因素應該超過與學業成就，成為更直接的優勢因素，也不該歧視中產階級學生。」

加州大學對這種批評竟然也無法容忍。當阿特金森校長和他的幕僚得知，加州大學董事會主席在對他的全面評估案投票之前，將邀請西特林對董事會進行說明，就大為火光。阿特金森的助手威脅說，如果主席不取消邀請西特林出席，他們將發起教職員對她的譴責案。主席堅持了自己的立場，而阿特金森也持續展開抨擊。

其實阿特金森沒必要這麼做，因為董事會照例批准了他的計畫，加州大學也移除了以客觀學術成就錄取學生的做法。如果有人對全面評估的目的有所質疑，二〇〇三年的一樁法律和解案可以掃除所有疑慮。美國全國有色人種協進會和其他「公民權利」團體在一九九九年控告柏克萊，指其在錄取過程中「歧視有色人種」，即未能將優待錄取的標準擴展到他們身上。如果有所謂的甜心訴訟，就是這個案件了，因為柏克萊完全同意採納原告的訴訟理由。根據美國全國有色人種協進會的新聞稿，雙方友善地達成和解，藉由「採納各種『成就』指標」，同意用全面評估的方式，完全滿足原告的要求。

二〇〇二年，《華爾街日報》的一篇文章對於全面評估的做法提供了驚人細節。UCLA錄取了學術水準測驗九百四十分的拉美裔女生，卻拒絕了一千五百分的韓國學生。這位韓國學生的生活並不優渥：他當小朋友的家教掙錢，替離婚的母親付房租，母親還罹患乳癌。但他念的是競爭激烈的學校，位處亞洲人密集的爾灣市（Irvine）。拉美裔女孩則來自一所學生成績很差的學校，位處眾多拉美裔人的南門市（South Gate）。據瞭解，來自南門市的學生錄取UCLA和柏克萊的比率是總錄取率的兩倍。的確，二〇九號法案通過後四年（甚至在進行全面評估之前），一項對UCLA錄取率的分析發現，念成績優異的學校會讓你的錄取機率減少七倍，例如一名工程師的兒子念爾灣市的大學高中（University High），在學術水準測驗中幾乎德到滿分，卻被柏克萊和UCLA雙雙拒絕。

在二〇九號法案推行後，大學校方竟然還赤裸裸地表達自己的種族偏好，並且推託責任。加州大學校長辦公室在二〇〇三年發表的一份報告，對於全面評估讚譽有加。這種高中平均成績在畢業班級前4%就能自動錄取，以及優先錄取參與輔導計畫者，都增加了少數族裔的錄取機會。即使在此同時，其他族群面臨了錄取率下降的狀況，辦公室卻還是很滿意。換言之，只要在校方策畫下，特定種族的錄取結果表面上不區分膚色，這些機制就是安全的。

全面評估替大學校方提供了顧全顏面的解釋，說明了因種族優待而造成的錄取差異。二〇〇三年，唯一致力於不以膚色而是以學業成就為錄取標準的董事約翰．穆爾斯（John Moores Sr.）透露，柏克萊二〇〇二年錄取了三百七十四名學術水準測驗低於一千分的申請者，幾乎清一色是「有色人種」，而拒絕了三千兩百一十八名分數高於一千四百分的申請者。UCLA情況也很類似。穆爾斯使盡渾身解數才拿到數據資料，他在《富比士》雜誌的一篇專欄中指責柏克萊歧視亞洲人，而被錄取的學生並沒有為未來嚴謹的學習環境做好準備。

不難想像校方氣得跳腳，向其他董事發起針對穆爾斯的譴責提案。在左翼教授、民權團體、族群擁護者和反標準化考試的龐大聯盟支持下，校方爭辯，那些分數低卻被錄取的學生具有獨特的領導力或品格，考試成績完全無法反應他們在菁英大學成功的潛力。校方還表示，錄取者對於這個評論也很憤慨，說自己被錄取與種族因素無關。

但是，少數關於錄取過程的獨立研究仍然顯示，其中存在著的種族差異無法用「背景因素」來辯解。在正式開始全面評估之前，一項對一九九八年至二〇〇一年UCLA錄取狀況的研究顯示，即使對照了相同的經濟狀況和高中排名，黑人錄取率仍是白人的三點六倍，拉美裔的錄取率則是白人的一點八倍。針對柏克萊法學院的錄取情形，理查德・桑德有項未公布的研究顯示，少數族裔與白人之間的差距如此大，以至於除了種族之外，其他任何解釋都無法說明。法學院根據大學成績和法學院入學考試的分數，替每位申請人制定了一項指數；二〇〇二年，該學院錄取的白人申請者中，92%的人指數高於二百五十，只有5%的白人申請者指數落在二百三十五至二百三十九之間。相較之下，在二〇〇二年錄取的黑人申請者中，有75%的指數落在二百三十五至二百三十九之間；二〇〇三年錄取的黑人中則有65%落在這個指數區間，而黑人申請者中沒有人的指數高於二百五十。甚至一項二〇〇四年的大學研究也承認，種族因素造成的錄取差異，是學術成績與種族以外的因素無法解釋的。

即使學校並未做出違反二〇九號法案的錄取決定，但允許某人進入大多數學生標準化測驗成績比自己高上很多的名校是種恩惠，這種想法怎麼想都很荒謬。但是，優待錄取的倡議者卻否認標準化測驗與衡量學生學業能力或入學準備狀態之間有任何關聯；加州大學的標準說詞是，「我們錄取的每名學生都符合資格」，這麼說，歸根究柢只是同義贅述：如果我們錄取你，你當然就是符合資格的。

然而，優待錄取倡議者卻辯稱，客觀的考試無法顯示學生間有意義的差異，這論點包含了他們不願接受的暗示。柏克萊教授傑克．西特林在對全面評估的辯論中提問，如果高於最低錄取分數的人都同樣具有進入名校的資格，那為什麼不用抽籤來決定呢？抽籤會準確反映出全部申請人的多元化，並錄取更多的少數族裔，但這也會降低學術品質。西特林說：「你以為他們不在乎嗎？那還用說，他們可在乎呢。」「柏克萊落得像〔較不菁英的〕加大河濱分校，萬萬不可！」

當然，西特林的抽籤提議沒有下文。具種族意識的學校很滿意能用客觀的測驗來判別亞裔和白人學生，甚至也用成績來看黑人和拉美裔學生在自己族群裡的排名。但是，如果你建議大學使用客觀標準、一視同仁地評估所有學生，這些標準便會突然失去效力。

為什麼會這樣？加州大學戴維斯分校的土木工程教授、加州大學招生委員會主席馬克．拉希德（Mark Rashid）[10]表示：「在標準化的考試中，有些考生不能充分發揮實力。」他援引史丹福大學教育學教授克勞德．斯蒂爾（Claude Steele）的理論說，黑人和拉美裔考生可能會擔心證實少數族裔在標準化考試得分較

10　二〇〇六年十一月二十一日與馬克．拉希德的訪談。

低的刻板印象，因此考試時變得呆滯，結果**果然**考不好。當然，至於刻板印象一開始是如何產生的，這問題還沒有解答。無論如何，如果所謂的刻板印象造成威脅，確實壓抑到少數族裔學生，害他們無法好好表現，那麼標準化測驗對黑人和拉美裔學生在大學中成績的預測，應該會比實際狀況差。然而，結果恰恰相反。黑人和拉美裔學生在大學時期的表現，比他們的學術水準測驗所預測的還差。

對於少數族裔在學術水準測驗中表現不佳，「平權行動」的捍衛者還有另一種解釋。他們辯稱，來自學生整體表現不佳學校的低收入申請者，過去從未獲得一展學術才能的機會，因此不應拿相同的標準衡量他們。對他們來說，九百分就相當於那些拿到一千四百分的幸運申請者。拉希德說，大學可以彌補學前教育與國民教育的不足，「設計出一種方式，來確定申請者是否有成功的意圖，一開始他們或許需要幫助，但到了第三年，他們就可以駕輕就熟。」然而，儘管確實有一些之前沒受到好教育的高中生在大學裡擊敗同儕，但這並非常態，而且他們的大學入學成績必須在平均水準之上才有可能。

最激進的優待錄取倡議者從根本上就忽略了測驗的效力，而且是每個人的成績都忽略。一份加州大學的報告強調，高中在校平均成績和標準化考試成績加總起來，對於大一成績只有大約25%的預測效度。作者暗示這個數字低得可憐，因此此類客觀做法應由「全盤的」因素給取代，來決定誰被錄取。然而事實上，他們所嘲笑的25%預測效度，還是高於學術水準測驗與社經地位之間的相關性，但他們卻以後者為由，停止在大學錄取中使用學術水準測驗（理由是：學術水準測驗不利於窮人）。如果真如柏克萊大學前招生主任萊爾德所說「收入與學術水準測驗分數之間存在著絕對的相關性」，那麼學術水準測驗與學業表現之間的相關性就是千真萬確的了。相比之下，反對二〇九號法案的人想用其他因素來代替學術水準測驗，例如「靈感」和領導力，這類因素具有大約2.5%的預測效度，換句話說，幾乎與學業成就無關。

二〇〇四年，一項對法學院「平權行動」的突破性研究，推翻了歷年來所有對於種族雙重標準的理由。理查德．桑德（Richard Sander）發現，法學院錄取的黑人學生，在校平均成績和法學院入學考試分數皆低於非黑人的同儕，而且幾乎所有法學院皆如此。換句話說，這實際上降低了黑人學生通過律師資格考的機會。[11]由於他們的學業表現與藉由錄取他們、助他們一臂之力的學校所需的學業程度，兩者的「落差」很大，因此這些優待錄取的受益者，並沒有學到通過律師考的必備知識，反而比在與他們能力相當的學校裡學到的更少。「平權行動」非但沒有增加黑人律師的人數，實際上反而減少了律師的多元化。

桑德提供的法學院的相關數據令人震驚。第一年後，黑人學生有51%的排名是班級倒數的10%，而白人只有5%。三分之二的黑人學生排在班排倒數20%，黑人的輟學率則是白人的兩倍，而黑人法學院畢業生中只有45%第一次就通過律師資格考。相較之下，白人畢業生的比例為80%。至於多次參加律師考都考不過的比率，黑人為白人的六倍。

若要評估能力測驗（比如法學院入學考試或學術水準測驗）是否能預測學習成就，法學院是個理想的地方。由於大學沒提供客觀的畢業考試來衡量學生實際上學到多少東西，加上課程之間的難易度差異很大，並且成績灌水的情況很普遍，因此成績並非完美的衡量標準。相形之下，法學院在校成績則提供了可靠

---

11 Richard H. Sander, "A Systematic Analysis of Affirmative Action in American Law Schools," *Stanford Law Review* 57 (Nov. 2004), 367–483, accessed Apr. 22, 2018, http://www.adversity.net/Sander/Systemic_Analysis_FINAL.pdf.

的衡量標準，因為閱卷者通常不知道試卷是誰的，並用常態分布來給學生打分數。至於律師資格考試，等於是一個客觀的畢業考試。

黑人法律系學生在法學院入學考試中的底標分數，與他們在法學院和律師考試中的表現，相關性高到令人難以置信。桑德的研究顛覆了優待錄取制的兩個支撐論點：客觀能力測驗無法預測少數族裔的學業表現，以及讓「平權行動」受益者進入程度高於他們學業能力的學校，是對他們有益的。

桑德這篇研究顯然是個致命威脅，必須嚴肅看待。史丹福大學法學教授米雪兒・蘭迪斯・道伯（Michele Landis Dauber）怒吼說，這篇研究是「根本是胡扯，沒有任何價值，永遠都不該發表」。[12]現任加州最高法院法官的柏克萊法學教授劉弘威（Goodwin Liu）則曲解了這篇文章的訊息，指控桑德是在告訴黑人，他們選擇法學院時「應降低志願」，[13]好像黑人只能靠「平權行動」撐腰，才能胸懷大志，朝向金字塔頂端發展。

其他法律教授對桑德的數據則提出了更扭曲的解釋，這所有解釋全都涉及現代自由主義的錯誤概念：種族歧視既不能被察覺，也不能被衡量，但可在無知或（像這裡）惡意的情況下，被援引為一種解釋。例如，哈佛大學法學教授大衛・威爾金斯（David Wilkins）就把種族成就的差距，歸因於某些法學教授對黑人學生的期望低。但是，這種解釋很奇怪，因為法學教授與哈佛所有學生之間的課堂互動，僅比古代侯爵和農民之間的互動略為密切一點。在課堂之外的地方，教授和學生不會更有交集。

在桑德的研究文章發表後，優待錄取倡議者像是船將要沉時的水手一樣，瘋狂尋找在法律教育方面可以丟出船外的事物，試圖改善黑人的表現。例如，劉弘威建議法學院可以廢除限時考試。我問他說：「但律師不是得在壓力下迅速思考，尤其是在法庭上？」他回答說：「有多少百分比的律師會在法庭上辯論？」紐澤西大學的社會學教授提摩西．克萊德斯戴爾（Timothy Clydesdale）在回應桑德的文章時辯稱，法學教授公開盤問學生對法律的理解，這種做法會嚇到黑人學生。[14]也罷。當上訴訟律師後，等著看法官對你更粗魯（克萊德斯戴爾有一個問題沒回答，他沒有解釋為何他認為黑人法律系學生對強硬的詢問會特別敏感）。

桑德的研究從實證經驗上推翻了「平權行動」有益於受惠者的論點，此外，把沒預備好的黑人和拉美裔學生推進名校的做法，也引發一個合理的問題：如果讓他們去念他們在學業上能應付得來的學校（雖然沒那麼菁英）會對他們的命運造成極大的傷害，那麼為什麼有學生活該倒楣得去念加大北嶺分校，而不是ＵＣＬＡ？或是去念聖塔克拉拉大學法學院，而不是柏克萊法學院？為什麼不關閉那些會破壞職涯的二三流學校，讓每個人都獲得名校學位呢？

柏克萊前校長羅伯特．博吉紐完美表現出「平權行動」對非一流學校的高傲態度，他在二〇〇六年的一次訪問中表示：「我最主要的擔憂是，最需要接受教育並培養強大領導人才的族群，正是州立旗艦大學中代表人數最少的族群……但此處這些族群的人很少，因此難以培養出能讓人持續進步的領導力。」[15]

---

12 Katherine S. Mangan, "Combatants Over Affirmative Action in Admissions Await Law Review Issue That's Their Next Battleground," *Chronicle of Higher Education*, Apr. 15, 2005, accessed Apr. 22, 2018, https://www.chronicle.com/article/Combatants-Over-Affirmative/120448.

13 Goodwin Liu, "A Misguided Challenge to Affirmative Action," Commentary, *Los Angeles Times*, Dec. 20, 2004, accessed Apr. 22, 2018, http://articles.latimes.com/2004/dec/20/opinion/oe-liu20.

14 Katherine S. Mangan, "Does Affirmative Action Hurt Black Students?" *Chronicle of Higher Education*, Nov. 12, 2004, accessed Apr. 22, 2018, https://www.chronicle.com/article/Does-Affirmative-Action-Hurt/19206.

15 "Robert Birgeneau: 'We Serve California Extremely Well,'" Berkelyan, *UC Berkeley News*, October 18, 2006, accessed Apr. 22, 2018,

換句話說，別指望加州大學河濱分校或長灘分校能培養出「族群」領袖。

我問過加州大學「平權行動」的重要支持者，為什麼要把非上名校不可的想法強加給**任何**學生？我沒有得到答案。加州大學招生委員會負責人馬克．拉希德，四兩撥千金地閃躲這個問題，所以我再問：「為什麼白人去念加州大學東灣分校就可以，拉美裔就不行？」

他回答：「重點在於弄清楚錄取程序中各個項目的錄取標準。如果有更多非裔美國人在柏克萊可以表現優異，那我們該怎麼辦？」難道這只適用於黑人，而不適用於白人嗎？「這種情形更會發生在黑人身上，甚過白人或亞裔學生，」他說：「重點是：種族很重要，這與我們如何看待自己息息相關。平權行動提出的大量論點不該被隨便摒棄。」

另一個我從未得到回答的問題是：少數族裔是否盡力使**自己符合**錄取標準，甚至在加州教育資源分配並不公正的情況下，少數族裔能否把握住他們的錄取機會？還是，造成學業表現不佳的學習文化（如曠課、不做功課、不在意學習等等）阻礙了黑人和拉美裔學生的比例？我瞭解到，沒有什麼比強調學術成就除了是社會責任之外也是個人責任，更能惹怒「平權行動」的支持者了。

「為什麼不鼓勵代表性不足的少數族裔，像過去遭受歧視的亞裔學生一樣認真學習？」我這樣問加州大學前副校長派崔克．林。儘管亞裔人數僅占加州人口的12％，但在二〇九號法案通過十年後，柏克萊大一新生有近半數是亞裔學生。他告訴我：「亞裔學生認真投入學習，但也有很多陷入幫派、毒品。你要小心，不能以一概全。」

「但是，學業成績優異卻招來了『扮演白人』的汙名，[16]難道不會阻礙少數族裔追求學業成就嗎？」

我這麼問柏克萊大學前招生主任羅伯特·萊爾德。他說：「這種指控有幾分道理，但你不能怪那些受害者。說這種話是種文化冷漠，這樣是很膚淺的。造成文化冷漠的原因很多，你不能光是說：『好的，機會來了，為什麼不就這樣做呢？』還需要克服導致這種冷漠的文化破壞。」

我寫電子郵件聯繫前加州大學招生主席麥克·布朗（Michael Brown），他是加州大學聖塔芭芭拉分校的教育學教授（布朗於二〇一七年被任命為加州大學體系教務長）。我建議，與其擔心加州大學的入學資格標準，不如試著在代表性不足的少數族裔中，培養出亞裔學生追求優異學術表現的那種狂熱，這樣做更能看出成效。布朗用電子郵件回信說：「這讓我難過，因為你是在根據刻板印象來比較不同群體。亞裔學生並非龐大且一成不變的群體，代表性不足的少數族裔也不是一定就怎樣，『白人』當然也不是。個人的成就若能經過適當地辨識、支持和獎勵，這才是我們**所有人**都在乎的，至少在我看來是如此。」

真的如此就好了。

---

https://www.berkeley.edu/news/berkeleyan/2006/10/18_Birgeneau.shtml.

16 譯注：黑人學生往往對學業優異感到反感，因為黑人學生若表現不錯，就會被同儕譏笑說是「學白人的樣子（acting white）」，是在「裝白」。

第三章

「平權行動」的災難

凱尚說：「有時候會覺得，我們在校園裡不受歡迎，」餐桌旁坐著他的幾位室友，每個人都點頭同意。「通常是一些微妙的事情，某些眼神，或是別人不邀你參加讀書小組，像是一些細微、不斷被歧視的感覺。」凱尚和他的室友來到柏克萊的唯一原因，是校方如此「想收」他們，而不管他們成功的機會如何。

有越來越多的證據正在破壞所謂大學中種族優待錄取制度有利於受惠者的說法。實際上，進入自己預備不夠的學校，比在符合自己程度的學校就讀所能學習到的更少。但是，杜克大學有項爭議卻顯示，這種惱人的細節並不會影響優待錄取制度。

錄取杜克大學的黑人學生學術水準測驗分數，平均比白人和亞裔學生低了一個標準差（黑人的數學和口語學術水準測驗總和為一二七五分、白人為一四一六分、亞裔為一四五七分）。不足為奇的是，黑人在第一學期的成績明顯低於其他族群，但到了大四，黑人和白人學生的成績差距縮小了近50%。[1]在校平均成績趨於一致，似乎證明優待錄取的做法是正確的，暗示了杜克大學確實辨識出具學術潛力的少數族裔學生，他們只是尚待開發；他們在大學生涯中，正逐步縮小與白人和亞裔同學的差距。

二〇一二年，三位杜克大學的研究人員證明這種迎頭趕上是種假象。黑人的在校平均成績之所以提高，是因為他們當中很多人從要求嚴謹的理科和經濟學主修，轉系到人文和軟性的社會學科；後者的評分標準較寬鬆，需付出的心力也更少。如果黑人學生是以與白人學生相同的比率留在理工科系，就不會有這種趨於一致的情況了。況且轉系之後，黑人在大學四年中的排名也沒有提高。

這項研究是由經濟學教授彼得．阿爾西迪亞克諾（Peter Arcidiacono）、社會學教授肯．史彭納（Ken Spenner）和當時的經濟學研究生艾斯特班．歐西胡（Esteban Aucejo，現為亞利桑那州立大學教授）共同進行，對於全美致力增加少數族裔科學家數目的目標來說具有重要意義。[2]為了提高少數族裔在科學領域的參與度，光是聯邦政府就花了納稅人數十億美元；在幾乎所有大學的科學新方案中種族優待都扮演某種關鍵角色。阿爾西迪亞克諾的論文顯示，讓有抱負的少數族裔科學家進入他們預備程度不及同儕的學校，反而會適得其反。

該研究最令人驚訝的發現是，杜克大學有76％的黑人男性新生打算攻讀硬科學或經濟學，甚至高過想讀這些科系的白人男性新生比率。但是，這些原本可能進入理科科系的黑人學生，一半以上在求學過程中轉換跑道；相較之下，白人男性只有不到8％轉系。因此到了大四，只有35％的黑人男性拿到理科或經濟學學位，而有超過63％的白人男性拿到理科或經濟學學位。那些放棄科學志向的少數族裔學生，當初如果是跟程度相仿的學生一起上化學入門課程，就很可能會繼續原本的學習路程，如同傳統黑人大學主修理科的畢業生那樣。然而，優待錄取受益者卻發現，自己在課堂上學習的數學或科學內容，超過他們的程度，導致他們做出自己天生不適合量化領域的結論，或做出教室「氛圍」帶有種族歧視的結論。但問題可能只是出在他們進階學習所需的基礎還不夠。

硬科學科系的學生之所以轉系，完全可以用新生的學術水準來解釋，這也是該研究統計模型的基礎，跟種族因素並不相干。雖然理科生的學術水準測驗分數總體上比文科生高出五十分，但那些一開始念理科、後來轉系的學生，他們的學術水準測驗成績平均比理科生低七十分。如果一門課假設學生已有高等微積分的背景知識，那麼連初等微積分都還沒有掌握的同學就很可能會退選。

1　Peter Arcidiacono, Esteban M. Aucejo, and Ken Spenner, "What Happens after Enrollment? An Analysis of the Time Path of Racial Differences in GPA and Major Choice," *IZA Journal of Labor Economics* 1, no. 5 (Oct. 2012), accessed Apr. 22, 2018, https://izajole.springeropen.com/articles/10.1186/2193-8997-1-5.

2　同上。

可以預見，有些黑人學生、校友和教授將這項研究視為人身攻擊，儘管當中的研究方法無懈可擊。杜克大學的黑人學生聯盟在學校舉辦馬丁・路德・金恩紀念日慶祝活動中於場外靜坐守夜，表達對這篇論文的抗議，並發送上面印著「對黑人學生來說，杜克大學是個充滿敵意的環境嗎？」的傳單。黑人學生聯盟在寫給美國全國有色人種協進會的電子郵件中，稱該論文「有害且試圖分化」，並指責作者對於「積極促進黑人族群的福祉並不真正關注」。[3]

很自然地，黑人學生聯盟利用抗議活動，順勢要求杜克大學增加黑人教職員和行政官僚，並為以黑人為主題的課程注入更多資金。杜克大學英語、女性研究和法學教授卡拉・荷路威（Karla Holloway）在推特上說，該研究「缺乏學術的嚴謹性」（這位女性研究的教授忽略了她應該指出該研究哪個部分的演算法有缺陷），並且「重新掀開了古老的種族傷疤」。[4] 資深研究學者提摩西・泰森（Tim Tyson）在一篇專欄中寫道，該論文是「偽裝成學術探索的政治文章」，象徵「試圖減少名校黑人學生的十字軍」。[5]（泰森和荷路威都積極參與了針對三名杜克大學長曲棍球員的獵巫行動，這三人在二〇〇六年被不實指控強暴了一名黑人脫衣舞孃）。最近一批杜克大學的黑人畢業生呼籲該作者「停止對有色人種學生攻擊」。

然而，這些批評者回應該論文的論點時，完全錯過了論文主旨。杜克大學的校友指稱，黑人學生之所以「避開所謂的『困難』科系」，是因為他們一輩子都被人說「是比較差的」；但這種說法忽略了這些黑人學生是在進入這些領域**之後**，才選擇「避開」理科科系的。泰森聲稱，黑人學生選擇文科而不選理科，是因為他們「來自與大部分杜克大學白人學生不同（但不遜於）的文化和智識傳統」，同樣地，這又忽略了黑人學生申請杜克大學時絕大多數主修理科的事實。華盛頓州立大學一位批判文化、性別和種族研究教授發表文章批評說，研究者沒有探索「種族歧視」在「無數」方面剝奪黑人高中生的平等的管道，使得他們無法上學術水準測驗預備課程和大學先修課程。但是，這篇轉系文章的重點是放在少數族裔學生進入杜克大學**之後**的經歷，而非之前的。此外，該文章的確指出，「由於黑人和白人家庭的資源差異，結果並不意外」，學業準備狀況上確實存在著種族差異。

該研究的批評者還主張，主修文科和理科科系對智力的要求別無二致。據稱，把弗迪南・德・索緒爾（Ferdinand de Saussure，今日只會在文學課上會被提到的十九世紀瑞士語言學家）的語言符號系統理論[6]應用於電影《駭客任務》上，就像掌握量子力學裡的海森堡不確定原理（Heisenberg Uncertainty Principle）[7]一樣困難。在此，示威者也忽略了這篇研究的實證證據：儘管理科科系的學術水準測驗平均來說比文科高，但是根據統計資料，杜克大學硬科學科系大四生的成績，卻比文科和社會科學的大一生來的低。至於黑人，分數的差異更大。杜克大學的黑人新生在人文學科和社會科學方面的成績都比念硬科學科系的所有種族

3 "Black Students at Duke Upset Over Study," UrbanMecca, *Herald-Sun* (Durham, NC), Jan. 13, 2012, accessed Apr. 22, 2018, http://urbanmecca.net/news/2012/01/13/black-students-at-duke-upset-over-study/.

4 karla fc holloway (@Prof Holloway), "#Duke authors' unpublished study of #race + #AffirmativeAction lacks academic rigor," Jan. 16, 2012, https://twitter.com/ProfHolloway/status/159011440831901697.

5 Timothy B. Tyson, "The Econometrics of Rwandan Pear Blossoms at Duke University," *Mike Klonsky's Blog*, Jan. 27, 2012, accessed Apr. 22, 2018, http://michaelklonsky.blogspot.com/2012/01/econometrics-of-rwandan-pear-blossoms.html.

6 譯注：提出語言是一種符號系統，認為符號（sign）可分為「能指」（signifer，即符號的語音、形象）和「所指」（signified，即符號的意義、概念）。

7 譯注：現實只是由日常的象徵規則所整合起來的有秩序世界，提供我們一般性的意義理解。

新生高，儘管黑人學生無論考試成績還是整體成績都明顯低於其他學生。至於各個領域對於作業的要求，學生自己表示，他們花了50%的更多時間學習硬科學，並評價這些課程比人文學科和社會科學都要難。

由於作者並沒有明顯的誹謗意圖，而且研究方法嚴謹，因此，杜克大學應該試圖消弭評論者對阿爾西迪亞克諾研究的扭曲。然而，杜克大學高層卻放任事情發展，讓作者持續遭受攻擊。教務長彼得·朗格（Peter Lange）和一群院長在發給校園的公開信中宣布：「我們瞭解，這篇論文的結論會被人拿來強化負面刻板印象。」[8]很難想像有比這還虛偽的發言了。倘若該論文強化了「負面刻板印象」，那也是因為杜克大學的錄取政策，造成錄取的黑人學生學術水準低於白人和亞裔學生。這是因為杜克大學護航，把黑人學生視為一個群體，以致他們的種族形象勝過個人學習成績，這才構成了「刻板印象」，而非作者分析的結果所致（校方發言人麥克·尚菲爾〔Michael Schoenfeld〕並未確切點出該論文哪裡強化了「負面刻板印象」）。

但也許必須先做出讓步，安撫黑人的憤怒，好為阿爾西迪亞克諾的研究留出一些辯護空間？門都沒有。院長大人們和教務長在喚起「負面刻板印象」之後，便用慰藉式的歸納法陳述所謂的學術自由：「儘管如此，我們希望所有人的研究都能成功，因此我們不會阻撓學者透過研究與討論，來釐清學生科系選擇與成就的重要議題。」換句話說，校方想說的是，可別因為古怪教授說的話來責怪我們。

學校官僚繼續說明了該研究中學生資料庫的來源，就好像論文中的資料收集方法令人質疑（杜克的資料庫是對於威廉·鮑文〔William Bowen〕和德瑞克·伯克〔Derek Bok〕於一九九九年針對大學「平權行動」進行研究的《形塑高等教育》〔*The Shape of the River*〕一書所做的回應。該書揭露全國優待錄取受益者的低分成績；而杜克大學的資料庫計畫旨在辨識並幫忙解決該校學生成績不佳的問題。換句話說，阿爾西迪亞克諾的研究完全在杜克大學學生資料庫的授權之內）。校方補充說，杜克大學一直致力於打造「賦權、安全和去汙名化的環境」，好讓學生在理科學習中獲得幫助，這隱約承認了校方早就知道少數族裔念理科科系會很吃力的事實。

最後，正如所有「多元化」口號一樣，杜克大學校方承諾將更致力於審慎對待黑人學生的感受。尚菲爾懺悔地表示：「對於希望我們採取行動的訴求，我們樂於接受。許多人一直致力於為非裔學生營造良好的學習氛圍，我們期待黑人學生聯盟和其他團體就如何改善問題，持續與我們對話。」當然，正如尚菲爾所暗示的，杜克大學推動與種族相關課程規畫和資助已有數十年，其中撒大錢的努力包括：黑人學生中心、黑人學生校園徵才會，以及新增官僚冗職（諸如教職員多元化和教職員發展副教務長，還有負責學術多元化的副教務長；後者與教職員多元化專案小組和教職員多元化常設委員會一起督導系所的招聘，並監督進行中「教職員多元化倡議」〔Faculty Diversity Initiative〕的進展）。在此之前，還有「黑人教職員的策略方案」（Black Faculty Strategic Initiative）。但是，近幾十年來大學校方從未對不分種族和性別、卻哀哀叫的**任何**學生說：「你們在開什麼玩笑？我們對你們的要求磕頭屈膝已經很久了，現在給我去讀書！」憑什麼要求蓬勃發展的學生服務官僚機構這麼直白呢？他們今天之所以還能在大學裡混，靠的不就是學生這種矯情的發洩牢騷嗎？

黑人學生聯盟可能誤解了該研究的論點，但有一件事情是正確的：杜克大學校方完全迴避了研究的

8 "Politics of Grievance at Duke," ZetaBoards, Jan. 22, 2012, accessed May 7, 2018, http://s1.zetaboards.com/Liestoppers_meeting/topic/4662188/1/.

實質內容。談及校方高層的公開信，黑人學生聯盟執行副主席告訴校刊說：「他們回應時沒有提及『種族』、『黑人』或『平權行動』，我們認為這是刻意避免直接處理眼前的問題。」沒騙你，這是真的。關於學校的黑人學生是否因為相對缺乏預備而輟學，杜克大學的管理階層隻字未提。就好像阿爾西迪亞克諾、史彭納和歐西胡犯下丟人現眼、逾越社會規範的事情，因此唯一禮貌的辦法就是視而不見。

有幾個學者已經開始研究所謂的學業程度落差所帶來的負面後果，但是抨擊阿爾西迪亞克諾和其共同研究者無法鼓勵更多人加入研究行列。已有強烈的證據顯示，優待錄取正造成少數族裔的教育程度低落。一如我們所見，二〇〇四年UCLA法學教授理查德．桑德曾經表示，黑人是靠種族優待被錄取至法學院，結果卻壓倒性地排名在班級倒數四分之一，與靠自身成績被錄取的學生相比，黑人學生通過律師資格考的困難度相形更大。桑德和UCLA統計學家羅傑．博勒斯（Roger Bolus）的一份研究底稿，擴大阿爾西迪亞克諾對杜克大學學生的分析，對比了相同條件在不同環境下的結果：一組是成績比同學低了一個標準差以上的理科生，另一組是去念同學與自己實力相當的學校之理科生。研究結果顯示，最終前者畢業取得理科學位的機率為後者的一半。

隨著這類研究的增加，結論想當然耳：擁護「平權行動」的大學官員持續這樣做，只是為了讓自我感覺良好，好讓自己沉浸在「多元化」的高尚義務中。杜克大校方面對阿爾西迪亞克諾的分析和其他類似研究時，更負責任的做法應該是在相同基礎上評估所有學生，讓所有學生在最具挑戰性的科系中都有平等的錄取機會。擺脫種族優待錄取制度，杜克大學的黑人學生（目前占學生總數的10%）將會減少一半，但剩下的那一半完全可以與同儕競爭。無可否認地，黑人學生的人數下降，會遭來人們指控，認為杜克大學對少數族裔懷有敵意。而且，除非其他學校也針對招生政策進行改革，否則以往靠優待錄取進杜克大學的學生會直接去其他名校，但在其他學校中，他們的學術預備依然不足，仍會使他們的學習受阻。因此更重要的是，盡可能公開這類成績落差的研究。但只有在人們可以豁免於被指責為種族仇視的情況下，這種討論才有可能進行。否則在此之前，無論學術「平權行動」所標榜的理由多不可信，這種做法都不可能被撤消。

慘不忍睹的「平權行動」故事

二〇一三年，《洛杉磯時報》（*Los Angeles Times*）刊登了一則案例研究，是關於學術上種族優待錄取的有害影響。加州大學柏克萊分校完全按照多元化論者的劇本演出，於二〇一二年錄取了洛杉磯中南部一所高中的高三生凱尚·坎貝爾（Kashawn Campbell）。學校忽視他的學業程度，把他留在「黑人宿舍」（「非裔美國人主題計畫」），並為他提供「黑人研究」課程，結果完全可以預測。根據《洛杉磯時報》的報導，第一學期結束後，凱尚低空飛過了一門理科入門課。

在「大學寫作一上」的課堂上，他的作文慘不忍睹，用字遣詞頻頻出錯，文章差到不得不重寫。他的文字邏輯不通，理解課堂上閱讀的文章也很吃力。他的輔導員說：「他花了一段時間才瞭解自己的寫作有問題。他無法相信自己還需要更多寫作技能。修改自己的文章後，每一次繳回的文章都變得更複雜。他的文章裡充滿他所認為的學術用語，他以為這樣的寫作是大學生該有的方式，但他並不能掌握這些詞彙。」他的平均成績為1.7，如果他沒有在年底之前提高自己的平均成績，就可能被退學。但是他的成績單上有一個亮點，那是什麼？「非裔美國人研究五上」，凱尚在這門課交的一篇論文得到了A，期中考則得了B，這是他成績最好的科目：這門課教授的是黑人文化和種族關係的調查，自高中畢業後，凱尚不曾像這樣陶醉在課堂上。

非裔美國人研究課的助教是博士生嘉貝麗．威廉斯（Gabrielle Williams），她說雖然他的觀點不一定成熟，但通常是第一個在討論中發表意見的人。他對歷史的瞭解仍然有所不足，但是威廉斯說：「你可以看到他很融入課程，他有多愛那門課。」

凱尚在「非裔美國人研究五上」得到的好成績，是否意味著他突然學會如何思考和寫作？並非如此。在「說明文寫作」的第二次作業中，他的進步非常有限。《洛杉磯時報》報導說：「在另一篇不及格的文章上，助教寫到他沒有進步讓她太過驚訝，特別是他們花了那麼多時間檢查他『冗長、拗口和不清楚的句子』，結果還是這樣。」掙扎的求學過程造成了他的心理傷害，《洛杉磯時報》寫道：「他從未感受過這種挫敗，也從未感受過這種不安全感。每一次拿到糟糕的成績都是又一次沉痛的打擊，讓他覺得自己快被退學了。他的生活周遭沒有哪個大人懂得他的痛苦：他的教授、他的輔導員，或是他以前高中的任何一位老師，沒有任何人懂。」

他試圖以令人心疼的感傷來為自己打氣：「『我做得到的！我做得到的！』他（在日記裡）寫道，『開始學習吧！……是凱尚捲土重來的時候了！』」校園心理諮詢室的一名輔導員建議他降低自己的課業抱負。輔導員建議：「也許不必再像高中時一樣，當個全科都是A的學生了。」這種「滿足於平庸」的訊息，總結了許多辛苦讀書的「平權行動受益者」要熬完大學必須採取的態度。

以黑人為主的宿舍和學生中心運作，也完全符合人們的預期，證實了他們認為自己種族受到壓迫的信念。凱尚說：「有時候會覺得我們在校園裡不受歡迎，」餐桌旁坐著好幾位他的室友，每個人都點頭同意。「通常是一些微妙的事情，某些眼神，或是別人不邀你參加讀書小組，都是一些細微但不斷被歧視的感覺。」凱尚和他的室友來到柏克萊的唯一原因，是校方如此「想收」他們，而不管他們成功的機會如何。

然而，「非裔美國人研究五上」的課堂上，不太可能討論黑人、白人以及亞裔學生在柏克萊錄取時的成績差距。其實正是這種差距，而非種族主義，可以解釋為什麼凱尚不是讀書小組炙手可熱的成員（加州政府反對種族優待錄取政策，加州大學卻為了逃避這項禁令做出許多努力。凱尚能進入柏克萊，就是透過其中一種管道：高中在班上成績前10％的學生可以保證入學，無論他們的成績或學校水準實際如何）。隨著大一即將結束，凱尚如坐針氈，等著知道他第二學期的成績是否能讓他繼續念大二。哪一門課會給他A^-，來提高他的在校平均成績？**提示**：不是「大學寫作」。要不是《洛杉磯時報》，我們無法對這個不相稱理論做出更徹底的確認。但《洛杉磯時報》的故事也傳達了一個微妙的觀點：種族優待錄取不只是不明智的，這種方式還很折磨人。

錄取此類未充分準備好的學生，只是讓加州大學校方和教職員的自尊看起來很體面罷了。

第四章

「微歧視」的鬧劇

魯斯特並非第一個因為糾正學生文法和拼字錯誤被說為偏執的教授。「在學校裡，要求學生使用正確的文法，是一種挑釁行為。」一位助教說，「你打的成績必須是A，否則就代表你是種族主義者。」

二〇一三年十一月，UCLA近二十名研究生衝進一堂教育學的課堂上，抗議這門課製造了「對有色人種學生惡劣和不安全」的氛圍。他們聲稱，有色人種學生被種族「微歧視」所迫害。種族「微歧視」是當今校園中最熱門的概念，被用來戳破原本看不出來的種族主義。UCLA對學生靜坐的回應，是對正義的曲解。一群學生對種族主義提出虛假的指控，然而該校教育系卻為了安撫他們，犧牲掉一位受人愛戴的教授的名譽。

那年秋天，這種模式在UCLA重複上演兩次：學生宣稱他們是種族歧視的受害者，校方非但沒有糾正學生的誤解，反而有所悔悟似地和他們沆瀣一氣。全國大學的表現都一樣，過程中創造出像侵權行為法所稱的「蛋殼腦袋原告」般的學生，[1]這些人異常脆弱，會因為受到輕微的碰撞受傷而送命，這種後果將影響我們未來好幾年。

UCLA的教育學榮譽教授瓦爾・魯斯特（Val Rust），早在多元文化主義的概念出現之前，對此就有所涉及。魯斯特研究不同國家的教育系統，為比較教育研究領域的先驅者。在過去四十年中，他指導來自世界各地的學生，並協助國際發展工作，比較與國際教育學會（Society of Comparative and International Education）所授予的獎項他幾乎都榮獲過。他過去的學生無一不稱讚他的愛心和正直。「他是很棒的導師，」南加州大學羅西爾教育學院（USC Rossier School of Education）前研究助理院長凱瑟琳・德納提亞（Cathryn Dhanatya）說，「關於他怎麼看待學生，以及衷心希望學生成功等方面，我從未看過他表現出任何一絲惡意，或是做出任何負面的行為。」[2]加州國際教育學院（California Colleges for International Education）的院長羅薩林・瑞比（Rosalind Raby）說，魯斯特會敦促你「重新審視自己的思想過程。對於跨文化理解這個議題，沒人比他更敏銳了。」[3] UCLA教育學院於二〇一三年春季發行一份刊物，恭賀魯斯特的教學生涯並為他做了專題報導，多篇文章見證了他的教育熱忱以及對學生的支持。[4]

因此，不過才幾個月後，魯斯特的研究生論文預備班竟成了眾矢之的，這實在太過諷刺。但若瞭解UCLA教育學院的狂熱背景，也就不意外了。該學院只要一有機會，就會大肆宣揚自己「社會正義」的使命，這成了醞釀種族對立的溫床。該學院專門研究批判種族理論的學生，不斷向同學和教授打種族牌，導致了緊張的自我審查氣氛。這種學院氛圍尤其讓國際學生受到驚嚇，一位甫畢業的學生就說：「亞洲同學簡直嚇壞了。他們走進這個過度種族分化的環境，不懂到底發生了什麼狀況。他們在課堂上的態度是：『我不想開口，請不要叫我發言！』」[5]

瓦爾・魯斯特的論文預備課已淪為激烈的受害者意識形態競技場，這是學術界以外的人無法理解的。例如，我們就很難理解採取「立場論」（女性主義批判所謂以男性為中心的認識論）的白人女權主義者，使用墨西哥裔美國人女權主義者描述自己的受壓迫故事時所採取的「證言」類型是否不合理。魯斯特很少參與這些「方法論」的爭議（如果「墨西哥裔美國人證言」也能成為學術上的「方法」），但是會讓在理論上

1 譯注：指某人有一個像「雞蛋殼那樣薄的腦袋」，通常不會對正常人造成傷害的打擊，卻會造成對該人的致命損害。
2 Cathryn Dhanatya, interview, July 7, 2014.
3 Rosalind Raby, interview, July 17, 2014.
4 Rosalind Raby, "Val Rust: A Lifetime of Achievement," SSCE Newsletter (Spring 2013), 5, accessed Apr. 22, 2018, https://www.yumpu.com/en/document/view/19168727/spring-2013-ssce-newsletter-ampersand-ucla.
5 Interview with recent graduate, July 20, 2014.

跟得上時代的學生相互討論，其他辯論則集中在標點符號的政治意涵上。魯斯特在審閱一名學生的論文題綱後，將學生大寫的「原住民」（indigenous）一字改成小寫，因此被舉證為不尊重學生的意識形態觀點。由於魯斯特堅持學生使用學術上更專業的《芝加哥格式手冊》（*The Chicago Manual of Style*）做為文獻引用格式，和學生關係變得緊張。一些學生覺得，比較不硬性規定的美國心理學會（American Psychological Association）論文格式，更能反映他們信奉的政治立場。在激烈討論的過程中，魯斯特伸手拍了拍班上最大聲喧嚷的批判種族理論支持者學生的手臂，想讓他冷靜下來。魯斯特經常使用肢體語言表達，他是一個會去擁抱他人的人。當肯傑斯・沃森（Kenjus Watson）大力甩開自己的手臂時，教室裡流動著一股緊張的能量。

每次上課進行辯論之後，自稱「有色人種」的學生就會發送自己如何被班上「白人」對待的電郵（在大學校園裡，亞裔不被認為是「有色人種」，原因沒人願意解釋）。最終，在二〇一三年十一月十四日，該班三名激進的有色人種學生，伴隨至少十八名UCLA的其他有色人種學生，以及校刊記者和攝影師，突然闖入魯斯特的課堂，進行「有色人種研究生的集體抗議聲明」。示威者把魯斯特和其餘四名學生（一名美國人、兩名歐洲人和一名亞洲人）圍成一圈，大聲宣讀了他們的「行動日聲明」。魯斯特不過是客氣地幫助學生改稿，該聲明卻表示這是他們覺得無法克服的極大障礙。

這篇「行動日聲明」在語法或用字上幾乎句句拗口，聲明中堅稱，「白人女同學反覆而無聲地抨擊我們的作業，教授卻未能辨識出並緩解針對班級唯一有色人種男學生不斷升高的敵意，教授本人也不斷質疑該學生的學術和專業決定。這種充滿敵意和不安全的氛圍，在在支持了班上同學對有色人種學生表現出傲慢的態度。」「行動日聲明」譴責這個班級「針對我們的認識論、我們智識上的嚴謹，並錯誤建構我們和同學分享的方法系譜學」表現出「種族微歧視」（儘管這個詞近幾年才流行起來，「微歧視」概念最早是一名黑人心理醫生於一九七〇年代所提出）。冗長的演說結束時，該聲明釋放出幾個更令人更摸不著頭緒的字眼：「如果這個學院不尋求實質和體制上的改變，在最良性的情況下，對新一代有色人種學子也毫無誠意；以目前的惡劣情況來說，這是一個傷人、不安全而且令人窒息的學術環境。」撰寫聲明的博士候選人正準備踏入學術界，而且不是學術界的隨便職位，而是要成為授課的教師。「行動日聲明」對學校當局而言是個警鐘，倒不是因為UCLA的「種族敵對氛圍」，而是他們的教學未能沒讓學生做好學術寫作和學術諮詢的預備。魯斯特並非第一個因為糾正學生文法和拼字錯誤被說為偏執的教授。「在學校裡，要求學生使用正確的文法，是一種挑釁行為。」一位臨時助教說，「你打的成績必須是A，否則就代表你是種族主義者。」校方沒去檢查自己的教學法是否出了問題，卻選擇了另一條路。

靜坐的消息在媒體和網路上流傳開來後，校方決定犧牲魯斯特。院長馬塞洛・蘇雷斯—歐洛斯柯（Marcelo Suárez-Orozco）向教師和學生發送了一封電子郵件，信中低聲下氣地宣布，他已經「覺察到UCLA近來一連串令人不安的種族氛圍，以及最近一次的相關事件〔魯斯特的班級〕」，這麼一說，等於是將合法性授予給學生荒謬的要求，並承認魯斯特管理班級的方式**有**種族上「令人不安」的情況。蘇雷斯—歐洛斯柯繼續表示：「請放心，我對此事非常重視。我謙遜地獻身於傾聽學生的心聲，並從這次經驗中獲得學習。身為一個群體，我們將努力尋求公正、公平和持久的解決方案。我們一起面對，必能療癒這個傷痕。」

當然，對此事「重視」的前提是，必須弄清楚需要認真對待和解決的問題，而非只是任由自認受害的玻璃心學生亂發脾氣。校方宣布，魯斯特不會獨自教完剩餘的課程，而是會加入另外三位教授一起授課，其中一位是丹尼爾·索洛薩諾（Daniel Solórzano），他是該校微歧視理論和批判種族理論的主要支持者。課程的重新安排，相當於默認魯斯特不適合指導「有色人種研究生」的指控。

示威者對校方的回應並不滿意，他們在網上又發表了一份請願書，裡面亦充斥著各種文法怪句。「學生經常反映上課環境不友善，白人至上、父權制、異性戀霸權和其他形式的體制壓迫的影響已在系上顯現出來，並嘲弄我們的智識能力、學術嚴謹度和意識形態的合法性。」此乃典型的文法紊亂句子。

幾週後，校方召開意見會，就「行動日聲明」中「對有色人種學生敵對和傷人的環境」的指控進行討論。索洛薩諾教授首先介紹了「微歧視」類型學，來說明學校的種族緊張情勢。示威領袖肯傑斯·沃森朗讀出清單上一長串的項目，指責魯斯特對自己的微歧視行為睜眼說瞎話。另一名黑人學生則說，由於魯斯特沒有為自己的過犯道歉，所以自己無法和學院和解。幾位魯斯特在社會科學與比較教育系的同事也參與了這場會議，但沒有人公開捍衛他。

會議結束後，魯斯特靠近那名指稱他沒有道歉的學生，試圖與他對話。始終天真的魯斯特再次伸手想要觸碰學生，那名高壯的年輕人氣急敗壞地阻止了魯斯特，並在之後對這名七十九歲的教授提告刑事的毆擊罪。魯斯特的雇主提供他一個選擇：如果他同意在本學年的剩餘時間遠離校舍，校方將不會對他提出紀律處分。接著，校方向學生發出一封信，告訴他們學校至少在一段時間內不會那麼危險，因為魯斯特不會再參與學校事務了。

然而，院長和他的助手只是暖身而已，下一波行動正在醞釀。他們成立了一個委員會，負責「從種族和族群關係的角度，審視〔學校〕運作和文化的各個層面」。他們不顧利益迴避原則，任命反對魯斯特的示威領袖沃森為委員會的「研究生研究員」。那些被認為有種族「敵意」的學生，也被捲入這場風暴，卻沒有一人獲邀參加委員會。委員會則由索洛薩諾主持。

委員會的最終報告虛情假意地感謝示威學生反對種族壓迫的勇敢立場：「最近，一群學生勇敢地挑戰我們，讓我們正視必須在我們的社群中執行〔學校的社會正義〕使命。我們對這些學生表達至高謝意。」報告的開頭這麼寫著，換句話說，沃森是在感謝自己。稱讚學生有勇氣是荒謬的，因為他們並沒有思考他們的抗議行動可能有的負面結果。

委員會中沒有人對學生拙劣的寫作技巧說些話，也許這是因為委員會自己也寫不出條理清晰的散文。委員會宣布：「對於擔任社會正義使命的領導角色，努力糾正社群不安全且缺乏勇氣的學習空間，並承諾改善我們的教學法和課堂氛圍，使得所有學生感到自己的作業受到重視，我們樂見其成。」[6]

如果UCLA真心想為研究生做好終生學術研究的準備，就應該駁斥示威者主張他們的寫作不該受到質疑（根據「行動日聲明」，「白人同學的質疑與攻擊，以及教授的寫作『指導』，助長了課堂上的敵對氛圍）。

---

6 Daniel Solorzano, Sayil Camacho, William Dandridge, Johanna Drucker, Alma Flores, Annamarie Francois, Patricia Garcia, Sandra Graham, Timothy Ho, Tyrone Howard, et al., "Final Report of the GSE&IS Committee on Race and Ethnic Relations," UCLA Ed & IS, GSE&IS Resources (June 2014), accessed Apr. 22, 2018, https://portal.gseis.ucla.edu/incident-resolution/gse-is-committee-on-race-and-ethnic-relations-final-report.

校方應該表明，對於學術工作來說，學術辯論是不可或缺的，絕不能被說成是「微歧視」。課堂討論並非出於種族主義的動機，而且幾乎每位教育學院的美國學生，都樂於接受學校「社會正義」的使命。一位替魯斯特說話的研究生在ＵＣＬＡ校刊專欄上發表了看法，認為種族主義「深深紮根於學校內部的機構」，同時譴責了校方對魯斯特「不公平……這種妖魔化體現了對白人男性壓迫的象徵」。

但是，最令人震驚的失敗，還是委員會的報告以及學校領導階層不願做出任何公開的努力，來反駁學生對魯斯特的誹謗。魯斯特的同事肯定知道他絲毫沒有種族優越感或「敵意」，正如他的一位學生所說：「他的心地純正。」在當今大學裡，沒有比說一個人有種族偏見或麻木不仁更惡毒的指控了。然而，為了避免進一步激怒示威者，校方犧牲了魯斯特的名譽和情感，更不用說踐踏了事實。這不僅僅是道德上的失敗，更是教育的失敗。魯斯特的「有色人種學生」誤解了課堂上的互動狀態，在種族仇視不存在的情況下看到了種族仇視。學校不僅沒有出面糾正學生的誤解，還稱讚他們是英雄。因此，校方和官官相護的教職員，幾乎確保了示威者及其支持者一生將對種族歧視的幻覺提出類似的抱怨，並期望得到相同讚許的回應。

我問蘇雷斯—歐洛斯柯院長，他的行政團隊是否認為魯斯特是種族抗議的適合人選？透過發言人，他以「個人隱私」為由拒絕作答。有鑑於對魯斯特公開的羞辱，以及校方和委員會以「隱私權」當擋箭牌，迴避令人不快的公共事務問題，我認為這根本是懦弱的表現。

校方最接近承認示威者可能誤解教室裡的互動狀況，是在種族與族群關係委員會的報告中簡短帶到此事。根據委員會的說法，在所謂的種族事件中並沒有所謂正確或錯誤的解釋，只有觀點不同，而且每個觀點都同樣有效。「團體共享的任何事件或經驗一定會產生多種敘述，每種敘述都有權被尊重和認定為事件的經歷。任何一個複雜事件，都無法用單一說法完全解釋清楚，尤其是那些沉重的問題，像是歷史遺留下的種族主義、權力不平衡和體制上的虐待等等，造成了強烈的情感傷害。在我們的文化中，這些往往是人們無法辨識並說明清楚的。」委員會不曾表示他們考慮過、更別說「求證」當事人對魯斯特課堂的敘述，去排除種族主義的可能性，反而說出「歷史遺留下的種族主義，造成了強烈的情感傷害」這種話，暗示示威者對魯斯特課堂的敘述中可能還隱含著另一種觀點。但是，對於魯斯特或任何關心真相的人來說，這都只是冰冷的安慰話。委員會採用了「認識論的包容」[7]這種看似公正的姿態，實際上卻比一開始更像道德上的迴避，這讓委員會規避了責任，而沒去確認種族主義的指控是否合理；實際上，種族主義的指控永遠勝過否認種族主義的存在。一旦有人提出這類指控，每間學校都會視其為真，並採取一系列措施來消除涉嫌的可能。

因為「指出秋季班出現的種族氛圍的問題，並迅速果斷地面對這些挑戰」，該委員會對自己和學校的領導階層表達了祝賀之意。撰寫報告者並沒有正直地指出是哪些「種族氛圍問題」，也沒有確切點出學校該如何面對這些挑戰，反而因為校方把魯斯特當成危險人物、不准他進入校園，推測校方已將這個問題處理妥當。該報告也鼓勵官僚組織持續膨脹，認為是每所學校面對種族抗議事件時都該有的反應。

7　譯注：認識論是以人類知識為主要研究對象的哲學課題，亦稱為知識論，涵蓋的範圍非常寬廣，這裡指好像什麼都可以包容下來。

在這個案例中，設立了負責平等與多元化事務的副院長和常設委員會，也為教職員提供多元化培訓，並加強種族歧視案件的申訴過程，甚至直接採用示威者請願書中的措施。

肯傑斯．沃森是魯斯特班上「**唯一的**有色人種男性」，也是示威活動的主要領袖。隔年夏天，他在洛杉磯西方學院（Occidental College）與他人共同主持了「群體間對話」課程（Intergroup dialogue program）。實際上，沃森成為全國「群體間對話」的樣板，這又是一次沒有實質內容的學術詐欺。西方學院的簡章上說，「群體間對話」課程旨在「增進學生對多元化和社會正義的知識、理解和覺察，同時促進群體間具建設性的關係和領導力的發展」，選修這些課程可獲得學分。沃森曾在賓夕法尼亞州立大學、聖路易斯大學和密西根大學教授「群體間對話」課程，涵蓋主題包括「性別、種族、性別認同和黑人男性特質等」。「行動日聲明」對於魯斯特拍學生手臂的動作加以譴責：「單單對這名有色人種男學生做出這個動作，就已經罪不可赦了。這位教授卻還在提醒學生對話的重要性時，以令人質疑的傲慢輕率動作，粗魯地晃動了學生的手臂。」會因為魯斯特的無辜舉動感到被冒犯的人，可不是開設「促進建設性的群體間關係」課程的理想人選，就算這種課程能算是受到認可的學術領域。沃森無疑地將他的「對話」和「社會正義」版本，傳授給許多樂於接受他觀點的「有色人種學生」。這些學生也將學會透過種族關係被冒犯的眼光來看待所有事情。

在接下來的三年中，蘇雷斯—歐洛斯柯和他的行政同事不停地煩擾魯斯特，將他從臨時的校外辦公室趕到另一處，並對他提出毫無根據的指控。一直到二〇一七年八月，蘇雷斯—歐洛斯柯才向教育學院的教職員發送一份備忘錄，上面只寫了一句話，承認魯斯特是全職榮譽教授，這是魯斯特收過最接近道歉的說法了。

在教育學院二〇一三年行動日之後僅僅一週，又有一起微歧視事件撼動了UCLA法學院，校方再一次未能阻止學生顯然毫無根據的種族指控。

我們在前幾章中提到過的理查德・桑德，在二〇一三年秋季的大一財產法課堂上教到一批熱情的學生。由於班上同學感情很好，因此他提議學生與其他財產法的大一生舉行一場壘球交流賽。桑德的學生製作隊服時，想出印有 #teamsander（#桑德隊）標誌的設計以及桑德教授拿著球棒的圖片，並加上「歸還原物」和「動產侵占訴訟」等財產法相關名詞來裝飾隊服。比賽前幾天，桑德的一些學生穿了這件T恤上課。結果，在大一的黑人學生中爆發了電郵風暴，指控桑德教授的班級微歧視。

由於桑德在做錯配理論（mismatch theory）[8]的研究，因此法律系的少數族裔學生在桑德隊的T恤上看到了針對他們而發的種族歧視。根據學校「校園氛圍多元化行動委員會」的說詞，這些學生被T恤設計「給觸發」了，這是校園受害者的熟悉用語，代表T恤引發學生受到其他種族主義者虐待的創傷回憶。根據臉書一名評論者的說法，這件T恤呈現出「白人特權」，與「教室內外的種族主義者／階級主義者／性別主義評論」的說法一致。

這種種族上的解釋令人感到不可思議。桑德上課時從來不曾講過「平權行動」，他的大多數學生甚至沒聽過錯配理論（mismatch theory）。他們選擇這個球隊名稱，只是想表達對班上情誼的珍視。儘管如此，

8　譯注：演化生物學的一個概念，指的是曾經具有生存優勢但因環境的變化而變得適應不良的演化特徵。

大一的黑人學生隔天召集會議，討論他們感受到的微歧視。桑德幾位財產法學生也參與了會議，試圖反駁T恤是在表達政治立場的說法。一些少數族裔學生反對他們出席，會議最終演變成一場雙方叫囂的比賽。

桑德的學生決定把T恤留在家裡，直到比賽當天再穿去比賽，但局勢依然緊繃。幾名學生將T恤事件告訴了法律八卦部落格「法律之上」（Above the Law），部落客見獵心喜，發布了一系列關於UCLA法學院「種族主義」的貼文。其中一篇是一名匿名黑人學生所寫，他指稱法學院不再將黑人學生分配到桑德的大一財產法課堂上（該年他那組沒人被分到桑德的班上），因為上反對種族優待錄取政策的人的課，感覺實在「太糟」。這位匿名人士也指稱，黑人學生擔心若承認他們不懂課堂上教授的內容，等於是「替桑德的錯配理論研究做出貢獻」，因此不願向桑德尋求額外的幫助。[9]即使令人遺憾，但可以理解他們為什麼會對桑德的研究有這樣的反應，而且這種兩難困境也很難找出解決辦法。桑德進行種族優待錄取研究是出於善意，而且是根據事實做研究。他是一名堅定的自由主義者，充滿熱忱地致力於種族平等，他憑實證經驗得出的結論是「平權行動」阻礙了黑人的學術進步。過往不曾有人舉出他對學生有任何不尊重。無論如何，桑德隊T恤的設計與錯配理論無關。

壘球比賽後的第二天，大一黑人學生和另一組財產法的一些學生發起抵制。對此，法學院院長瑞秋·莫蘭（Rachel Moran）向大一學生發出一封電子郵件，信中對於T恤不尊重種族的想法非但沒有反駁，反而用認識論的不可知論來迴避問題，與UCLA教育學院的高層如出一轍。她敦促學生「尊重彼此的感受，並願意理解不同的觀點」。從理論上來講，這是不得罪人的建議，但除非莫蘭認為T恤有理由被視為種族侮辱，否則她應該糾正學生的誤解，並幫助他們做出理性的判斷，瞭解真正的種族冒犯會是什麼樣的情況。此外，T恤上只要出現桑德的名字和照片，就被視為對黑人學生的攻擊，那麼桑德現身校園也必定構成黑人學生的威脅。莫蘭讓這種情勢持續下去而未加處理。

莫蘭電郵中的其他內容都表明了她的想法。她承諾，她的行政團隊將「促進所有學生在安全的地方進行建設性的對話」。在魯斯特事件期間，這種矯情的「安全」巧辯是學術受害者心態的核心思想，發揮了混淆視聽的作用（校園女性主義者也不斷借題發揮）。任何使用這種說法的大學官僚都和這種虛構謊言連成一氣，說大學除了幾個安全的地方以外，對少數族裔和女生來說是個危險的地方。

在此同時，桑德詢問法學院院長，學校是否已實際上停止分派黑人學生上他的課，如同部落格「法律之上」報導的那樣？院長告訴他，學校沒有這樣的政策。另一則因T恤引發的謠言聲稱，儘管學校在幫學生打分數時，學生身分是匿名的，但是桑德不知怎麼就能對黑人打不公平的分數。然而桑德發現，他的大一黑人學生在班上的表現比在其他課堂上更好，在其他課上他們平均得到B^-，在他的班上平均則是B。桑德要求校方提出這些事實，以反駁各種不實說法；但校方拒絕了，因為擔心會引起更多抗議。

種族煽動的情況一直持續到下個學期。黑人法學院學生會於二〇一四年二月舉行了一次示威遊行，抗議法學院一千一百名學生中只有三十三名黑人；顯而易見，黑人學生法學院入學考試成績和競爭力如

---

9 Elie Mystal, "Racists' T-Shirts on Campus? Only If You Bother to Think About It," *Above the Law*, Nov. 22, 2013, accessed Apr. 22, 2018, https://abovethelaw.com/2013/11/racists-t-shirts-on-campus-only-if-you-bother-to-think-about-it/.

此低落，以及全美和加州黑人大學畢業生人數過少，全都要怪法學院。法學院陷入困境，只好在不違反加州種族優待錄取的禁令下，盡可能錄取更多黑人學生，其做法肆無忌憚到連新聞媒體都注意到了。實際上，根據贊成「平權行動」的柏克萊大學經濟學家丹尼．雅根（Danny Yagan）的研究，UCLA和柏克萊法學院黑人的錄取比例，要比根據種族中立錄取的情況高出了400％。但無所謂，示威者穿著印有「33/1100」的T恤，並製作了一段名為「33」的YouTube影片，內容包括一名UCLA法律系黑人女學生的個人證言，她說：「這裡離安全空間差的遠，待在家裡對我的心理健康還比較有益。」其他學生則抱怨說，他們在課堂上被要求代表黑人觀點說話——然而，這不正是種族優待錄取以「多元化」為由，把機會賦予少數族裔學生的目的？[10]

與此同時，UCLA附近一連串的搶案，引發法學院學生在臉書上討論如何自保。其中，對於白人特權和機構種族主義批評聲量最大的大一生艾莉西斯．摩根．加德納（Alexis Morgan Gardner），認為搶劫犯「顯然是生活環境（而且可能是貧困）的受害者」，因此人們在討論時應著眼於犯罪的根本原因，而非只是找出「對應」的措施。其他學生則回答，無論「根本原因」有多重要，安全還是最優先。對此，加德納用充滿錯誤用語和文法的英語說：「**我更擔心自己在這裡（法學院）的安全**，在這個敵意空間裡，未來的『美國領袖們』不容忍其他觀點的情況更甚於我的家鄉（那裡犯罪率「非常高」）。」她補充說：「這聽起來像是在鼓動滋事群眾動用私刑。」

幾天後，一名加德納不認識的男生在學校電梯裡唐突地跟她搭訕，詢問她在法學院怎麼會比在高犯罪率地區感受到更大的人身威脅？加德納在臉書上寫下這次遭遇，以此說明她為什麼在學校裡感到不安全，並添加了一連串偏執狂才會有的虐待行為：「人們……為了迎合大多數人，會公開嘲笑我、不尊重我並無視我……每個人都知道我是誰，當我走在大廳時，大家都盯著我看，因為基本上我是一鍋粥裡的老鼠屎……人們對我有根深蒂固的憎惡和不容忍，但他們把感覺藏在微歧視和網路言論中。」

一天後，加德納在臉書發布說，她的郵箱中出現一封匿名的郵件，信上面寫著說：「別再當這麼敏感的〔黑X〕了。」加德納補充說：「你們這些在臉書留言的無禮之人按讚並留了言，鼓勵了同學們（在臉書上和臉書外）的可憎行為，是**你們**讓這個學校變成充滿種族敵意的環境……我希望你們為自己感到驕傲。」

學校立即進入危機模式，程度超過了對桑德T恤事件的反應。黑人法學院學生會向莫蘭院長提出請願書，譴責學院「對有色人種學生的存在和安全缺乏體制上的支持」。加德納寫信給學生會說，她個人「對於有色人種學生在教室內外所面臨的各種挑戰，常常有所感受並已有警覺。」莫蘭以令人吃驚的屈服姿態，宣布學校將舉辦研討會「幫助學生具備跨文化能力和溝通技巧」，後來這計畫擴大為包括「成為更好盟友的實用策略」。[11]這項越發受到歡迎的「盟友」任務讓一般學生感到驚訝，因為他們認為自己上大學接受教育，並非為了參與黑人和拉美裔學生所謂的重大鬥爭，以對抗惡意的學術力量。學校鼓勵二〇

10　"Substantively Respond to BLSA's Suggestions for a Less Hostile Campus Climate," petition from BLSA at UCLA School of Law to Dean Rachel Moran, UCLA School of Law, Change.org, accessed Apr. 22, 2018, https://www.change.org/p/dean-rachel-moran-ucla-school-of-law-substantively-respond-to-blsa-s-suggestions-for-a-less-hostile-campus-climate-2.

11　Rachel Moran, "pact of Proposition 209 and Our Duty to Ouron in Our Community," email message to Classes of 2014, 2015, and 2016, Feb. 28, 2014.

一四年秋季入學的法學院大一學生，接受無意識偏見的測試，根據測驗結果，他們可以接受學校輔導，而且費用由學校承擔（更多關於隱性偏見的觀念，請參閱第五章）。在莫蘭院長的眼中，教職員也需要接受反種族主義的準備，因此學校將舉辦教職員研討會，學習關於無意識偏見的神經科學，以及無意識偏見對法學教育的影響，接下來還會有「促進課堂對於種族、多元化和歧視討論」研討會。當然，校方一貫地大肆宣傳他們又做了哪些多元化努力，包括安排新生的學習環境、增設新的學務主任負責「促進和支持多元化」，以及設立針對學生偏見投訴的新申訴程序。

倘若使用哲學家大衛・休謨（David Hume）的奇蹟測試觀點，[12]法學院學生發送仇恨郵件事件的真實可能機率，遠低於是場騙局的機率。UCLA法學院學生就像世界各地的法學院學生一樣，學習過程完全以職涯為導向。他們會使用大學四年做出申請法學院的策略性規畫，[13]藉由全新打造的法律專業博士學位，在職涯上獲得一份薪水優渥的工作。寄出如此無禮和幼稚的信函完全是愚蠢的行為，不但與當初讓他們進入UCLA的未來目標相反，還會置他們未來的職涯於險境，也會被當作煽動種族偏見的藉口。

莫蘭院長在二〇一四年二月二十日宣布，警方正在調查該訊息的來源，那是校方最後一次提及調查。教職員中流傳著，這個訊息已被證明是場騙局。最後，UCLA的警察局宣布該事件「毫無根據」。根據一名警察的說法，那則訊息就算是真的，也未達到犯罪水準，警察局根本沒必要確認訊息來源。

然而，就算那則訊息**是**真的，莫蘭的反應依然是太超過了。即使有法學院學生發出這樣的仇恨訊息，那也不代表學校的日常情景。校方居然建議白人學生和亞裔學生進行「跨文化能力」培訓，好與黑人和拉美裔同學交談，這可真是荒謬至極。臉書留言討論該如何在頻繁發生搶案的當地自保，這既符合文明又合乎邏輯，與加德納在臉書上描述的「無禮」之人和「可憎」行為相反。至於教職員，沒有任何證據顯示他們在教學時犯了「無意識的偏見」。暗示這種與現實相反的狀況存在，簡直是對教師的一種侮辱。任何公正的校方人員都應該體認到，整個法學院環境根本是種族包容的典範。

莫蘭本應譴責這則仇恨訊息（倘若屬實），因為這種不成熟的行為，嚴重違反了法學院想要體現的一切。莫蘭本應承諾進行調查，然後事情就到此為止。然而相反地，她選擇回應黑人學生在學校遭到包圍和「不安全」的這種妄想，結果變相地鼓勵他們終其一生都抱持這種類似毫無根據的看法（莫蘭在二〇一四年秋季學期開始時，未做解釋就宣布：一旦找到繼任者，她就會辭職）。

UCLA在二〇一三年十一月爆發了第三次的種族投訴，引起大學高層的回應。一支學生製作的影片指責該校黑人男性大學生占了極低比例的3.3％，但其實該州黑人人口也不過僅占了6％。這支影片很快在YouTube上獲得超過兩百萬個觀看次數。

這支片名為《黑熊》（*The Black Bruins*）的影片，甫一開場就提到一九六九年兩名黑豹黨學生在該校一場學生集會中被激進份子殺死的事件。**影片的含意**很清楚：UCLA要對他們的死負責。顯然，那次槍擊事件只是學校與有色人種長期戰爭的開端。攝影機以晃動鏡頭拍攝一群表情頗不友善的黑人男性，這

12　譯注：他的理論是，接受奇蹟的說法永遠是不理性的，因為如果我們去尋找一個奇蹟發生的證據，總是比這個奇蹟永遠不會發生的證據要弱得多。換言之，作者認為除非奇蹟發生，否則法學院學生不會有閒工夫發仇恨信件。

13　譯注：因為美國的大學沒有法律系，想要從事法律工作的學生在大學畢業後，通常會選擇申請法律專業博士（J.D.）學位，完成學位之後通過律師資格檢測，才能成為合格的律師。

群人站在校園一棟大樓外面，在他們前面站的是負責拍攝影片的賽．史多克斯（Sy Stokes），他是非裔美國人研究系三年級生。伴隨著不祥的背景音樂，史多克斯吟誦著令人費解的饒舌內容，譴責該校是「騙人的制度化種族主義機構」，故意排斥黑人，也「拒絕為幫他們辯護」。

片中有段內容提到黑色顏料。史多克斯聲稱，黑人兒童被教導要避免使用黑色顏料，因為這象徵他們皮膚中的黑色素。史多克斯提出，由於黑色顏料僅會在白色背景上寫字，「如果我們（等同於黑色顏料）只適合當作書寫工具，那麼當我們勇於發言時，你們膽敢告訴我們不要出聲。」我們對這段話的邏輯感到疑惑，也很疑惑到底是誰在告訴黑人不要出聲的。

根據這支影片的說法，黑人男性的畢業率和入學率分別為74%和3.3%，因此該校應該對這個錯誤負起絕大部分的責任。

也罷。學校已為了課業支援服務和一貫的多元文化課程，投入了數百萬美元。也罷。如前所述，學校想出一個接一個的方案，就為了規避加州政府對種族優待錄取的憲法禁令，招收的黑人學生比率已是他們的學術成就和社經地位所能解釋的兩倍以上，而且錄取率還是更窮的亞裔學生的三倍。也罷。大學部當中男生總數不到45%，算是代表人數不足；而白人學生占了28%，也低於白人在加州人口中所占的39%。該校的整體黑人入學率（二〇一三年包括黑人女性為3.3%）實際上比預期來的高，因為整個加州黑人僅占了6%，這當中還包括不會申請大學的黑人兒童和成人（而且這數字幾乎與整個加州大學系統的黑人入學率相同），更別提入學率還會受到其他因素的影響。

二〇一三年，這場爭議越演越烈時，整個加州的八年級黑人學生中只有11%精通數學，而白人和亞裔分別是42%和61%；八年級黑人學生精通閱讀的比例占15%，而白人和亞裔分別為44%和51%。[14] 加州很多黑人小學生長期逃學，接近該州平均數的四倍，UCLA的申請者中只有5%來自黑人學生。[15] 當然，《黑熊》完全沒有提到這些事實；但這些事實顯示，該校已運用一切可能的手段，無論合法與否，來增加學校的黑人學生人數。

UCLA的校方人員以不能再快的速度排好陣仗，感謝史多克斯拍攝作品，並稱讚其中的藝術表現非常出色。該校學生事務副校長珍妮娜・蒙特羅（Janina Montero）第一個跳出來，在聲明中說：「在《黑熊〔口述〕》影片中，幾位本校學生流利且有力地表達出對於校園內非裔學生人數太少的沮喪和失望。」還說：「身為重視多元化學生群體的公共機構，我們同感於他們的挫折和不滿。」[16] 該校是否是「騙人的體制化種族主義機構」，試圖破壞黑人學生的「希望和夢想」，並「拒絕」幫他們「辯護」？顯然是的，因為蒙特羅對於史多克斯的通篇訊息過度「阿們」，表示同意。蒙特羅沒有提供任何學術或人口統計數據，來解釋3.3%的黑人男性入學率是如何來的。根據蒙特羅的說法，人數「太少」的唯一原因，是加州禁止「在錄取過程中將學生的種族背景列為考慮因素」。蒙特羅急切地提醒大家，加州大學正致力於在最高法院

14 Institute of Education Sciences, "The Nation's Report Card: Reading, 2013, State Snapshot Report, California Grade 8 Public Schools," accessed May 7, 2018, http://nces.ed.gov/nationsreportcard/subject/publications/stt2013/pdf/2014464CA8.pdf.

15 Quick Facts About UCLA," UCLA Undergraduate Admission website, accessed Apr. 22, 2018, http://www.admissions.ucla.edu/campusprofile.htm.

16 UCLA Office of Media Relations, "Statement on Video by African American Student Group," UCLA Newsroom, Nov. 7, 2013, accessed Apr. 22, 2018, http://newsroom.ucla.edu/stories/statement-on-video-by-african-249314.

推翻這道禁令。至於為何在錄取過程中必須考慮種族因素才能實現「多元化」？她沒有解釋原因。

UCLA很快做出光是副校長還不足以回應史多克斯影片大作的結論。校長吉恩·布洛克（Gene Block）站上火線，與屈從於學生的耶魯校長彼得·沙洛維和埃默里校長詹姆斯·華格納如出一轍，預先做好了準備。「我們的學生願意表達他們的想法、經歷和感受，就像他們在最近網路上瘋傳的幾個影片中所做的，我們對此感到自豪。」布洛克在這份全校廣傳的備忘錄中說，[17]學生「強大的第一手資料」證實了加州禁止種族優待錄取的「真正影響」。正如史多克斯所做的，布洛克為該校黑人學生生活描繪出一幅可怕的景象：「很多時候，有色人種學生感到被孤立，就像在自己家裡的陌生人一樣。其他人則覺得被當成目標，被嘲弄或邊緣化，而不是受到認可和重視。」有色人種學生「感到自己被當成目標，被嘲弄或邊緣化」，這種說法**是對的嗎**？看起來如此。布洛克沒有透露是誰在「嘲弄」和「邊緣化」他們，但他似乎認為自己底下的學生和教職員全是偏執的。布洛克繼續嚴厲批評UCLA不願進行「關於種族的對話」。「可別搞錯，這樣的對話可能非常困難，不可避免地會讓人情緒激動、產生防禦心，有時甚至招來人們的指控，但我們不能害怕對話，因為這不僅對我們大學，對於我們的社會也非常重要。」

布洛克校長，請恕我無法苟同，貴校花了大量時間在進行「關於種族的對話」，但若想進行更多的對話，就事實來談論才是一個好的起點。他可以反駁說，那些指控UCLA故意破壞黑人「夢想」的說法並無任何根據。他可以提出數據說明種族間的學術成就的確存在巨大落差；正因為有這樣的落差，指控學生或教職員人數因偏見而導致種族比例失衡，這種說法並不正確。最重要的是，他可以回歸現實，告訴學生：「本校是全世界最令人嚮往的大學之一，我們的學術資源向本校所有學生開放。往後你不再會有從容地吸收知識並且盡情利用這份殊榮的機會。你身旁的教師都很善意、富有同情心，他們願意幫助你。你要好好學習、提筆寫作，並讓自己沉浸在歷久彌新的經典中。你要好好運用這所有一切，這樣你畢業時，就能為豐碩的人生做好準備。」

然而，比起說出真相，布洛克選擇更加卑躬屈膝。他在信末寫道：「我很感謝從批評者當中贏得了信任，我們必須且將更加致力於贏得信任。」他沒有解釋為什麼UCLA不值得信任，是學校誤導了黑人學生嗎？歧視了他們嗎？布洛克沒有說。但他的確提醒他們，UCLA即將任命負責平等、多元化和包容性的新副校長，以及兩位「多元化預防主任」，這兩位將「調查我們教職員當中是否有人有種族和族群偏見或歧視，並提供他們教育和培訓」。他再一次脅迫教師，要幫大學部上課就要通過「多元化」課程的規定，這對布洛克而言是神聖的理想。

黑人高中生學業能力不足，這才是黑人無法按比例上大學的唯一原因，設立再多層級的多元化官僚機構也不會改變任何現況。這支影片爆紅之後，史多克斯在MSNBC新聞頻道的採訪中，比校方更清楚地體認到這個事實：「我覺得問題是，你知道的，大部分黑人社群普遍存在共識，在社經地位較低的地區，人們認為黑人只能靠當嘻哈歌手、籃球運動員、橄欖球運動員來出人頭地。」他說，「因此，學業壓力並不存在。事實上，我們從來沒有壓力。」然而，史多克斯隨即使用了更多的受害者說詞，來掩

17 Gene D. Block, "The Impact of Proposition 209 and Our Duty to Our Students," UCLA Office of the Chancellor website, Feb. 24, 2014, accessed Apr. 22, 2018, https://chancellor.ucla.edu/messages/the-impact-of-proposition-209-and-our-duty-to-our-students/.

蓋無意中坦承的個人責任。他說：「學業壓力只是造成我們學業成績低落罷了。」[18] 換句話說，問題不是黑人對課業的努力不足，而是社會「利用」那樣的努力不足來壓制黑人。

其他大學也同樣擁抱學術上的種族主義謊言。二〇一四年三月，哈佛大學的黑人學生上傳的一系列照片《我也是哈佛生》（*I, Too, Am Harvard*）在網路上瘋傳，呈現了哈佛的蛋殼腦袋原告所遭受的微歧視（該系列照片的創作者是兩名批判種族理論法學院教授的女兒，她解釋道：「我們必須證明，這些小小的日常微歧視，背後是更大的緊張氣氛，呃……構成這整個……像是……呃……後種族……呃……後種族表像的基礎。」）歐柏林學院（Oberlin）、福坦莫大學（Fordham）和許多其他學校的學生都設立網頁，記錄自己受到其他種族學生輕視的種種壓迫。

縱容這種謊言絕非無害，任何學生若認為大學環境「不安全」、存在著種族敵對氣氛，就不太可能會充分利用學校資源。長大成人這件事，代表要瞭解實際問題和瑣碎問題之間的差別，當有人問到：「那麼，所以，你的職業是什麼？」（福坦莫大學的「微歧視」案例），這就屬於微不足道的類別。在過去三十年裡，這個世界教會我們，關於個人最重要的事是他的種族和族群身分。如果花時間去煩惱這種儘管笨拙但無惡意的詢問，倒不如把時間投入在準備有機化學或法國文學考試還更適合（正如本書將顯示的，認為大學對女性來說「不安全」也具有同樣的扭曲作用，同樣荒謬，並造成了更多永久的受害者。人際間日常的互相遷就，動不動就威脅到她們脆弱的自尊心，並總是被她們看成是「針對女性的戰爭」）。

大學對於對受害者心態的鼓勵，牽連範圍之大已超出校園範圍。要求人們不得承認黑人學生的學業成績不佳，就是高等教育中黑人學生不足的原因，這相似於要求人們不得承認黑人的高犯罪率就是刑事司法系統中黑人過多的原因。而前者造成的結果，對未來會有更嚴重的影響。二〇一四年八月，密蘇里州佛格森市（Ferguson）一名警察，射殺手無寸鐵的黑人少年麥克・布朗（Michael Brown），當時媒體一窩蜂撻伐警察的暴行，結果讓其他案件全都被壓制，並提供大量執法中的種族主義衝突故事。結果是一連好幾天都發生了暴力、搶劫和縱火事件，這是因為只要一有機會，媒體就會告訴人們種族歧視無所不在，而他們就是被歧視的目標。

當今的大學致力於維持學生這種玻璃心和青春期自以為是的心態，設立越來越龐大的官僚機構，縱容那些錯誤心態繼續存在。當然，這是因為許多管理大學的成年人與他們的蛋殼腦袋原告學生別無二致。公共政策也根據同樣虛假的受害者心態制定，但維護公共政策的成本卻要我們剩餘的其他人支付。

18 Sy Stokes guest appearance, NewsNation with Tamron Hall, Nov. 11, 2013, YouTube video, posted Nov. 11, 2013, accessed Apr. 22, 2018, http://www.youtube.com/watch?v=FpaZv-YM4kE.

微歧視，極瘋狂

二〇一五年初，加州大學新任校長珍妮特・納波利塔諾（Janet Napolitano）要求該大學十個校區的所有院長和系主任接受培訓，好克服他們對女性和少數族裔的「隱性偏見」。根據她的說法，部門主管也需要接受培訓，學習如何避免製造微歧視。很難想像有比這更侮辱人和腦殘的措施了，但是納波利塔諾的研討會還有更大的含意：它消除了人們最後的殘餘希望，以為大學管理者比他們所掌管的玻璃心學生們，能夠立場更為堅定地掌握現實狀況。

「促進包容卓越——系主任和院長的策略和工具」研討會，假設加大的教職員都偏執到倘若應徵教授職位的候選人恰好是女性或「代表性不足的少數族裔」（即黑人或拉美裔），他們就會拒絕聘用這人，即使這人在學術上最符合資格。與會者在研討會上觀看一齣名為「準備好投票了嗎？」的「互動式劇場情境」——在此虛構的情境中，招募委員會一位資訊科學白人男性教授不「重視多元化」。該情境作者是加州大學聖地牙哥分校表演研究和種族研究教授，他一生中看起來從未參加過教師招募會議，納波利塔諾似乎也沒參加過，不然他們怎麼可能不知道科學領域在徵求教師時，完全不會避開女性和少數族裔；相反地，他們更努力尋找尚未被其他條件開得更好的競爭者搶走的女性和非亞裔少數族裔候選人（參閱第十一章談論到理工科的情形）。在科學領域中，女性被聘用和晉升的比例，超過女性在全部學科申請者中的比例；黑人和拉美裔科學博士則因為人數太少，還沒有夠多可靠的研究分析他們被聘用的情況。

然而，加州大學多元化官僚者卻說，說出這些實情本身就構成了微歧視。在給「促進包容卓越」參與者的講義中，主辦單位列出長長的微歧視清單，還按照「主題」和「訊息」分類。在「英才制迷思」的「主題」下，包括：「當然了，就算他發表的論文不多，他也會獲得終身職位，誰叫他是黑人？」根據加州大學的「認識微歧視工具」，這種特定的微歧視傳達的「訊息」是，「有色人種靠著種族因素，獲得了額外不公平的利益」。拜託，這個想法是從哪裡來的？好吧，你隨便去問一名高三生，他們都非常瞭解班上同學的成績排名，你問他，「有色人種學生」在大學入學時是否獲得了「額外利益」？他會嘲笑你太不瞭解。二〇〇四年《社會科學季刊》（*Social Science Quarterly*）發表一項針對三間一流大學的研究發現，比起白人，黑人受偏袒的比例高出了五．五倍。身為黑人，可讓你在總分一千六百分的學術水準測驗中，額外加二百三十分。在每間篩選嚴格的大學和研究所中，都可以找到大量優待錄取的案例。所有學生都知道這一點，但是多元化協議卻要求大家假裝優待錄取不存在。種族（和性別）優勢一直延續到學術職場上，這是所有參加過招募委員會的人都知道的事。

其他被指控的微歧視還包括：說出「我相信最符合資格的人應該得到這份工作」，或是「美國是充滿機會的國度」之類的傷人言論。參加過「促進包容卓越」研討會的人，可能會因為說出這樣的想法，而被提點你不該這樣說。究竟為什麼說「最符合資格的人該得到這份工作」算是一種微歧視？真令人費解。這種說法若非直接被當作是反黑人言論，那就是多元化論者暗地裡想說，英才制的能力導向與「多元化」不相容。

根據「認識微歧視工具」，同樣惡劣和具貶義的句子是「只要他們努力工作，就可以在這個社會中成功」。這樣的說法顯然是對所有職業受害者的侮辱，而這些人的主要工作就是到處宣稱，若沒有政府的一臂之力，他們便會感到無力，並且無能完成任何事情。

許多被提出的微歧視，源於多元化意識形態的矛盾，多元化制度當局應該根據種族和族群來區分人們，除非碰到不該這樣區分的不可預測情況。例如，根據「認識微歧視工具」的說法，指派黑人研究生護送黑人客座教授，就是一種微歧視；但是，說要有效仿的榜樣和足夠數量的「有色人種」，不就是「多元化」的主要目的嗎？形容同事為「好的黑人科學家」是另一種微歧視；但是，這種區分不過是反映了校園多元化官僚所堅持的種族意識和吹毛求疵。

不區分種族，構成了「認識微歧視工具」的所有「主題」。請恕我不敢苟同馬丁·路德·金恩的說法：「當我看著你，我看不到膚色」或「只有一個種族，就是人類」，可要當心了，根據「認識微歧視工具」的說法，這麼做等於否定了「個人是種族／文化生命體」。也罷。多元化理論拒絕種族類別的遺傳基礎，並宣稱種族只是一種「社會建構」。按照「認識微歧視工具」的說法，關於有色人種，我們既要下令否認種族類別的存在，又要「承認種族」的文化意義。

其他微歧視的情況，能讓我們一窺未來。二〇一五年，「填寫基本表格時，被迫選男性或女性」不算是微歧視，然而到二〇一八年，醜化二元化生物性別差異的運動已加速蔓延，許多機構若不讓填表者從一長串「性別」可能選項中做選擇，就等著被媒體譴責吧。

「促進包容卓越」研討會讓我們提出的終極問題是：校園裡還有成熟的大人嗎，至少行政辦公室裡還有嗎？答案是沒有。這種措施最令人不安的部分是，是由校長辦公室發起的，而不是外界促成的。如果納波利塔諾沒有提出這些反偏見的培訓內容，沒有人會注意到之前是否有這類培訓。相反地，她未經建議就頒布這種措施，只能說嚴重到搞不清楚狀況。大部分的教授，至少科學領域的教授，有多看重自己的責任，想建立起有成效和研究實力的研究團隊呢。可以預期，那些嬌生慣養、只關注自己的學生可能同樣無知，但現在事實卻證明，學生可能還是校園裡問題最小的。

第五章

大家都是無意識的種族主義者？

美國有一段殘酷駭人的種族主義和奴隸制歷史，我們應該時時警惕不讓那段歷史再次發生。……然而當前種族平等的主要障礙不在於隱性偏見，而在於種族文化和行為的差異。

近年來，很少有學術觀念像「隱性偏見」一般被公共論述快速吸收。從總統、總統候選人到國家最高執法官員，全都擁抱隱性偏見觀念，這想法甚至還引發一項運動，要從法律中刪除個人的主體性，[1]並催生了價值高達數百萬美元的諮詢產業。然而，現在它所仰賴的統計基礎正在崩潰，但可別指望其影響馬上會消失。

隱性偏見標榜自己能回答以下問題：在過去半個世紀以來，顯性種族歧視已大大減少，但為什麼在家庭收入、工作狀況和判刑入獄率方面，仍存在著種族差異？根據隱性偏見研究的說法，原因在於我們的大腦深處並不受意識控制。支持隱性偏見的人聲稱，我們可能有意識地接受了種族平等概念，但幾乎所有人都有無意識的偏見，偏好白人勝於黑人。隱性偏見計畫就是要用科學方法找出那些無意識偏見，因為這些偏見會導致歧視行為，進而造成種族不平等。

出於以下原因，人們認為有必要探測我們無意識的想法，以解釋不斷出現的種族差距現象：在大學和主流社會中，要承認群體之間興趣、能力，文化價值或家庭結構的差異，可能會造成社經地位的差距，還是個禁忌。

一九九八年，隱性偏見概念隨著一種稱為「內隱聯結測驗」（Implicit Association Test，簡稱 IAT）的心理工具推出，出現在學術界中。這項測驗由社會心理學家安東尼．格林華德（Anthony Greenwald）和瑪札琳．貝納基（Mahzarin Banaji）發明，他們在美國國家科學基金會（National Science Foundation）和國家心理衛生研究院（National Institute of Mental Health）的資助下，宣布內隱聯結測驗是偏見研究的突破。「可以看出，普遍存在的偏見影響了90～95%的人……透過心理學家開發的新工具，我們可以衡量無意識的偏見根源。」

新聞稿如此寫道。

在電腦上，種族內隱聯結測驗（另有非種族內隱聯結測驗版本）顯示一系列的黑人臉孔和白人臉孔；測試對象必須按照種族別，以鍵盤上的「i」和「e」按鍵，快速將看到的臉孔分為兩類。接著，測試對象將「好」或「正面」的語詞如「令人愉快」，和「壞」或「負面」的語詞如「死亡」，分為好壞兩類，同樣用「i」和「e」這兩個按鍵來表示，然後將分類任務混合在一起：當面孔和語詞隨機出現在螢幕上，測試對象必須使用「i」和「e」按鍵來進行分類。接下來，分類規則顛倒過來。如果之前是用與「壞」的語詞類別相同的按鍵來對黑人臉孔進行分類，現在就要用與「好」的語詞類別按鍵來對黑人臉孔進行分類，而用相反的按鍵對白人臉孔分類。如果測試對象使用與「好」的語詞類別相關按鍵對黑人臉孔進行分類的時間，比使用「好」的按鍵對白人臉孔分類的時間長，內隱聯結測驗就認為測試對象有隱性偏見。內隱聯結測驗根據測試對象完成不同分類任務的毫秒數，來替測試對象的隱性偏見程度給予分級。在測試結束時，受試者會發現自己對黑人或白人的「差別待遇」是強、中還是弱。結果，大多數的受試者（包括許多黑人）被評比為更偏愛白人臉孔，其他的內隱聯結測驗則是對女性、老人、身心障礙者，以及其他弱勢群體進行分類。

格林華德和貝納基並非開創這種反應時間研究的先驅。在此之前，心理學家就已經使用反應時間，來測量概念在記憶中的緊密關聯程度。自動認知過程和聯想有助於我們的日常生活，這種觀念在心理學中被

1　譯注：個人的自主判斷力。

廣泛接受。但現在，在華盛頓大學任教的格林華德和在哈佛大學任教的貝納基，分別將反應時間和內隱認知觀念推向了氣氛緊張的政治領域。他們自信滿滿地斷言，黑人、白人臉孔分類的任何時間差異，都是基於對黑人的無意識偏見；他們還聲稱，根據內隱聯結測驗的評估，這種無意識的偏見預告了歧視行為的發生。「潛意識的種族偏好又能準確預測歧視行為，」他們二〇一三年出版的暢銷書《好人怎麼會幹壞事？我們不願面對的隱性偏見》（*Blindspot*）中這樣寫道。該書也使內隱聯結測驗廣為人知，並且在因果鏈的最後一個環節中，假設這種對歧視無意識的袒護，就是種族不平等差異的原因：「我們有充分理由得出結論，隱性偏見不僅對黑人不利，並且在解釋造成對黑人不利的情況上，比顯性偏見發揮了更大的作用。」

隱性偏見的概念如野火一樣蔓延開來，歐巴馬總統在二〇一六年譴責了科學界對少數族裔和女性「不自覺」的偏見；NBC主播萊斯特．霍爾特（Lester Holt）在二〇一六年九月的總統大選辯論中問希拉蕊說，是否有「警察暗中歧視黑人」的情況，希拉蕊回答：「萊斯特，我認為隱性偏見是每個人都有的問題，不只是警察而已。」當時的聯邦調查局局長詹姆士．柯米（James Comey）在二〇一五年的演講中聲稱，「大量研究指出，存在著大規模的潛意識偏見。」柯米說：「在我們以白人為主的文化中，許多人對白人臉孔的反應與對黑人臉孔的反應不同。」歐巴馬的司法部門把所有聯邦執法人員送去上隱性偏見的培訓課程；希拉蕊則承諾要幫各地警察部門提供資金，好讓警察做這方面的培訓。事實上，許多警察部門在二〇一四年密蘇里州佛格森市警方槍殺麥克．布朗之後，就已經開始接受培訓。

一大票的記者承認他們做了內隱聯結測驗後，發現自己也是有偏見的；麥爾坎．葛拉威爾（Malcolm Gladwell）在他廣受好評的著作《決斷2秒間》（*Blink*）中也提到此事。企業多元化講師重新充實自己，介紹這門新的「偏見科學」。法學界也開始建言，從科學角度看，法律中「故意」概念的解釋是不足的。主導此事的UCLA批判種族研究計畫法學教授傑里·康（Jerry Kang），於二〇一五年成為UCLA負責公平、多元化和包容的副校長，該職位的年薪豐厚（起薪為三十五萬四千九百美元，現在則高達四十四萬四千美元）。康副校長在二〇一五年的一次演講中說：「法律有義務回應科學知識的變化。」還說：「聯邦反歧視法過份關注在一個人自覺的意圖上，這太僵化了。」但是，新的運動自稱「行為現實主義」，把受內隱聯結測驗啟發的概念納入法律，顯示我們「在沒有歧視的意圖下，動了歧視的念頭」。他總結說，如果我們只尋找自覺的意圖，就會「看不見一大堆造成痛苦和後果的真正傷害」。康副校長已向律師事務所、企業、法官和政府機構介紹了行為現實主義。[2]

在就業歧視訴訟中，內隱聯結測驗研究是否能做為可採信的證據，不同的意見正在爭論之中。原告律師通常會邀請安東尼·格林華德來做專家證人；辯方則想辦法說明他並不適合做證人。格林華德熬過了一些抗辯案件，也打輸了一些案件。康副校長在二〇一五年的演講中態度冷靜地表示：「安東尼的專家證詞不被採信，現在可能還沒關係。但在十年內，大家就會知道我們的大腦裡隱藏著偏見。」而且，如果這些所謂的資訊在法律上變成可用來提起訴訟的證據，那麼每個人事部門的決定是否出於隱性偏見，都會受到質疑。賓州大學的菲利普·泰特洛克（Philip Tetlock）批判內隱聯結測驗是極為以偏概全的說法，

2 “Our Teams: Vice Chancellor's Team, Vice Chancellor for Equity, Diversity and Inclusion, Jerry Kang,” UCLA website, accessed Apr. 23, 2018, https://equity.ucla.edu/about-us/our-teams/vice-chancellor/.

他評論說，保證機會均等的唯一方法，是透過配額來強制平等。

喬治・索羅斯（George Soros）的開放社會基金會（Open Society Foundation）同意資助行為現實主義的運動；而這項運動的潛在影響，遠遠超出了就業歧視訴訟。多元化顧問霍華德・羅斯（Howard Ross）說，一些雇主正在使用內隱聯結測驗來篩選可能的員工。越來越多大學行政部門要求招募師資委員會成員參加內隱聯結測驗，以正視他們對少數族裔和女性候選人的隱性偏見。許多企業的升遷委員會都接受了內隱聯結測驗。ＵＣＬＡ法學院強烈鼓勵法學院新生參加測試，以正視他們對同學的隱性偏見；維吉尼亞大學可能會把內隱聯結測驗納入課程當中。康副校長主張，聯邦通信委員應該監督新聞媒體描繪少數族裔的方式，以減少隱性偏見的發生。根據康副校長和貝納基二〇〇六年刊登在《加州法律評論》（*California Law Review*）上一篇文章的說法，如果種族歧視的威脅真如他們所說的那樣「無所不在」，那麼為了克服這種威脅，政府需介入的私人交易範圍，幾乎是無止境的。

儘管支持者稱內隱聯結測驗研究為「科學」，或者用康副校長的話來說，是「成就非凡」、「令人震驚的」科學，但他們對內隱聯結測驗的社會意義主張已超前了科學驗證，內隱聯結測驗理論現在幾乎所有面向都受到方法論的質疑。

任何社會心理學工具要被認為是準確的，都必須通過兩項測試：可靠性和有效性。如果同一測驗的受試者在不同時間參加測試，並且每次得分都大致相同，那麼該心理工具就是可靠的。但是，內隱聯結測驗偏見評分的一致性比率，低於現實世界可接受的範圍：受試者可能在這一次的內隱聯結測驗被評比為高度隱性偏見，下一次則被評為低度或中度。最近的評估顯示，種族內隱聯結測驗的可靠性僅到可用程度的一半。換句話說，沒有證據顯示，內隱聯結測驗能可靠地測量受試者任何穩定的特質。

但是，最激烈的爭議還是關於內隱聯結測驗的有效性。如果一個心理工具的確測到了它聲稱要測量的東西，我們就說它是「有效的」；在此，我們要測量的是隱性偏見，以及隱性偏見所擴及的歧視行為。換言之，如果內隱聯結測驗是有效的，高隱性偏見的得分將預示歧視行為的出現，如同格林華德和貝納基一開始斷言的那樣。但事實證明，內隱聯結測驗分數幾乎與該測驗中被荒唐歸類為「歧視行為」項目沒有關聯，例如在大學心理實驗室進行的模擬採訪中出現肢體語言的細微差別；或是假想捐贈物資的對象是哥倫比亞還是南非貧民窟的兒童。已有大量文章在辯論，實驗室付錢找大學生參加內隱聯結測驗，並誘發他們做出的「歧視行為」，與測驗分數之間並沒有相關性的統計強度。這些「歧視行為」只被順道提及，甚至提都沒提，沒人注意到這些行為與我們該擔心的歧視其實相距甚遠。

即使我們表面上接受在模擬實驗室面談時擺放椅子的地方，或是在囚徒困境賽局中做出的決定，都算是重大的「歧視行為」，但是內隱聯結測驗分數與這些行為之間的關聯依然可被忽略。二〇〇九年，一項針對格林華德、貝納基和兩位管理教授一百二十二個內隱聯結測驗的綜合分析發現，在實驗室誘發的「歧視」中，內隱聯結測驗分數僅能解釋5.5%的變異量。正如傑西・辛加爾（Jesse Singal）在《紐約》雜誌上對於內隱聯結測驗文獻回顧所做的精闢討論，即使是低分，也是以未必正確的方法計算出的結果。一群懷疑內隱聯結測驗的學者組成小組，成員包括萊斯大學（Rice University）的佛瑞德・奧斯瓦（Fred Oswald）、維吉尼亞大學法學院的格雷戈里・米歇爾（Gregory Mitchell）、康乃狄克大學的哈特・布朗頓（Hart Blanton）、紐約大學的詹姆斯・傑卡德（James Jaccard）以及菲利普・泰特洛克，他們注意到格林華德和其合著者把相反的行為當成驗證內隱聯結測驗的證據：如果受試者在內隱聯結測驗中隱性偏見的得分較高，但對外團體成員[3]（如黑人）表現出比對內團體成員[4]更好的行為，則在理論上驗證了內隱聯結測驗，因為受試者出於隱性偏見在做過度補償。另一方面，若研究發現高隱性偏見得分與對外團體成員的歧視行為之間存在著相關性，這就驗證了內隱聯結測驗是正確的。換句話說：不管實驗怎麼做，都解釋得通。

格林華德和貝納基如今承認，內隱聯結測驗無法預測偏見行為。他們在二〇一五年，即在《好人怎麼會幹壞事？我們不願面對的隱性偏見》一書內容造成廣泛影響的兩年後承認，把種族內隱聯結測驗相關的心理測驗問題「用來歸類人們是否會有歧視，是有漏洞的」。因此格林華德認為，不該用內隱聯結測驗來選擇無偏見的陪審團。二〇一七年一月，他對《高等教育紀事報》（*The Chronicle of Higher Education*）說：「我們不認為內隱聯結測驗是在對勢必會導致種族主義或偏見行為的事情做診斷。」他們修正立場之後說，儘管內隱聯結測驗不能預測個人的偏見行為，卻可預測總體來說的歧視和劣勢的情況。他們認為，「統計上的小影響」可能產生「社會上的大影響」。按照內隱聯結測驗的評估，如果社會對黑人的隱性偏見程度較高，這個社會的歧視行為程度就更嚴重。懷疑者之一的哈特・布朗頓駁斥了這個論點，他告訴《紐約》雜誌的辛加爾，如果你不知道一個工具在個人層面上有什麼涵義，你也不會知道它在總體上的涵義。平心而論，受試者樣本越大，用膽固醇指數來預測心臟病發作就越準確，這種說法是正確的。然而，格林華德和貝納基兩人的研究中，對於內隱聯結測驗大規模的影響實際上能準確測量到什麼程度，存在著太多爭議。

最初，大多數心理學家都接受了這個令人吃驚的說法，即人們在現實生活中的歧視或偏袒行為，是能透過對影像進行分類，在微秒當中顯示出來的。但是，「偏袒白人」的內隱聯結測驗分數，現在出現了可能的其他含意：年長的受試者在接受內隱聯結測驗時，轉換指令可能會讓他們產生認知上的困難。團體成員與社經結果之間的客觀相關性，可能導致分類時間出現差異；同樣道理，對某個種族的熟悉度，也會導致分類時間出現差異。在世人得知新的「科學」實驗揭露了普遍存在的偏見之前，應該要排除這些其他含意才是。

最新的綜合分析，對傳統的內隱聯結測驗論述又帶來了衝擊。這項尚未正式發表的研究，著眼於內隱聯結測驗所稱的隱性偏見的變化，是否會導致「歧視行為」；這裡的「歧視行為」定義為一般的人造實驗室行為。研究發現，雖然在實驗室環境中可以透過各種心理促發技巧，來誘發內隱聯結測驗產生微小分數的變化，但卻不會導致行為的改變。

撰寫這篇分析的七位作者提出一種極端的可能性，可能會讓隱性偏見帶來的改革嘎然停止：「也許自動擷取聯想只是偶然出現的遲鈍反應」；換句話說，這些聯想與我們在現實世界中的行為並無關聯。研究人員指出，「自動擷取聯想可以反映出社會中經常配對在一起的概念所殘留的『印記』」，而不是反映出「必然會導致思想和行為與偏見一致的『認知怪物』」。如果這是真的，那麼就需要「重新評估驅動隱性偏見研究的中心假設」，這還是含蓄的說法。

3　譯注：外團體指成員自己不隸屬也不認同的團體。

4　譯注：內團體指成員自己所隸屬的團體。

這項研究的其中兩位作者，是維吉尼亞大學的布萊恩・諾塞克（Brian Nosek）和聖路易斯華盛頓大學（Washington University in St. Louis）的卡文・賴（Calvin Lai）。他們都與格林華德和貝納基合作過，一起發展出占主導地位的內隱聯結測驗論述；諾塞克曾是貝納基的學生，並協助把內隱聯結測驗放在網路上。這證明了他們對科學研究「有幾分資料說幾分話」的正直態度（關於他們的綜合分析，格林華德事先在電子郵件中警告我：「最近突然出現很多流行媒體在批評一篇被人私下轉傳的『研究報告』，這篇報告還沒被任何期刊接受，而且其中一家審查的期刊還是我認識的，期刊編輯和審稿人都嚴厲批評這篇報告的內容。」但是諾塞克、賴等人並沒有「私下轉傳」他們的報告，這篇報告可以在網路上讀取，而該網站是諾塞克協助建立的開放科學計畫之一部分）。

關於內隱聯結測驗是否僅在微觀層面進行，數百篇文章做了激烈討論，並且深入探討了複雜的統計模型，以評估實驗中反應時間的微小差異。然而，與此同時，在辯論的範圍之外，參與辯論的研究者卻沒有注意到兩個顯著的特徵：種族優待錄取的普遍性，以及社經地位差距背後的行為。

今天想要找到一個菁英機構，在不對管理者施壓的情況下，要他們雇用和晉升更多的黑人和拉美裔員工，是有困難的。根據企業多元化講師霍華德・羅斯的說法，將近90%的《財星》（*Fortune*）五百大企業，都採取了某種多元化的措施。聯邦公平就業機會委員（Equal Employment Opportunity Commission）要求員工人數一百名以上的公司，必須回報員工的種族組成。雇主知道，員工中若黑人和其他「代表性不足的少數族裔」掛零，政府是會前來審查的。

二〇〇六年，羅傑・克萊格（Roger Clegg）在呈交給美國民權委員會的文件中提到，有些公司把主管薪資與完成多少「多元化」任務綁在一起。亞培大藥廠執行長白千里（Miles White）在二〇〇二年的一次採訪中表示：「若沒有達到多元化和包容性的目標，主管的獎金就會被打折扣。」從那以後，因為多元化而來的壓力更為加劇。谷歌對主管提供的「目標和主要成果」清單中，增加了多元化的項目。沃爾瑪（Walmart）和其他大公司要求律師事務所在代表他們的律師團中安排少數族裔律師；沃爾瑪的總顧問在二〇〇五年宣布：「我們正在終止跟某家公司的合作關係，因為他們無法達成我們多元化的期望。」隨便哪個記者要找肯定會成功的報導點子，都可以提議去清點某家公司或行業中的少數族裔人數；好萊塢和娛樂產業就常被清點，尤其是在#MeToo時代（參見第九章）。矽谷則是記者最喜歡清點少數族裔人數的「曝光報導」對象。這些公司總是盡一切所能避免這類負面的報導。

在大學中，雇用更多的少數族裔（和女性）候選人的要求，成了縈繞所有教職員心頭的壓力。如果最終的候選人不夠「多元化」，院長便會取消招募結果，命令招募委員會重新招募。如前所述，隨便哪個高三生都知道，如今每間篩選嚴格的大學所錄取的黑人和拉美裔學生，成績都比白人和亞裔學生低很多。二〇〇五年，申請密西根大學的亞裔學生，在校平均成績和學術水準測驗分數若與黑人錄取生的均標成績相同，錄取機會是零；白人學生則有1%的錄取機會。二〇〇六年，亞利桑那州立大學的白人學生，若與黑人錄取生的平均學業資格相同，錄取率只有2%，黑人學生則有96%的錄取機會；這樣的差別待遇會一路延續到研究所和專業學校。根據克萊蒙特麥肯納學院的弗雷德利克・林奇（Frederick Lynch）在《紐約時報》上的報導，[5]從

5 Frederick R. Lynch, "Why Trump Supporters Distrust Immigration and Diversity," op-ed, *New York Times*, Aug. 4, 2017, accessed Apr. 23, 2018, https://www.nytimes.com/2017/08/04/opinion/trump-supporters-immigration-diversity.html.

二〇一三年到二〇一六年，全國醫學院錄取的黑人申請者中，有57％的醫學院入學考試分數為二十四到二十六的低分；相對地，只有8％的白人申請者和6％的亞裔申請者是以同樣的低分錄取。之所以會有這些種族差別待遇，是因為校方想將校園打造成有「足夠數量」黑人和拉美裔面孔的地方。

政府和非營利部門也面臨類似的壓力。在紐約警局中，若晉升是由上級決定，則黑人和拉美裔會優先晉升；但若由考試成績來決定，情況則會相反。一九九〇年代，黑人和拉美裔成為警探的速度比白人快了將近五年，升遷至副警督或副總警監的年資則為白人的一半。

儘管有以上事實，我們卻相信黑人與負面詞語之間的毫秒關聯，比這些通常明顯人為操作的差別待遇更為關鍵，能決定誰被錄取、誰被雇用以及誰可以晉升。當一位具競爭力、資格符合的黑人女性電腦工程博士走進谷歌，若相信招募人員會下意識地尋找理由不雇用她，而錄取相對而言條件較差的白人男性，這是很荒謬的；因為真實的狀況是，全國科技公司和學術部門對於這樣的應徵者都趨之若鶩。具競爭力的黑人律師、會計師和投資經理人也都炙手可熱。

如果隱性歧視無處不在，那麼隱性偏見的支持者應該可以指出很多受害者，但他們卻指不出來這樣的案例。

我曾兩次用電子郵件詢問安東尼．格林華德，是否知道有哪裡在招募師資時，會因為候選人膚色而忽視或拒絕了合格的人選，他不作回應。我也曾用電子郵件兩次詢問傑里．康的特別助理（負責平等、多元化和包容性相關事宜），康副校長是否知道在UCLA或其他地方，教師候選人或晉升的人選有可能因為隱性偏見而被忽略？他沒有理會我的提問。霍華德．羅斯是擁有三十年經驗的傑出企業多元化講師，客戶包括數百家《財星》五百大企業、哈佛和史丹福醫學院，以及二十幾所大專院校。我在電訪中問他，是否知道某些最有條件擔任管理或學術職位的候選人，因為偏見而沒被雇用或晉升？羅斯說有「大量研究表顯示一直有這種情況」，但沒有提供具體案例。

資誠聯合會計師事務所率先發起一項商業領域的多元化特別計畫，該計畫稱為「執行長多元化與包容性行動」（CEO Action on Diversity and Inclusion），有近兩百位執行長簽署一項承諾，會讓員工接受隱性偏見培訓。以資誠聯合會計師事務所的情況來看，這表示要把五萬名員工全都送去上課。然而，任何組織要在某個問題上撒下大把鈔票，想必要有該問題存在的可靠證據做為基礎才行。梅根・迪西洛（Megan DiSciullo）是「執行長多元化與包容性行動」發言人，也是資誠聯合會計師事務所人資部門的員工。我問她，是否知道在資誠有原本應該被雇用的求職者，卻因為隱性偏見而沒被錄用。我們的電話對話如下：

迪西洛：是否有人因偏見而沒被錄用，這方面我不知情。

我：你們的主管會因為偏見而沒做出最佳選擇嗎？

迪西洛：聯合事務所身為一個團體，知道每個人都有不自覺的偏見，所以會努力培訓主管，讓他們變得更好。

我：那麼，你們的主管會因為偏見而沒雇用最合適的人選嗎？

迪西洛：每個人都有不自覺的偏見。但這不代表說，有哪個人因此不被錄用或升遷，這就是職場現況。

我：是怎麼樣的情況？人們受到不同待遇嗎？

迪西洛：人都有偏見，只是呈現的方式不同。我認為你的問話是有目的的，想引導我鬆口。事實擺在眼前，人都有偏見，而他們會帶著偏見來到職場。企業瞭解這狀況，因此致力於建立最具包容性的職場。

我：你認為每個人都有偏見，這說法是根據何在？

迪西洛：是根據科學與《哈佛商業評論》。

「執行長多元化與包容性行動」的其他簽署者，還包括思科、高通、安侯建業聯合會計師事務所、埃森哲管理諮詢公司（Accenture）、惠普、寶僑和紐約人壽，其中有幾家本身是指導委員會的成員。這些公司要不是不回應我有關「執行長多元化與包容性行動」的初步訪談要求，就是在被問到是否知道影響招募和晉升決策的隱性偏見時保持沉默。這種緘默很可能出於害怕吃上官司，也可能是因為並不存在所謂的隱性偏見受害者。

堅持隱性偏見會剝奪具競爭力的少數族裔候選人的工作和晉升機會，這種執念忽略了在就業和錄取決定中，原本就有得將種族因素納入考慮的嚴苛壓力。我問格林華德，隱性偏見是否凌駕於這些體制性的壓力之上（體制壓力要求在招募和晉升時需考慮種族因素）？他迴避了這個問題。「『凌駕』是個錯誤的字眼，」他回覆時寫道，「作為知覺和判斷的過濾器，隱性偏見在自覺的層次以外運作，並經常使知覺和判斷無效。」在回答我的追問時，他否認體制性的壓力有那麼強大，而事實證明，許多多元化計畫並沒有產生「有益的效果」。然而，對於職場長期以來缺乏代表性不足的少數族裔的另一種解釋是：在招募管道中，符合應徵條件的少數族裔本來就沒有到達到比例上該有的數量。

多元化講師會引用行為經濟學，來解釋為什麼明顯的多元化要求無法凌駕於隱性偏見之上；這個領域因為認知心理學家丹尼爾‧康納曼（Daniel Kahneman）的研究而聲名大噪，認為人們運用資訊的方式常常不是理性的。在我提問當大學物理系遇上具競爭力的黑人博士應徵者時，難道不會迅速決定錄用時，企業多元化講師羅斯這樣回答我：「我們現在知道，大多數決定都是基於本能和情感。」矽谷備受矚目的多元化講師喬爾‧愛默生（Joelle Emerson）聲稱，由於公司「不是純粹的理性行為者」，因此可能會以團體形式來歧視最有資格的應徵者。她說：「有些人會被排擠在整個業界之外，團體刻板印象讓這種人很難被雇用和晉升。」[6]

但是，行為經濟學提出理性分析中的缺陷，是可以透過動機來克服的。事實上，雇主有很強烈的動機去做出對種族因素敏感的雇用決定，強到那些認為隱性偏見有辦法凌駕此動機的人，應該要負起舉證責任。事實是，黑人無論在學術市場和許多其他領域中，都享有極大的錄取優勢。

儘管數十年來致力於建構「多元化」，職場中的黑人人數依然不成比例。你可以參考數百項隱性偏見的研究，但永遠不會讀到以下最主要的原因：學術能力的差距。這種差距，只有透過大量的優待錄取才能彌補。

---

6 Joelle Emerson, interview, Aug. 14, 2017.

二〇一七年二月，布魯金斯學會（Brookings Institution）進行一項研究，得出在一九九六年到二〇一五年的數學學術水準測驗中，黑人得分的平均值與白人的差距為〇．九二個標準差。二〇一五年，黑人的平均分數為四百二十八分，白人為五百三十四分，而亞裔為五百九十八分。在成績分布的尾部，種族差距特別明顯。在得分最高者的區塊（得分在七百五十至八百之間）中，亞裔占60%，白人占33%，黑人占2%。至於分數最低者的區塊（分數在三百到三百五十之間），亞裔占6%、白人占21%，黑人占35%。如果透過增加更難問題和更簡單問題來將分數擴散至更大範圍，種族差距就會更明顯。

用常見的生活水平因素來解釋學術水準測驗的差距並不成立。根據一九九七年的統計數字，家庭年收入在一萬美元以下的白人學生，比家庭年收入在八萬到十萬美元的黑人學生得分更高。[7]二〇一五年，家庭收入在兩萬美元以下的學生（該類別包括了所有種族在內）的平均數學學術水準測驗分數（四百五十五），高於所有收入等級的黑人學生平均分數（四百三十五）。在加州大學，用種族來預測學術水準測驗成績要比用班級更準確。種族優待錄取的支持者慣常宣稱，學術水準測驗在文化上有偏見，無法衡量考生的實際認知能力。果真如此，黑人在大學裡的表現應該比他們的學術水準測驗成績更好才對。然而如第二章所述，黑人在大學裡的表現反而更糟。此外，數學測驗跟「文化偏見」無關，除非有人認為數學本身是有偏見的。考出低分，只反映出學生不擅長數學。二〇一六年，加州有54%的黑人中小學生未達到該州的數學標準，而白人學生和亞裔學生未達標準的比例分別為21%和11%。加州社區學院系統的校長於二〇一七年七月提議，將中級代數課程從大專的畢業要求中刪除，因為黑人和拉美裔很難通過這門課程。數學造成的門檻障礙，是加州只有35%的黑人學生獲得大專文憑的最大原因；相較之下，白人獲得大專文憑的比率是54%，亞裔是65%。

數學學術水準測驗和代數課程，要求學生對量化資料有抽象的推理能力。在招募人才上受數學成績差距影響最大的，是那些需要高等量化能力的領域。根據電腦研究協會（Computing Research Association）的年度托比調查（Taulbee Survey），二〇一六年資訊科學博士中，黑人只占了1%，也就是一千六百五十九名博士中，只有十七名黑人。三名黑人獲得電腦工程博士，僅占電腦工程博士總數的3.4%。拿到資訊科學碩士學位的黑人占0.7%，獲得資訊科學學士學位的黑人則占了3%。然而，矽谷那些大公司卻固執地認為，自己的隱性偏見才是造成員工種族（和性別）組成不均的原因。谷歌人員分析部門（即人力資源部門）員工布萊恩・威爾（Brian Welle）對隱性偏差和內隱聯結測驗進行了大量演講，但谷歌卻拒絕讓我採訪他或人員分析部門的其他同事。

除科學以外，還有許多專業都仰仗代數和數學學術水準測驗所需的分析能力，例如商業管理和諮詢，就需要邏輯和認知變通的能力。包括護理在內的所有醫學領域，也都需要能掌握基本代數。當這些職業要從具競爭力但數量有限的合格黑人中招募員工時，受到隱性偏見的指控干擾的機率應該不高。

學術水準測驗的口語部分顯示，白人和黑人之間有一百分的差距，與數學成績的差距相仿。請恕我不苟同批評家的說法，我不認為這是文化偏見的結果：黑人十二年級生的平均閱讀水準與白人八年級生

7 "Why Family Income Differences Don't Explain the Racial Gap in SAT Scores," *Journal of Blacks in Higher Education*, no. 20 (Summer 1998), 6, DOI: 10.2307/2999198. Accessed May 7, 2018, http://www.jstor.org/stable/2999198.

的相同。二〇一六年，加州黑人學生在高中期間有44％的人在英語和讀寫能力上未達到州標準，而白人學生只有16％，亞裔學生則是11％。[8]

與學術水準測驗一樣，法學院入學考試的重點也在於評量學生的閱讀理解和語言推理能力。與學術水準測驗相比，法學院入學考試的成績差距更大：二〇一四年，黑人和白人平均分數之間的標準差為一．〇六。如果法學院入學考試成績差距是文化偏見的結果，那麼這個考試將低估黑人在法學院就學時的表現，但結果並沒有。如第二章所述，在種族優待錄取的結果下，大多數黑人法律系學生都落在班級名次的倒數十分之一內。黑人法學院學生在校平均成績的中位數，落在白人中位數的第六個百分點，這意味著94％的白人學生在校平均成績比黑人學生好，這種成績差距不能歸因於法學院教授的隱性偏見，因為絕大多數法學院考試仍採匿名計分，閱卷老師並不知道考生的身分，而律師資格考也採匿名計分。如果黑人在法學院被教授歧視，那麼他們在律師資格考中應該表現得比學校平均成績預測的更好，但結果沒有。法學院招生委員會（Law School Admissions Council）在一九九八年的研究發現，有22％的黑人考生考了五次律師資格考都未通過，同樣情形的白人考生則有3％。然而，律師事務所卻慣常將律師事務所黑人律師較少，歸咎於招募和晉升委員會的偏見。實際上，律師事務所雇用黑人的比例，超過了黑人在法學院畢業生中的代表比例。但由於偏袒黑人的優待錄取情況太過嚴重，黑人律師的在校成績至少比白人律師低一個標準差，也因此，律師事務所的黑人離職率很高。UCLA的理查德．桑德說，當要做合夥決定時，還留在事務所可以升格為合夥人的黑人律師就更少了。

隱性偏見的研究人員並沒有討論認知能力的差距。我問格林華德，在解釋社經差距時，是否也應考慮學術準備狀態的差距。然而，他只以偏見的源頭來回應：「除了隱性偏見（尤其是體制性的歧視和內團體偏袒）之外，原因還有非故意的不平等差異。」然而，經濟學家巴什卡・馬祖德（Bhashkar Mazumder）二〇一四年為芝加哥聯邦儲備銀行（Federal Reserve Bank of Chicago）做的研究發現，三軍資格測驗（Armed Forces Qualification Test）測得的認知能力差異，大致上可以解釋黑人和白人代間流動性的差異。在三軍資格測驗中得分相同的黑人和白人，具有相似的向上和向下流動性。如果說偏見阻撓了黑人的進步，三軍資格測驗應該會高估了黑人的向上流動性，但是並沒有。

隱性偏見的概念在企業界中牢不可破，只會導致效率下降，因為員工得再次拖著步伐去上最新一輪的多元化培訓課程，並在面臨人事決策時被迫去考慮種族因素。對於生產力而言，最不利的便是一旦簽署了「執行長多元化與包容性行動」（CEO Action for Diversity & Inclusion），[9]公司就會鼓勵員工之間更常討論種族問題。然而最近的報告顯示，70%的員工並不願意討論職場上的種族關係。這是可以理解的，因為在美國的生活當中，多元化差別待遇和種族言論已經過度飽和，造成了潛在的緊張關係。寶僑公司是「執行長多元化與包容性行動」指導委員會的成員，你可能以為該公司過去十年的成長表現不佳，加上董事會持續進行經營權爭奪戰，所以與領導種族微歧視的大型會議相比，該公司主管應該有更重要的

---

8 California Department of Education News Release, "Schools Chief Torlakson Reports Across-the-Board Progress Toward Career and College Readiness in CAASPP Results," Release: 16–57, Aug. 24, 2016, accessed Apr. 23, 2018, https://www.cde.ca.gov/nr/ne/yr16/yr16rel57.asp.

9 譯注：「執行長多元化與包容性行動」由一個委員會帶領的計畫，該委員會成員來自多家大公司的執行長，代表八十五個產業、美國五十個州和全球數百萬員工，一起推動工作環境的包容性與多元化。

事要做才對，但其實不然。

在這波隱性偏見培訓的狂熱中，付出最大代價的是執法單位。毫無疑問地，警員需要更多實用的策略培訓，以免陷入最終必須使用警力的局面。警員在高度緊張、爭鋒相對的場面中，必須要能保持冷靜，並能緩和衝突狀況，讓人們自願伏法。為此，有些警員甚至自掏腰包進行策略培訓課程，因為自己部門所能提供的培訓太少。但現在，寶貴的培訓資源都被轉移到隱性偏見上，用於提升必要技能的時間和資金變得更少。更何況，這種花錢做培訓是基於甚至不存在的問題：偏見導致警察殺害黑人。

科羅拉多大學的心理學家約書亞・科雷爾（Joshua Correll）多年來一直在研究警察開槍／不開槍的決定。在他的實驗中，要求警員對螢幕上快速變化影像的可能目標做出反應。他發現，與未攜帶武器的白人相比，警員射擊未攜帶武器黑人的機率並沒有比較高。警員辨識出攜帶武器的黑人確實有攜帶武器，速度會稍快於有攜帶武器的白人；辨識出未攜帶武器的黑人的確沒攜帶武器，速度則會略慢於未攜帶武器的白人。但是，碰到出現與刻板印象一致的目標（即攜帶武器的黑人和未攜帶武器的白人）時，更快的認知處理速度並不會導致警員射擊未攜帶武器的黑人之機率高於未攜帶武器的白人。

隨著四項研究證明警方在槍擊事件中既沒有反黑人的偏見，也沒有偏袒黑人的偏見，科雷爾的結論在二〇一六年得到證實。羅蘭・法萊爾（Roland Fryer）、泰德・米勒（Ted Miller）和警務公平中心（Center for Policing Equity）進行了其中三項研究，針對警察實際使用武力的數據進行了審查。第四項研究則是讓警員看播放真人大小的影片模擬器，這是一種比科雷爾所使用的電腦更複雜的測試工具。[10] 這項由華盛頓大學的路易斯・詹姆斯（Lois James）帶領的研究發現，警員在射擊攜帶武器的黑人之前所等待的時間，比射擊攜帶武器的白人明顯更長；至於射擊未攜帶武器的黑人的機率，比未攜帶武器的白人低三倍。詹姆斯推測，由於當前種族和警察執法的氛圍，讓警員在面對黑人嫌犯時再三確認自己的判斷。

換句話說，無論是實驗性的還是基於數據的研究，都去除了警員會出於隱性偏見殺害黑人的說法。但是，這並沒有停止隱性偏見不可抗拒的強大力量。全美國各地警局都在對警員進行隱性偏見培訓，累積下來所費不貲；任何有爭議的槍擊事件，都無可避免出現延請偏見顧問的訴求。紐約警局將從現在開始，要求在職新員警和警官參加為期一天的隱性偏見研討會。然而，這些時間原本可以更有意義地拿來進行戰術練習和溝通技巧的。

所有受內隱聯結測驗啟發的演講，都無法改變引發警方採取行動的那些現實：是因為發生了犯罪行為，警方才不得不有所行動。二〇一六年五月，我在密蘇里州切斯特菲爾德（Chesterfield）觀察為期三天

10 Roland G. Fryer, Jr. "An Empirical Analysis of Racial Differences in Police Use of Force," National Bureau of Economic Research Working Paper 22399, issued July 2016, revised Jan. 2018, accessed Apr. 23, 2018, http://www.nber.org/papers/w22399; Ted R. Miller, Bruce A. Lawrence, Nancy N. Carlson, Delia Hendrie, Sean Randall, Ian R. H. Rockett, and Rebecca S. Spicer, "Perils of Police Action: A Cautionary Tale from US Data Sets," Injury Prevention 23, no. 1 (June 16, 2016), accessed Apr. 23, 2018, http://injuryprevention.bmj.com/content/early/2016/06/16/injuryprev-2016-042023; Phillip Atiba Goff, Tracey Lloyd, Amanda Geller, Steven Raphael, and Jack Glaser, The Science of Justice: Race, Arrests, and Police Use of Force, Center for Policing Equity, UCLA (July 2016), accessed Apr. 23, 2018, http://policingequity.org/wp-content/uploads/2016/07/CPE_SoJ_Race-Arrests-UoF_2016-07-08-1130.pdf; Lois James, Stephen M. James, and Bryan J. Vila, "The Reverse Racism Effect: Are Cops More Hesitant to Shoot Black Than White Suspects?" *Criminology & Public Policy* 15, no 2 (May 2016), 457–79, accessed Apr. 23, 2018, http://onlinelibrary.wiley.com/doi/10.1111/1745-9133.12187/abstract.

的培訓課程時發現，這是隱性偏見講師很少著墨的話題。

當時，大約有三十多位遠從蒙大拿州、維吉尼亞州、北卡羅來納州、密西根州和肯塔基州來的警員和主管，在聖路易斯這個綠意盎然的郊區，參加該領域最頂尖的反偏見機構所舉辦的「講師培訓」課程。自一九九〇年代出現「黑人開車易被攔檢」的概念以來，羅莉・弗德爾（Lori Fridell）就向警局演說關於根據偏見的執法行動。自隱性偏見和「黑人的命也是命」運動出現之後，她的生意更是應接不暇。二〇一六年，弗德爾每天接到警局、法院以及刑事司法系統各個部門的電話，歐巴馬的司法部提供她的機構提供資金，進行為警察辦的隱性偏見培訓。這是因為司法部認為警員會犯下這類問題。至於其他機構則要自己想辦法籌措經費。

切斯特菲爾德的培訓為期三天，當課程進行了一天半之後，與會者被告知麥克・布朗的槍擊案件是隱性偏見的結果（儘管布朗試圖抓住警員的槍並攻擊了警員）；另外，監獄中黑人的比例很高，原因是犯下同樣罪行後，黑人刑期會比白人更長（實際上，若不考慮犯罪前科，刑期是相等的）。[11] 與會者學到了內隱聯結測驗；他們看了電視節目《英國達人秀》中歌手蘇珊・波爾（Susan Boyle）的獲勝影片；他們看了摩托車上的辣妹和拿公事包的女主管照片；他們寫下關於「遊民」的刻板印象……這些都不是直接相關到你可以拿出拘補令的重罪行為。

進行這些練習的主旨是：每個人都有刻板印象，有偏見是人之常情。兩名講師解釋說，以警察的情況來說，當碰到危險的白人女性或年長者時，因為與其刻板印象相反，反而會讓警察忽視了可能的威脅，此時偏見就可能危及警察的性命。其中一名講師是已退休的帕羅奧圖（Palo Alro）警察公共事務警司的桑德拉・布朗（Sandra Brown）。她表示，儘管如此，那些隱性偏見也正在害死黑人。

布朗描述了史丹福大學心理學家珍妮佛・艾柏哈特（Jennifer Eberhardt）的一項研究，該研究讓史丹福的學生在心理實驗室看電腦螢幕上的模糊物體。如果事先讓學生看過黑人臉孔影像，他們將會更快且正確地將物體辨識為槍枝（格林華德和貝納基也引用了這項研究）。布朗說：「黑人會喪命，是因為我們看到槍的速度太快了。」也罷。前述關於警察槍擊事件的研究顯示，黑人沒有死，是因為警察「太快就看見槍了」。為什麼會出現這種促發作用？當然了，艾柏哈特和她的合著人將原因歸咎於非理性的刻板印象，但這會讓人想到另一種解釋：客觀來說，黑人更常與犯罪扯上關係。不過，切斯特菲爾德的培訓對此只輕輕帶過。

布朗說，「有色人種」大量參與街頭犯罪「不完全是事實」。實際上，這就是事實。今日的街頭犯罪幾乎全是「有色人種」的天下，例如在紐約市，黑人和拉美裔在二〇一六年的槍擊案件中涉案比例高達98％；紐約市人口占比最大（34％）的族群白人，在槍擊事件中涉案比例不到2％。[12]這些數字來自槍擊案件中的受害者和目擊者，而這種差距在全美各地城市屢見不鮮。如果你在飛車掃射中遭到射擊，那麼襲擊者是黑人或拉美裔的可能性極大，而你是黑人或拉美裔的可能性也是極大的，因為黑人和拉美裔

11 譯注：只是因為黑人有前科，刑期才被加重。

12 James P. O'Neill: Crime and Enforcement Activity in New York City, Jan. 1–December 31, 2016, NYPD Commissioner's report, accessed Apr. 23, 2018, http://www1.nyc.gov/assets/nypd/downloads/pdf/analysis_and_planning/year-end-2016-enforcement-report.pdf.

通常是此類犯罪的受害者。如果大眾把黑人與街頭暴力犯罪聯想在一起，導致這種聯想的，就是這個令人遺憾的事實。

是的，正如布朗所告誡的，警方的行動不該基於「刻板印象」。由於犯罪是當今警察執行警務的決定性因素，假裝是隱性偏見促發了警察執行勤務，這根本是在害警方面臨挑戰時分散注意力。培訓第二天，有學員插話就社會和政治現實提出問題。「有沒有關於黑人和白人警察槍擊的研究呢？」黑人警察問，「如果我開槍射擊黑人，沒有人會因此感到氣憤；但如果開槍的是白人警察，就會引發群情激憤。」另一位當地警察說他很擔心黑人社區的暴力行為：「暴力行為不成比例的多。當黑人被其他黑人射殺時，不會鬧上新聞。幾天前，就有十多人在電影院遭到射殺。這種差別對待讓我感到憂心。」

接著，切斯特菲爾德的一名警員提出在這個「黑人的命也是命」時代中最迫切的擔憂，即解除警務。他說，切斯特菲爾德購物中心被逮捕的扒手中有75%是黑人（二〇一〇年，切斯特菲爾德的黑人人口占2.6%）。「解除警務讓我們很為難；當問題被導向成隱性偏見問題時，很難告訴警員去抓扒手。」這就是今天警察面臨的困境：如果他們依法行事，他們打擊犯罪所產生的統計數據，會有不成比例的種族落差，從而加劇了似是而非的隱性偏見指控。然而，是犯罪的現況而非偏見，導致了這種失衡。

講師提不出解決問題的好方法。布朗回應說：「這些棘手的問題很難回答。」她同樣來自帕羅奧圖警局的搭檔史考特・王（Scott Wong），也試圖將討論重新帶回設定好的話題上。「你需要對此充滿熱情；你必須相信隱性偏見的存在，以及這對警察造成的影響。」但是，儘管警察可以禮貌性地做些調整，但是他們絕大多數本來就不會根據不公平的刻板印象做出錯誤的決定。市區家庭和資產階級規範的崩潰，導致許多黑人青年在街上混幫派。約書亞・科雷爾發現，在面對黑人嫌犯時，警察的神經系統更明顯出現受到威脅的反應。有沒有可能是因為過去十年殺害警察的案件中，黑人男性行凶的比例占了42％，[13]儘管他們僅占全國人口的6％？或是因為美國城市常見的飛車掃射，絕大多數是黑人所為？在那些犯罪的現實改變之前，在大眾心中，黑人與犯罪之間任何「定型」的連結都將維持合理的正當性，這是無可厚非的。這些犯罪率也影響了沒有前科的黑人求職者的工作前景，更降低了黑人在職場上按比例代表的機會。

切斯特菲爾德的培訓確實提供了一些深刻的建議。布朗說：「每天都試著改變人們對警察的看法」。她敦促警察下車與人民交談：「他們需要瞭解我們；人們不敢以一般人的身分與我們交談。」但無論這些建議有多明智，都不該交由收費昂貴的隱性偏見講師來傳達。

隱性偏見運動是目標導向的社會科學。貝納基似乎認為自己在為理想奮鬥，她在寫給《紐約》雜誌傑西・辛加爾的電子郵件中，抨擊了那些對內隱聯結測驗敘述進行嚴格審查的學者之資格和動機，她說：「我不讀那些非專家的評論。」（不過，那些「非專家」跟她一樣，都是資歷豐富的心理學家）。「這讓人們（可喜可賀，只是可忽略的少數人）感到害怕。瞭解我們的思維，能幫助人們改變行為，使人們得行為變得更符合其理想和目標。」她建議那些批評者，應該與他們的「心理治療師或教會領袖」一起探討他們的為

13 Federal Bureau of Investigation, "2015 Law Enforcement Officers Killed & Assaulted," Table 41: 2015 Law Enforcement Officers Feloniously Killed: Race and Sex of Known Offender, 2006–2015, accessed Apr. 23, 2018, https://ucr.fbi.gov/leoka/2015/tables/table_41_leos_fk_race_and_sex_of_known_offender_2006-2015.xls.

什麼對反對種族內隱聯結測驗如此執迷。康副校長曾指責批評者不該認為社會應以「根據成就」判斷人，並控訴他們是因為財務因素，才對內隱聯結測驗有所質疑（當然，貝納基和康副校長將自己任命為隱性偏見講師，正如康副校長所言是筆「不小的酬勞」。至於格林華德在歧視訴訟中擔任有償的專家證人，卻沒讓康副校長把此類支持內隱聯結測驗的主張歸咎於財務因素）。

在這種情況下，我們可以做個思想實驗：[14]倘若美國黑人在各個方面，**集體**表現得像亞裔美國人那般成功，這樣持續個十年好了，比如說擁有相似的上學出勤率、上課專心聽講、好好完成作業和準備考試、遠離犯罪、在工作崗位上表現上進，並且避免非婚生子……，但我們卻**依然**在收入、就業和判刑入獄率上看到種族差異的存在，那麼從無意識偏見中尋求解釋就很合理。但在行為差異如此大的情況下，內隱聯結測驗結果的細微區別，就只是旁枝末節。美國有一段殘酷駭人的種族主義和奴隸制歷史，我們應該時時警惕不讓那段歷史再次發生。但是，當今我們經濟體中最具影響力的部門卻施行偏袒黑人的優待錄取，可見當前種族平等的主要障礙不在於隱性偏見，而在於文化和行為。

14 譯注：使用想像力去進行的實驗，所做的是在現實中無法做到的實驗。

令人覺得不敬

在警務工作中，為了找出隱性偏見的存在，已做到就連警察說「呃」和「那」，之間的區別都被說成存在偏見的地步。根據心理學教授珍妮佛·艾柏哈特領導的史丹福大學研究小組的說法，加州奧克蘭的警察對白人駕駛經常使用其中一種短語，對黑人駕駛則使用另一種。如果你能猜出哪個短語代表「尊重」、哪個代表「不尊重」，你也許可以在偏見心理學這個爆紅領域開創新局。

二〇一七年六月，由九名心理學家、語言學家和電腦科學家組成的團隊發布一篇論文，標榜奧克蘭警察對待黑人駕駛的態度不如對待白人。這項研究發表在美國國家科學院（The National Academy of Sciences）的學術論文集，引起媒體一片叫好。

《華盛頓郵報》、《紐約時報》和《科學》等刊物把這篇論文說的很重要。《紐約時報》幸災樂禍地說：「警察在進行例行性的交通臨檢時，比起對白人駕駛，對黑人駕駛明顯地較不尊重，而且總是更粗魯。」

看到這樣的標題，讀者一般預期會看到警察對黑人駕駛破口大罵，蠻橫地呼來喚去，或者說出黑鬼等內容。然而，相反地，研究人員說警察說的最「無禮」言語是：「史蒂夫，我能再看看那張駕照嗎？這邊顯示它被吊扣了。這張，是你的嗎？」排名第二「不尊重」言語是：「好吧，兄弟。

幫個忙。快點，手不要離開方向盤。」

無疑地，研究員預期會有更戲劇性的結果，他們不顧乏味的調查結果，把結果包裝成傳統的偏見論述，援引警員對黑人嫌犯使用武力的奪命連環事件「震驚了」整個國家，做為研究的開場白。「黑人的命也是命」運動的共同發起人在《舊金山紀事報》（*San Francisco Chronicle*）中火上加油地說，這項研究超越了個人種族主義，突顯了「一系列影響人們生活的系統化做法」。

這項研究有些細節值得細究，可當作把龐大科學機制應用於範圍不斷縮小的案例上，無論問題是發生在警局、校園，還是在整個美國社會中。目前最尖端的研究設計、電腦演算法和統計工具，例如「費雪爾正確性檢定」（Fisher's exact test）、克隆巴赫係數（Cronbach's alpha）和核密度估計（Kernel density estimation），都已部署好降低白人種族主義的方法，但更為緊迫的問題是，貧民區無法發揮社會機能，卻得不到學術上的關注。

艾柏哈特幾乎可以暢通無阻地取得奧克蘭警局的警務數據，這是管理該部門的聯邦政府所做的協議裁決。她對奧克蘭警局的第一項研究，是關於警察臨檢的種族貌相（racial profiling，[15] 即美國警察根據種族或族群背景犯罪行為的長期觀察，歸納出特定種族的犯罪類型及模式，好做為他們在執行公務更有效

15 種族貌相（racial profiling）是指，美國警察根據種族或族群背景犯罪行為的長期觀察，歸納出特定種族的犯罪類型及模式，讓他們在執行公務更有效率的判斷依據。

率的判斷依據）。她竟有辦法洋洋灑灑寫了近四百頁，從頭到尾卻沒有揭露奧克蘭的黑人和白人犯罪率（**提示：**兩者差距極大）。

這項最新研究，分析了二〇一四年四月奧克蘭警察在九百八十一次路邊臨檢使用的語言，使用的影片來自警員身上的警用密錄器。在這些臨檢中，黑人被臨檢占了六百八十二樁，白人則是二百九十九樁。從警察與駕駛的對話中，得出三萬六千七百三十八次獨立的警員短語。在研究的第一階段，艾柏哈特找來大學生，針對警察四百一十四個短語（占總數1.1％）進行了尊重程度的評比。不過，學生看到的只是片段，也就是只看到警員問話之前駕駛說的那句話，至於更早之前警員和駕駛的對話則沒有被擷取。他們沒被告知駕駛或警員的種族類別或其他臨檢的相關資訊。結果，學生的評比認為，警員對白人駕駛講話比對黑人駕駛更尊重，儘管按照研究人員的定義，警員對兩個種族的駕駛所使用的語言同樣「制式」。

在研究的第二階段，語言學家試圖弄清楚警員所說的四百一十四個短語，是哪些特徵影響了學生的評比。他們提出二十二種最具有決定性的語句類型，其中正面的類型包含：**其他事項**、警員道歉、使用姓氏稱呼、說「呃」和「啊」（語言學中的「填補停頓詞」）、使用「只」這個字，以及所指的內容「賦予能動性」[16]（例如「你可以」或「你能」等等）。八個否定類別則包含：問問題、「請求能動性」（像是「幫個忙」、「讓我」、「可以嗎」、「我應該嗎」之類的短語）、「不流利」（重複的字，例如「那個，那個」）、非正式稱謂（「兄弟」、「老兄」）、直呼其名，以及最無禮的說法「手不要離開方向盤」。其中一些區別似乎是武斷的，「我可以嗎」是不尊重的，「你可以」卻是尊重的；「呃」是有禮貌的，但重複使用就是沒禮貌的，真的讓人覺得難以捉摸。更重要的是，這些短語的差異既微不足道，也無傷大雅。據稱，這二十二個類別分別獲得一個分數，反映出它們的尊重或不尊重程度，在等級頂端代表最尊重的是道歉，底部代表最不尊重的是「手不要離開方向盤」。類別當中沒有髒話，也沒有強硬命令的類別，大概是因為警察從未這樣講話。[16]

最終，在第三階段中，研究人員使用二十二個類別的評估系統，評估所有三萬六千七百三十八個警員的語句。結果發現，即使在控制了臨檢是否導致盤查、開罰單、逮捕或警告的情況下，警員對白人駕駛的言語得分，也比對黑人駕駛的得分更高（但是，白人被逮捕和盤查的樣本量很小，只有一次逮捕和兩次盤查；黑人駕駛被逮捕的機率則是白人的十五倍）。黑人警察對黑人和白人駕駛的態度得分，與白人警察相同。與黑人駕駛相比，白人駕駛聽到尊重類別中前10%的短語，機率比黑人駕駛高出57%；而黑人駕駛聽到不尊重類別中倒數10%最不客氣的短語，其機率高出了61%。

該研究方法和假設有很多地方值得檢視。畢竟，這種研究是在冒風險暗示，名詞短句有其特殊意義，然而這些短語並沒有特殊意義。如果這些短語真有特殊意義，我們就該擔心警察對黑人駕駛說的是「你能」（好的意義）還是「我可以嗎」（壞的意義），那麼該研究就忽略了警民互動的關鍵部分。

16 譯注：「能動性」（agency）指人們行動的能力。

在量表中，最不尊重的語句是「手不要離開方向盤」，黑人駕駛比白人駕駛聽到這句話的機會高出29%。警察為什麼要請駕駛把手放在方向盤上？可能是因為駕駛未遵守警察最初的指示，或是駕駛原本就帶著挑釁的態度。但是，在第三階段的分析中，並沒有包含任何關於駕駛行為的資訊，包括駕駛的言語、舉止或行為。

此外，從奧克蘭的犯罪率來看，黑人駕駛在假釋或緩刑的機率要比白人駕駛高得多，當警察查詢駕駛的車牌或駕照時，這項資訊就會顯示出來。根據奧克蘭警局與前《舊金山紀事報》專欄作家奇普．強森（Chip Johnson）分享的數據，二〇一三年奧克蘭的凶殺案、殺人未遂、搶劫、使用槍械襲擊和使用槍械以外的其他武器襲擊案件中，有83%是由黑人犯下的，儘管黑人人口只占奧克蘭的28%。白人則占搶劫案的1%、槍械襲擊事件的1%，凶殺犯罪的百分比則更低，儘管白人約占該市人口的34%（道路建設吸引奧克蘭人口往城外遷移，但在奧克蘭鄰近城鎮，依然上演類似的種族犯罪差異戲碼）。駕駛在假釋或緩刑中，可能會助長警員要求他「手不要離開方向盤」，但是研究模型卻未包括駕駛的犯罪前科。

作者聲稱，該研究有針對任何可能觸發臨檢的嚴重犯罪行為加以控制，但卻沒有顯示黑人和白人之間的嚴重犯罪行為是否不同。在黑人樣本中，男性駕駛的比例高於白人樣本中的男性駕駛，這也使得結果偏向犯罪傾向更高的人群。男性占所有黑人駕駛的67%，但僅占白人駕駛的59%。

該研究最常引用的統計數據顯示，黑人駕駛聽到倒數10%最不尊重的短語的機率高出60%，完全是因為「手不要離開方向盤」這句話所致，因為不尊重列表上只有八個項目，另兩項是直呼其名和非正式稱謂。警員對白人直呼其名的機率多出4％，對黑人使用非正式稱謂的機率則多出65％，這是八項不尊重列表上最大的差異。在奧克蘭，警察對黑人駕駛稱呼「老兄」或「兄弟」，可能是試圖用街頭語言來建立彼此的融洽關係，這並不算是什麼不公平的衝動行為；黑人警察也和白人警察一樣可能使用非正式的稱謂。被臨檢的白人駕駛平均比黑人駕駛大三歲，儘管在模型中年齡對於表現尊重和禮節的影響大過種族，但該研究並未測驗年齡與種族之間的關係。從灣區白人人口的社經狀況來看，階級差異也可以解釋為什麼警察不太可能稱白人駕駛為「老兄」和「兄弟」。

在奧克蘭，一名年輕的黑人男性是否會因為被稱為「老兄」，覺得自己非常不被尊重，我們不得而知。艾柏哈特在往返的電子郵件中聲稱，拿同樣的評比資料問去車管局辦事的黑人和白人民眾，結果發現他們也把對白人駕駛講的話評為「更尊重」。因此她得出結論：「黑人公民不覺得被警察用街頭言語稱呼是被尊重。」然而問題是：這樣的街頭言語確實讓人感到**不被尊重**嗎？

然而，這些方法學上的駁斥並沒有真正的意義，因為實質的結果是如此無害。再次考慮研究人員提供的最無禮的語句：「史蒂夫，我可以再看看那張駕照嗎？這邊顯示它被吊扣了。這張，是你嗎？」在現實的世界中，只要存有一點常識，都不會將這種話視為不敬。為什麼說這樣的話會獲得被認為是無禮的？直呼其名是不尊重量表中第二不尊重的項目。警員會說的第五個最不敬的語句是「我能看……嗎？」，這是「請求能動性」。更糟糕的是，「我能看……嗎？」是某個問題的一部分，而該問題是清單上最不敬的項目。如果認為「我能看那張駕照嗎」在種族上算不敬的語句，我們就不知道到底警察該如何執行勤務。

「這邊顯示了」還可以被點出更多缺點。重複「這」算作「不流利」，在不尊重語句中排名第四，但駕駛會察覺到這種口頭禪的機會微乎其微；此外，駕駛要區分所謂的填補停頓詞（「呃」和「啊」），分辨其中一種是不尊重，另一種是尊重，這樣的機會也非常渺茫。「吊扣」一詞會產生另一種打擊，因為它是「負面的」；但同樣地，如果禁止使用這種「否定詞」，我們就不知道警察該如何執行路邊臨檢了。最後一句也有兩個缺點：「這張，是你嗎？」這句話並不流利，又**是**一個問句。會問這個問題，可能是想要緩和駕駛的駕照被吊扣了卻仍在開車的這個事實。

這太瘋狂了。當研究人員比較坦誠時，他們幾乎都承認這個研究根本是小題大作。語言學和電腦科學教授任韶堂（Dan Jurafsky）告訴《科學》說：「其實這些警察的舉止是很得體的。」艾柏哈特對《科學》說：「差異非常微妙。」她補充說，對黑人使用的語言並非「真的不敬」。不騙你，這是真的，但作者忍不住將結果加油添醋成符合傳統的警務敘述。他們在結尾寫道：「我們發現，警察與黑人互動時往往更加擔憂。」但其實他們並沒有發現這樣的事情，即使教授們實際測量了駕駛對三萬六千七百三十八句警員語句的反應，而非單純透過電腦演算法來判定尊重程度上微不足道的差異，也不等於發現了「擔憂」。儘管如此，艾柏哈特在無數次採訪中都重複了「擔憂」這個字。該研究繼續得出結論：「我們現在有了量化這些令人不安問答的方法。」但作者並沒有從駕駛角度衡量這些問答是否「令人感到不安」。他們的方法使人聯想到校園性侵的調查，永遠不會詢問涉嫌的受害者是否認為自己被強暴，而這是另一章的話題了。

作者將研究命名為「來自警用密錄器片段的語言，顯示警察對不同種族的尊重程度有異」。然而，準確的標題應該是：「來自警用密錄器片段的語言，顯示警察有禮貌地對待所有駕駛，但與年輕黑人駕駛對話時使用的言語更為通俗易懂。」

二〇一五年是擁有完整警方數據的最後一年，奧克蘭的暴力犯罪率幾乎是全美國平均水準的四倍：比起全美國每十萬居民中有三百七十二起暴力犯罪案件，當地每十萬名居民中就有一千四百四十二起暴力犯罪。奧克蘭的暴力犯罪率是帕羅奧圖的十四倍、舊金山的兩倍。如果警察培訓課程要求警察稱呼每個人都為「先生」和「女士」，並嚴格避免街頭用語，暴力犯罪率也不會因此減少。種族犯罪研究人員應該更焦點更放在關注犯罪行為和受害情況的差異，而非警察是否更願意重複說話，或稱黑人駕駛為「老兄」上。

第二部

性別

第六章

校園性侵的謊言

現代女性主義者把濫交權視為性別平等的基石。可以理解的是，他們不願意承認，性是比預想中更為複雜的力量。但是，校園性侵害防治產業非但沒有意識到，沒有後果的性行為本身是矛盾的說法；相反地，校園性侵害防治產業卻聲稱，性侵無關乎性，而是關乎權力，即是一種男人想讓女人服從的欲望。

在大學校園內的性侵害危機處理中心工作，是件很孤獨的事。日復一日，等待氾濫整個校園的性侵害問題的受害者出現，卻鮮少接到電話。這是否意味著校園性侵害危機被人過分渲染？並非如此，根據校園性侵害研究專家的說法，這代表男女同校的性虐待情況比想像的還要嚴重；這也代表顧問和輔導員需要更多資金，來說服性侵受害者打破沉默，說出他們的遭遇。

校園反性侵害運動，凸顯了激進女性主義的現狀，從自我縱容的虛偽，到擁抱越發脆弱的女性受害者。然而，這個運動對學術界來說更是重要的指標；嬰兒潮世代支持性解放和抗議活動，不僅瓦解了大學智識體系，現在還反過來讓性解放和抗議活動官僚化，成了極大的諷刺。就在社會正義行政官員忙著協調反性侵活動的同時，新生輔導員正在隔壁宿舍中，規畫帶領學生討論性事的益智遊戲，並宣導保險套和口交膜的使用技巧。[1] 學術官僚體系包山包海，既包括大學反性侵害運動中嚴厲反男性的女性主義，也包括學生校園生活的約砲文化；唯一不符合大學新承諾的，就是嚴肅的學術目的。

根據校園性侵害防治產業的說法，當女大生念完大學時，會有將近五分之一至四分之一的人遭到性侵，或是成為強姦未遂的對象（強姦已遂的數字超過未遂人數，比率約為三比二）。襲擊女學生的，並非在暗巷中抓住她們的可怕陌生人，而是教室或學校餐廳裡坐在她們旁邊的男同學。

這項說法最早發表於一九八五年的《Ms.》雜誌，消息一出，全美大學陷入風暴當中。一九九〇年代初，在數千萬美元聯邦經費的補助下，全美各地校園的性侵害防治中心和二十四小時熱線全面開通。受害者儀式如雨後春筍般出現：首先登場的是「還我安寧夜」（Take Back the Night），在這場抗議活動中，據稱的性侵受害者向手執蠟燭的支持群眾透露自己的遭遇。隨後是「曬衣繩行動」（Clothesline Project），全美校園吊起一件件自稱性侵害倖存者製作的T恤，同時播放錄製好的鑼鼓聲，代表「性侵文化」下每分鐘又增加了多少受害者。一種特殊的修辭接著出現：受害者的家人和朋友是「共同倖存者」，而「倖存者」存在於更大的「倖存者社群」中。

一支推銷大軍接著出動，向校方販售關於制定性侵害調查程序的建議，並向新生講授關於他們當中「未被覺察的強暴犯」。性侵防治官員在常春藤校際性侵害防治會議和新英格蘭大學性侵害防治網等聚會上交換心得，像是「每四人中就有一人」（One in Four）的受害者支持團體，以及「男性可以停止性侵害」（Men Can Stop Rape）之類的組織，試圖說服男大生重新定義男性氣質，不要陷入「性侵文化」。大學的性侵害防治基礎設施激增，例如哈佛大學最近成立了性和性別爭議解決辦公室（Office for Sexual and Gender-Based Dispute Resolution），與員額眾多的性侵害預防與應對辦公室及超過五十名的「第九條」[2]專員一起行動。

如果數據是真的，每五人或四人當中就有一名性侵受害者，那麼校園性侵害犯罪案件激增，可說達到前所未見的規模。沒有其他犯罪像性侵害這麼嚴重，受害率高達20%或25%，甚至數據年年都是如此。二〇一六年，美國最暴力城市——底特律的暴力犯罪率為2%，代表每十萬居民就有兩千起謀殺、

1　譯注：口交膜是一片如紙般的乳膠膜片，用作口交時與陰道或肛門的阻隔，因為很多性病均可從口交中傳染，所以使用口交膜成為普遍的安全性行為工具。

2　譯注：「教育修正案第九條」（Title IX of the Education Amendments of 1972，簡稱「第九條」）規定，任何人都不應該因為性別的因素被排除在由聯邦資助的教育和活動計畫之外，不能被剝奪這個計畫和活動所提供的待遇，也不能因性別因素受到這個計畫和活動的歧視。

性侵、搶劫和重傷案件。[3]那麼，20%或25%的統計數字不就代表，每年有上萬名年輕女畢業生遭到女性所能經歷的最可怕攻擊（傷害程度僅次於謀殺）？這樣的犯案激增簡直需要宣布進入緊急狀態（State of Emergency），[4]單單「還我安寧夜」的抗議集會及二十四小時熱線，還不足以阻擋這股如海嘯般的性暴力浪潮。允許數以千計惡意犯罪份子入學的招生政策也將進行徹底的檢討，或許該完全禁止男性上大學；而美國一千一百五十萬女大生將需要採取最嚴格的安全預防措施。

當然，並沒有出現任何危機應對措施。相反地，每年有更多女生爭相擠進最嚴格篩選的大學，這使得錄取率降到歷史新低。現在，女生占大學校園的絕大多數。哈佛大學收到二〇一七年的入學申請創下新高，但錄取率只有5.2%。紐約市受過高等教育的母親每小時付費兩百美元，為幼女準備幼稚園入學考試，所有這些努力都是希望十三年後，她們的小寶貝能在常春藤大學聯盟占有一席之地。你相信這些雄心勃勃的母親，會刻意把自己的女兒送去性侵地獄嗎？

這些母親如此冷酷嗎？並非如此，這是因為她們知道性侵和氾濫成災的問題並不存在。在一九八〇年代，致力於性侵文化理論的女性主義研究者發現，直接詢問婦女是否曾遭性侵，結果令人失望，因為很少有女性會承認此事。所以《Ms.》雜誌委託亞利桑那大學公衛系教授瑪麗・科斯（Mary Koss）以不同的方式衡量性侵的盛行率。比起問女學生是否被性侵過，科斯問的是她們是否經歷過可被她歸類為性侵的行為。這種問法製造出25%的機率，並被《Ms.》雜誌發表出來。

但科斯的研究有嚴重的缺陷。正如柏克萊大學社會福利系教授尼爾・吉伯特（Neil Gilbert）所指出的，柯斯的調查工具相當含糊。但是，對科斯的研究提出最有力反駁的卻是她的調查對象：在她分類為性侵受害者的女性當中，有73%說自己沒遭到性侵害。一般來說，受到性侵的女性並不願意再次與侵害她的惡人發生性關係，但這些被視為受害者的人當中，有42%與聲稱的加害者再度發生性關係。

之後的所有女性主義性侵害研究，都出現研究人員的結論與受訪者本人觀點存在落差的問題。二〇〇六年，維吉尼亞大學對姐妹會女生的調查發現，被歸類為性侵受害者的調查對象中，只有23%的人覺得自己被強暴了。該校性暴力和家庭暴力服務主任認為這個結果「令人氣餒」。[5]另外，由司法部協助進行的二〇〇〇年校園性侵案研究，同樣也是白搭一場。女性主義研究人員聲稱，65%的「強姦已遂」受害者及四分之三的「強姦未遂」受害者表示，他們不認為自己的經歷「嚴重到需要報案」。研究人員的報告還說，一般而言，研究中的「受害者」並不認為自己的受害經驗造成身體或情感上的傷害。[6]

在美國大學協會（Association of American Universities）的帶領下，二〇一五年哈佛大學和其他二十六所大學進行的性侵害調查顯示，哈佛大學的大四女生中，有16%在大學期間經歷過非合意性侵，而有將近

3 Kristi Tanner, “Database: 2016 FBI Crime Statistics by U.S. City,” Detroit Free Press, Sept. 25, 2017, accessed Apr. 23, 2018, https://www.freep.com/story/news/2017/09/25/database-2016-fbi-crime-statistics-u-s-city/701445001/.

4 譯注：當州長或市長認為已發生或將會發生的災難嚴重到需要州補助地方資源時，就會宣布地方進入緊急狀態。緊急狀態會允許州或城市的領導人敦促下屬各級政府採取行動。

5 Claire Kaplan, interview, Oct. 30, 2007.

6 Bonnie S. Fisher, Francis T. Cullen, and Michael G. Turner, “The Sexual Victimization of College Women” (Washington, D.C.: U.S. Department of Justice, National Institute of Justice, Dec. 2000), accessed Apr. 23, 2018, https://www.ncjrs.gov/pdffiles1/nij/182369.pdf.

40%的人經歷過非合意性接觸。[7]然而，在被美國大學協會研究人員歸類為性侵受害者的人當中，絕大多數並未向大學的性侵熱線、性侵資源中心或「第九條」辦公室報案，更不用說向校園或當地警察報案了。聲稱的受害者沒有報案，極大原因是她們不認為發生的事情有那麼嚴重。在哈佛大學，勾選因強迫而被性侵的女性受訪者中，超過69%的人沒向任何當局報案。這些未報案者中大多（占65%）不認為自己的經驗嚴重到需要報案。在真正的性侵案中，這種結果令人無法想像。不會有真正遭到性侵的女性會認為，事情沒有嚴重到需要報案的程度。

美國大學協會提出的性侵類別，越來越不符合人們普遍對強暴的理解，而未報案的比率自然也跟著攀升。哈佛大學的女性受訪者中，有超過78%是因為勾選「喪失能力」而被歸到「性侵」類別，她們並沒有報案。其中四分之三的人認為，事情沒有嚴重到需要報案。哈佛大學有超過92%的女性受訪者表示，她們是強迫性碰觸的受害者，但沒有報案。超過81%的人認為自己遭遇的事情沒有嚴重到需要報案的程度。超過93%的受訪者因為喪失能力而遭到性碰觸，但沒有報案。她們當中有80%以上的人認為情況沒那麼嚴重。在調查中，每所大學的情況都大同小異。

大學校方大多認為，校園裡涉嫌的性犯罪，尚未嚴重到需要發出逮捕令的程度。二〇一六年，史丹福大學舉報了三十三起性侵案。果真如此，暴力已相當氾濫，[8]但這些案件中沒有人遭到逮捕，即使原告幾乎認識她所指控的強暴犯。如果父母真的聽信校方對於性侵害的那套說詞，開始在家裡對自己要上大學的女兒耳提面命，作為防範；那麼，這些校方官員便會見風轉舵，肯定本來就存在的明顯事實：看看，我們的大學很棒，沒有任何暴力問題。

檢驗現實狀況就會發現情況不是他們說的那樣。我們來看一件真實發生的性侵案件：二〇〇六年，拉倫特・羅賓遜（Labrente Robinson）和雅各比・羅賓遜（Jacoby Robinson）闖入一名天普大學（Temple University）女生和一位該校畢業生在費城的住所，強迫兩名女生進行肛交、陰交和口交，同時使用手槍性侵。[9]當這樣的案件發生時，受害人絕不可能認為，事情「沒嚴重到需要報案」或對人身和情感造成傷害。

試想，如果真的發生了這樣的強暴案，大學難道會當作沒事？他們肯定會進入緊急模式。二〇一二年八月，警方接獲報警，在哈佛大學的哈佛園（Harvard Yard）發生了性侵案，震驚了整個校園。警車在哈佛校舍附近低速巡邏，出動大批穿著制服的警察和便衣警察，建議學生不要一個人四處走動。大學部委員會一名成員甚至要求關閉哈佛園。[10]「我一直以為劍橋不是危險的地方，」一名新生告訴校刊，「這裡是哈佛，應該是安全的學術殿堂。」[11]（很顯然，她沒看過哈佛大學性侵部門的大量資料，這些資料認為在校園

7 David Cantor, Bonnie Fisher, Susan Chibnall, Carol Bruce, Reanne Townsend, Gail Thomas, and Hyunshik Lee, "Report on the AAU Campus Climate Survey on Sexual Assault and Sexual Misconduct," report prepared for Harvard University (Rockville, MD: Westat, Sept. 21, 2015), accessed Apr. 28, 2018, http://sexualassaulttaskforce.harvard.edu/files/taskforce/files/final_report_harvard_9.21.15.pdf?m=1442784546.

8 Stanford University, "Safety, Security, and Fire Report," 2017 (Stanford, CA: Stanford University Department of Public Safety, 2017), accessed Apr. 25, 2018, https://police.stanford.edu/pdf/ssfr-2017.pdf.

9 Julie Shaw, "Suspect in Rape Case Cops a Plea," *Inquirer and Daily News*, June 29, 2007, accessed Apr. 23, 2018, http://www.philly.com/philly/hp/news_update/20070629_Suspect_in_rape_case_cops_a_plea.html.

10 譯注：哈佛大學內一塊由多棟老校舍包圍的草地，也是校園裡最古老的地方，占地面積九點一公頃。

11 Rebecca D. Robbins, "Students Call for Beefed Security After Reported Rapes," *Harvard Crimson*, Aug. 25, 2012, accessed Apr. 23, 2018, http:// www.thecrimson.com/article/2012/8/25/students-security-after-rapes/.

裡性侵無所不在）。二〇一五年，維吉尼亞大學一名新生在當地一家購物中心遭綁架、性侵並被殺害。儘管嫌犯已被拘捕，而且綁架案件是在校園外發生的，但是大學校方還是加強了校園照明和保全監視器；緊張的學生成群行動，或搭乘公車、計程車。[12]

然而，倡議者卻說，這種性暴力事件每天都在校園上演。事實上，這麼嚴密的安全措施並不常見，只在有人舉報了真正的強暴案後才會出現。酒醉的男女同學繼續參加維吉尼亞大學和其他地方的兄弟會派對；看來姐妹會要不是沒盡到告知和保護姐妹會成員的責任，就是她們知道派對上遇到的性愛都與強暴天差地遠。

簡而言之，相信校園性侵氾濫，在於忽視女性對自己經驗的解釋；而這可能是女性主義政治守則中最嚴重的過犯。

儘管如此，研究中的任何弱點都沒有推遲校園的反性侵運動，因為該運動涉及權力關係，而非依據實證經驗。耶魯大學的性騷擾和性侵害資源與教育中心主任在通訊刊物中指出，在性侵文化中，「縱容脅迫婦女肉體和情感的人已是常態」，所以很少有性侵受害者報案，[13]因此不需要任何證據，我們就是知道這種性侵文化存在。如果你需要證據，那麼性侵的報案數目很少就是最好的證明。

校園性侵害的研究人員可能覺得，他們比女學生更瞭解她們的性經歷，但是學生選擇成群避開自《Ms.》文章發表後、開始建立的大規模性侵害防治機制。關於性侵害熱線，性侵害防治顧問布雷特·索科洛（Brett Sokolow）感嘆說：「問題是，在許多校園中很少人撥電話。原因出在我們自己甘心讓這些資源不被善加利用。」[14]

聯邦《克雷莉法》（Clery Act）[15]要求大學呈報影響學生人身安全的犯罪數字。結果發現，自二〇〇五年到二〇一六年間，校園變得更安全了。自二〇〇五年到二〇一六年，包括入室盜竊和暴力犯罪在內的犯罪總數下降了43.5%。這種安全數據與校園內的主流說法互相矛盾，因此常被忽略。在性犯罪方面，聯邦政府和當地校園在校園性犯罪類別上動了手腳，好為數字灌水。二〇一四年，聯邦當局把「非強制性的性犯罪」，改為定義含糊的「愛撫」。瞧！舉報數字馬上就增加了6000%，從二〇一三年的五十九起非強制性的性犯罪，增加到二〇一六年的三千六百一十四件愛撫事件。在把定義範圍調得更廣並且校園當局努力提出更多類別的性犯罪後，二〇一六年《克雷莉法》中的性犯罪總數是一萬二百九十七件。不需要有確切事證，並且被告可被判無罪，但針對他的指控仍會被納入呈報紀錄。因此，這一萬二百九十七件性犯罪案，包括涉嫌對六千五百間大學的男生、女生、研究生和大學生的所有不當行為。相較之下，

---

12 T. Rees Shapiro and Nick Anderson, "U-Va. Seeks to Cope with Trauma after Sophomore Hannah Graham Vanished," *Washington Post*, Oct. 4, 2014, accessed Apr. 23, 2018, http://www.washingtonpost.com/local/education/u-va-seeks-to-cope-with-trauma-after-sophomore-hannah-graham-vanished/2014/10/04/4f5adcb4-4a80-11e4-891d-713f052086a0_story.html.

13 Carole T. Goldberg, "Confronting Sexual Assault," *Yale Health Care* 10, no. 2, (March/Apr. 2007), 4, accessed Apr. 25, 2018, https://yalehealth.yale.edu/resources/yale-health-care-newsletter.

14 Brett A. Sokolow, "Who's Helping Whom: Are Our Sexual Assault Response Protocols Working?" *Campus Safety & Student Development* 4, no. 5 (May/June 2003), 657–70, accessed May 7, 2018, http://www.civicresearchinstitute.com/online/article_abstract.php?pid=11&iid=395&aid=2621.

15 譯注：根據聯邦《克雷莉法》，聯邦教育部每年要從全美六千多所大學中收集犯罪統計數據。如果有學校違反了此項法案，將面臨美國教育部門的罰款和處罰措施。

若校園內真的每五人就有一人遭到性侵，那麼每年光是女大生遭性侵的數目就有高達三十萬至四十萬件。二〇一七年，美國大學婦女聯合會（American Association of University Women）竟還認為舉報的性侵人數依然過低；在招收二百五十名學生以上的校園（包括隸屬同間大學的分校）中，73%的校園回報二〇一五年性侵案件為零。美國大學婦女聯合會說，這是完全不可接受的「情況」。

二〇一六年，被舉報的犯罪指控仍遠少於每五人就有一人被性侵的數字，這已經比二〇〇〇年代的數字要高了，但這是因為教育部人權辦公室在二〇一一年下了一道具爭議性的指令；該指令被稱為「親愛的同事」公開信。校園性侵審理委員會對被告的正當程序保護原本就不足，這個指令卻讓各大學擔心喪失聯邦政府撥款的資格，於是更進一步削弱校園性侵害審理委員會的正當程序保護。例如大學必須採「證據優勢」（preponderance-of-evidence）[15]的標準來證明被告有罪，這意味著犯罪發生的確定性僅需50.5%，並允許原告對被告的無罪判決提出上訴。這當中的訊息很明確：把學校的性侵害案件數拉高，不然就得面臨聯邦調查。大學為了符合「親愛的同事」公開信的要求，甚至對於涉嫌性騷擾增加了更含糊的類別——消除盎格魯—撒克遜法[17]發現真相機制中最重要的一項，即交互詰問權，[18]並盡可能鼓勵指控。哈佛大學法學教授珍妮・石・格森（Jannie Suk Gersen）、珍妮特・哈雷（Janet Halley）、伊麗莎白・巴索萊特（Elizabeth Bartholet）和南希・格特納（Nancy Gertner），在二〇一七年八月向人權辦公室提交的白皮書中寫道，這樣的程序「常常不公平到令人震驚的地步」。[19]（二〇一七年九月，川普總統的教育部長貝西・戴弗斯（Betsy DeVos）取消了「證據優勢」要求，但幾乎所有大學都承諾將繼續沿用「證據優勢」，明確表明他們自願以證據優勢為採用標準）。

你可能會認為，應該要對每年性侵案件很少感到自豪才對。然而，這就是校方的苦楚。《哈佛大學校報》在二〇一六年反應說：「一些大學官員並不認為嚴重的性侵報案數是全然負面的。」這個說法太輕描淡寫了。當耶魯校友雜誌於二〇〇四年提到哈佛大學舉報的性侵案件變多時，顯然激起耶魯大學副總法律顧問和副校長的防禦心，校方的反應就彷彿雜誌記者提起耶魯在「哈佛—耶魯美式足球世紀大對決」中敗給了哈佛。警方抱怨，哈佛一定重複計算了案件，或把聯邦法律沒要求列入的事件也一併列入。

繼二〇一一年「親愛的同事」公開信之後，持續稀少的性侵報案件數也意味著報案的受害女性會被視為珍寶。紐約大學健康交流中心建議，人們要「無條件相信」性侵指控，因為「只有2%的性侵報案是假的」。（這種無處不在的說法源自激進女性主義者蘇珊·布朗米勒〔Susan Brownmiller〕於一九七五年在《非我等所願》〔*Against Our Will*〕一書所言）正如斯圖亞特·泰勒（Stuart Taylor）和K·C·約翰遜（K. C. Johnson）在著作《洗刷冤屈》（*Until Proven Innocent*）中所指出，報假案件的發生率接近50%。一般而言，美國教育法修正案第九條調查員接受的訓練是「以受害者為中心」。換言之，就是先把男性視為有罪，除非有大

16 譯注：根據對美國聯邦法院法官的實證研究，如要求法官將證明程度量化，「證據優勢法則」代表要求證明到超過50%的機率即可。證據優勢是認定待證事實的最低限度的證據。

17 譯注：盎格魯—撒克遜法中的許多制度，對後來普通法的發展產生了重要影響。

18 譯注：交互詰問乃刑事審判證據調查的重心，係一發現真實之利器，同時也有助於被告詰問權的保障。

19 Elizabeth Bartholet, Nancy Gertner, Janet Halley, and Jeannie Suk Gersen, "Fairness for All Students Under Title IX," Harvard Law School, Digital Access to Scholarship at Harvard, Aug. 21, 2017, accessed Apr. 23, 2018, http://nrs.harvard.edu/urn-3:HUL.InstRepos:33789434.

量證據要求相反的結論，但這顯然與無罪推定的概念相反。甚至連第九條行政人員委員會（Association of Title IX Administrators）也在二〇一七年警告說，「以受害者為中心」的做法，已演變成「偏袒受害者」的代名詞，校方甚至會根據不確定的證據開除學生的學籍。哈佛法學教授珍妮特·哈雷（Janet Halley）於二〇一五年提出的「創傷知情」（trauma-informed）分析同樣影響深遠。[20]該分析認為，當性侵原告越不可靠和不連貫時，我們越該相信她。[21]

「無條件相信」的信條到底影響力有多大？麻州大學退休心理學教授大衛·里薩克（David Lisak）經常就反性侵議題在大學巡迴演講，他於二〇〇八年十一月向羅格斯大學（Rutgers University）一群學生承認了「杜克案」的重要性。在杜克案中，一名黑人脫衣舞孃誣告三名杜克大學白人長曲棍球隊員於二〇〇六年強暴她，該案「引發了誣告的問題」。但里薩克對此不想多談，他說：「我不知道杜克大學發生了什麼事，沒有人知道。」實際上，我們很清楚杜克大學發生了什麼事：檢察官無視能讓被告宣判無罪的明顯無罪證明與不在場證明，後來因失職被律師協會開除。但是，對校園性侵害防治產業來說，說謊的原告仍是父權體制下的受害者，而被告永遠都要接受質疑。

那麼，校園性侵害防治產業背後究竟隱藏著什麼現實？酒精助長了濫交文化、一夜情，有時甚或是半夜情。一九六〇年代的大學生要求校方停止對學生的社交活動設下限制，學生喊道：「我們已是成年人了。」「我們可以管好自己的生活。如果我們想在白天、晚上或者任何時候、在我們的房間內接待異性，這是我們的權利。」大學依從了學生，從此打開潘朵拉的盒子，[22]釋放出一年比一年更無禮的粗暴行為。男生會趁罣固酮高漲之勢，粗暴地欺負女生嗎？是的！女生會配合他們的魯莽嗎？毫無疑問。

在派對前和派對當中，女大生會喝到快要或幾乎茫掉。維吉尼亞大學畢業生可琳・艾格妮絲（Karin Agness）認為，喝酒通常是有目的性的，因為酒精能使飲酒者免於承擔責任，並「提供藉口，讓她做出通常不會做的行為」。哥倫比亞大學一名保安人員驚嘆於返校日的現場狀況：「女生喝得酩酊大醉，還說『讓我們喝到爛醉！』而男生們緊跟在她們身後。」[23]正如你所想像的，當晚女生可能與一名根本不認識的男生隨便發生性行為。一名杜克大學的女大生在勞拉・塞欣斯・史泰普（Laura Sessions Stepp）的《寬衣解帶》（*Unhooked*）一書中說到，這種毫不浪漫的結局是「轉身和尖叫。第二天早晨，你轉過身來，發現身旁的人令你震驚到尖叫出聲」。這類性行為有時候會演變成「性侵」，儘管遠不及校園性侵害防治產業所期望的那樣。

直到最近，哈佛大學性侵害防治與應對辦公室編撰了《星期六之夜：不為人知的哈佛性侵故事》（*Saturday Night: Untold Stories of Sexual Assault*）雜誌，才提供了這類性行為的第一手資料：

> 關於被強暴，我能告訴你什麼？很少。我記得自己和一些女性友人一起喝酒，然後去參加學長辦的派對。有人跟我說，我進去之後不到五分鐘，就和一名住在那兒的傢伙親熱起來，我曾在學校餐廳

---

20 譯注：透過瞭解會談者過去經歷的創傷、這些創傷後續造成的影響，以及相關支持創傷療癒的因素。
21 Janet Halley, "Trading the Megaphone for the Gavel in Title IX Enforcement," *Harvard Law Review* 128 (Feb. 18, 2015), accessed May 7, 2018, https://harvardlawreview.org/2015/02/trading-the-megaphone-for-the-gavel-in-title-ix-enforcement-2/.
22 譯注：希臘神話中的邪惡之源。
23 Interview with Columbia University security official, Oct. 26, 2007.

和那些人說過話，但從沒有和他們出去過。可能是我先主動的。我不記得自己是怎樣去到派對的，我依稀記得，我清晨的某個時間在這傢伙的房間裡醒過來；我記得他帶我回到我的宿舍，因為我不可能一個人回去，我身體裡仍有過多的酒精，甚至連站直都沒辦法。我讓自己成為可下手的對象，即使到現在，也很難想像在學校裡曾經和我交談和嘻笑過的人，可以無情到趁我無力抵抗時占我便宜。有時候，我寧願承擔一半的責任，也不願相信人竟可以這樣邪惡。但是我敢說，我們兩個人當中，我是那個持續做噩夢的人。之後幾個月當中，我發現自己在做愛時仍會恐慌和退縮，並且心情低落到超出正常狀況。

那一晚造成了不平等的後果，無論結果是不是我無意造成的，我都後悔莫及，這極度改變了兩人當中其中一人的人生。

狀況或許是，男生故意利用敘述者本人釀成的能力喪失侵犯她，那麼他應該受到譴責，因為他占了落難女子的便宜。但若認定敘述者本人完全不需負上任何責任，就必須剝奪女性的意志和道德的能動性。儘管這名受害者完全不記得自己做了什麼，但她極不可能在抵達派對時就喝得醉茫茫，並在其他同學的目光下被撿「屍」。她可能自願參與了一貫的性行為前奏，甚至自願參與了性行為，儘管她是昏昏沉沉的。

即使這名哈佛受害者因酒醉可以免除互動結果的任何責任，但她是否同樣也不用為自己在那之前的所有行為負責，包括讓自己醉到什麼都不記得？校園的性侵害意識形態認為，喝醉讓女人不用對自己的行為負責，但男人不僅要對自己的行為負責，還要替對方負責；男人再次成為女人福祉的保衛者。

論及這類故事的通俗情節，也許敘述者本人的生活確實「後悔莫及」地產生變化，著實令人同情，但我們還是會注意到，這種「邪惡」對她的影響，至少在性生活方面似乎微乎其微。她發現自己在「之後幾個月」對性事感到「退縮」，但她肯定還有性生活。然而，真正的性侵受害者可能會持續多年懼怕親密的身體關係，並伴隨著許多其他恐懼。我們不知道敘述者的「心情低落」，是否導致她往後在參加派對之前，會考慮不要喝得爛醉，並慎思是否要與普通熟人發生性碰觸。如果一個哈佛生不知道自己喝醉，又不知道到聯誼派對上與男生有肢體接觸，發生性行為的機會就很大，那她恐怕讀錯了大學；如果她夠格上大學的話。

或是讓我們來看華盛頓與李大學（Washington and Lee University）的一個案例。在深夜派對結束後，當事人一如既往地喝了很多酒，這名女控告人（某女）對男同伴（某男）說：「我通常不會和第一次見面的人發生性關係，但你非常有趣。」某女開始親吻某男，並脫下衣服，然後帶某男到他的床上，把他的衣服脫掉，兩人發生了性關係。那是二〇一四年二月八日（某女後來否認說過那句搭訕台詞，因為她經常與剛認識的人發生性關係）。第二天，某女告訴朋友，她與某男做愛，並且「昨晚度過美好的時光」。在接下來的一個月中，某女和某男互傳許多挑逗的簡訊，並再次發生關係。後來，某女參加了某男兄弟會的其他幾次派對。在其中一次派對上，某女看到某男親吻了另一個女生，就不爽地提早離開。後來，某男和這名女生發展成公開的男女朋友關係。某天，當某女看到某男的名字出現在她也申請的出國留學計畫名單上，便開始進行心理治療。她告訴治療師說，她「享受過與某男的性關係」。但她從治療師處接收到的建議是：第一次發生性行為時，她的行為和正面感受「並不代表這不是性侵」。她告訴另一位治療師，她在出國名單上看到某男的名字後「有很強烈的身體反應」。某女曾在一家婦科診所工作，並參加過性侵害的相關講座。在其中一場講座中，華盛頓與李大學的美國教育法修正案第九條官員告訴聽眾，現在的共識是「遺憾等於強暴」。在得知她申請的留學計畫錄取了某男之後，她決定對他啟動校園性侵害通報機制。隨之而來的是荒謬的程序，第九條官員拒絕某男諮詢律師的要求，還正式警告他說，「在這裡，律師幫不了你」。[24]後來學校開除了他。

大量的複雜因素讓這類故事更具爭議性，已超過「性侵」一詞通常暗示的情況。大多數學生與校園性侵害防治產業不同，他們很清楚那些複雜因素，這就是為什麼大學性侵指控很少的原因。同樣反映真實情況的，是那些據稱為校園性侵案的案件在接受警方調查時，案情往往有分崩離析的傾向。二〇一四年，聯邦政府開始要求校園在年度的《克雷莉法》犯罪統計中，披露「無根據」（即誣告或毫無根據的）犯罪報案。有些愛亂報數字的大學，這時對於是否要按類別判定無根據的罪行傷透腦筋，而其他有良心的大學則沒這方面的苦惱，直接該怎麼報就怎麼報。值得稱許的是，哈佛確實把無根據犯罪加以分類，結果顯示出為何這個問題對於處理性侵害的官僚機構來說會如此困難。根據哈佛大學的回報，唯一沒有根據的犯罪案是性侵案，總共有六件。相較之下，二〇一四年哈佛執法部門收到的四百九十二件侵犯財產案中，沒有一件是毫無根據的。這六件毫無根據的性侵案，想必是二〇一四年哈佛大學校警收到的所有校園性侵案中最嚴重的案件，但裡面卻沒有一個能通過執法調查。哈佛沒有把在《克雷莉法》表格上列出的其他二十七件「性侵案」轉到警局，而是轉給哈佛的各種性侵害資源中心，這些單位並非執法單位，沒有一個擁有權限來指出犯罪報案是否為「無根據」。哈佛大學沒有以違反學校榮譽準則，[25]針對任何誣告者提起訴訟，想必是基於女性主義理論，認為不會有虛假的性侵報案。

二〇一四年，耶魯大學顧問布雷特・索科洛提供另一個窗口，讓女性主義複合產業把放蕩的性行為轉變為校園性侵。他在給高等教育的一封公開信中，描述了他公司處理的一系列誣告案件：[26]

——一名女學生使用社交媒體散布謠言，說自己被一名男學生強暴。之後，她向調查人員承認他們酒醉後上床。問她為什麼要把他們意外的性行為說成是強暴時，她回答：「你知道，因為我們喝醉了。這不是強暴，只是像是強暴的強暴。」公開指控她的床伴性侵害會損害對方的名譽，但她駁斥了這種說法：「大家都知道這不是真正的強暴，當我們超醉或興奮時，就是這麼說的。」

——一名女學生在劈腿另一名男學生時，被男友發現。然後，她對前者提出了性侵控訴。發生意外性行為後的第二天，他們交換了以下簡訊：

24 Memorandum Opinion by Judge Norman K. Moon, John Doe v. Washington and Lee University, 6:14-cv-00052, U.S. District Court for the Western District of Virginia, Lynchburg Division (2015), accessed on May 7, 2018, https://law.justia.com/cases/federal/district-courts/virginia/vawdce/6:2014cv00052/96678/54/.

25 譯注：榮譽準則的使用，取決於人們可以被信任以光榮行事的觀念。違反榮譽準則的人可能會受到各種制裁，包括被開除出該機構。

26 Brett A. Sokolow, Esq. and NCHERM Group Partners, An Open Letter to Higher Education about Sexual Violence, May 27, 2014.

他：我跟你男友比起來怎樣？

她：你很棒。

他：那妳有爽到嗎？

她：有，尤其是我在上面的時候。

他：我們應該盡快再來一次。

她：呵呵。

——一名女學生控訴遭受未經同意的口交。她在和那個男的發生關係之前和之後，都傳簡訊給他，提到了他們美好的感受，還說到她喜歡含入嘴巴和「會在（她）嘴巴裡射出來的色色男生」。

——兩名長期有性關係的學生分手了，男生開始和另一個女生上床。然後，他的前女友追溯指控他性侵，儘管她之前並未表示過沮喪。

可以肯定，這些案件幾乎都會記錄在他們學校的《克雷莉法》報告中。

——

如果處理性侵害的官員確信，可預見和看似配合的酒醉後性行為會構成性侵，他們就該採取一些明確措施來防止這類情況發生。最重要的是，他們可以說服女生不要讓自己處於可能導致性行為的局面。特別是：不要喝醉，不要和男生躺到床上，不要脫衣服，或讓妳的衣服被脫掉。一旦遇到可能導致性行為發生的情況，主張性侵氾濫的人可能會說，由於許多複雜的情感原因，要停止進一步演變成性行為會很困難。但我相信，若真能聽取以上保護自己的建議，校園的性侵氾濫將在一夕之間全部消失。

然而，比起向處理性侵害的官員建議，女生應該更表現出對自己的約束能力，以此為預防措施，倒不如跟他們說女學生應該進修道院，或穿上伊斯蘭國家的罩袍。「我對這個想法感到不安，」維吉尼亞州詹姆斯麥迪遜大學（James Madison University）的心理學教授希拉蕊・溫—理察斯（Hillary Wing-Richards）在電子郵件中寫道，她是該校婦女資源中心和性侵害預防辦公室的主任，「這表示，〔女學生〕遭到性侵是她們的錯，但這一直以來都不是她們的錯，而且穿什麼衣服跟會不會招來性侵或暴力是兩回事……我絕不允許我的屬下或我自己傳遞這樣的訊息，說因為受害者的衣著或她們對自己沒有約束力，所以是她們自己的錯。」當然，穿緊身吊帶背心不會導致官員所說的「性侵」，但是把吊帶背心**脫掉**，的確會增加性行為的風險，之後就會發生憾事，特別是穿吊帶背心的人整晚都專心喝著蘭姆酒加可樂時（二〇一八年二月，聯邦法院建議詹姆斯麥迪遜大學補償一名男學生八十四萬九千兩百三十一・二五美元的官司費用。這名男生因為性侵案被校方開除學籍，後來他以被開除學籍違憲上訴，並對不正當的官司求償費用）。[27]

當年嬰兒潮世代要求廢除所有管理兩性關係的校園規則，而這些人現在就坐在院長辦公室和學生諮詢服務處裡，成了當家的人。即使在務實的考量下，他們也不能否認自己過去參與過的革命。相反地，

27 Jeremy Bauer-Wolf, "Student Accused of Sexual Assault Wins Big in Court," *Inside Higher Ed*, Feb. 13, 2018, accessed Apr. 23, 2018, https://www.insidehighered.com/quicktakes/2018/02/13/student-accused-sexual-assault-wins-big-court.

他們用怪異過時的條文主義來應對大學性革命的殘局。校園已建立官僚化組織與措施，來回應男女學生發生性行為後的反悔，這種組織比文藝復興時期威尼斯裁決海上貿易理賠時所需的機制，還要複雜得多。「受害者」提出申訴的可用程序，包括與院長進行「議程固定的會議」、在受過培訓的專業人員前進行自願調解，或在性侵調查委員會前進行裁決。這些程序的項目不斷變異，光是敘述其細則的手冊就長達數十頁。[28]

在現實世界中，後悔性行為的人必須想辦法自行解決；在校園之外並沒有聽證、調解和協議和解這類上層結構[29]的對應程序。如果你確實遭到性侵害，就要告上刑事法庭，但是絕大多數占用行政時間和資源的校園「性侵」案，馬上就會被法院拒絕受理，這就是這些案件幾乎從未遭到起訴的原因。的確，如果校園性侵害防治產業真的認為這些勾搭的意外性行為就是性侵害，那麼把這種案件交由脆弱的學術程序處理顯然有失公平。賓州大學歷史系教授艾倫·查爾斯·科爾斯（Alan Charles Kors）指出：「大學有處理剽竊但沒有處理性侵害案件的能力」、「性侵犯指控如果屬實，這種嚴重的情況就該歸屬刑事體系來處理。」[30]

風險管理顧問到全國各地巡迴，幫助大學制定關於學生性行為的法律規定。這些規則假定，這種起源於不成熟欲望的男歡女愛，過程中的點點滴滴數百年來苦惱了詩人、藝術家和哲學家，現在卻可簡化為某種類似商事行為的法典。制定這些規則，結合了偷窺狂的好色，也看出風險管理顧問對性的一無所知。校園性侵害巡迴演講的先驅艾倫·D·伯科維茨（Alan D. Berkowitz）在二〇〇二年寫道，「詢問學生怎樣知道某人對你有性趣，這很好玩。」（誰覺得好玩？你一定會問）。伯科維茨繼續說：「許多學生回答說，是靠猜測和推斷來判斷他人意圖的。」然而、對性侵害敏感的校園，早就不接受源於史前人類的性欲徵兆。「事實上，」我們這位顧問解釋，「性意圖只能透過對欲望進行清晰明確的溝通來判定。」[31]誘惑和浪漫到此為止；接下來恐怕要抬出管理學碩士和律師了。

校園性行為管理產業保住飯碗的方式是，對本質上神秘的事物導入似是而非的清晰，並對本質簡單的事物則導入似是而非的複雜。當然，偽清晰和偽複雜兩者都對女方有利。「如果一方為另一方套上保險套，這是否表示他們同意發生性行為？」伯科維茨問。除非是在女方指導下，讓穿好雨衣的小弟弟進入洞裡，很難想像有比這個更清晰的同意信號了。但也許當時替床伴戴好保險套的女孩，會在事後決定她「被性侵」，所以最好像伯科維茨所宣稱的：就連戴好保險套的舉動「本質上都是曖昧不明的」。在第七章會討論到西方學院的一個性侵案，就出現幾乎相同的情況。

這所大學正在悄悄對學生的性行為進行**代位父母**[32]的監督，但它現在已經使用所謂中立的法律程序，來代替法律的道德內涵。當年掙脫宿舍管制的世代，重新創造了一個監督學生臥房的形式，就像邊沁提

28 譯注：這種會議超爛，真有事件發生，有誰會願意面對自己的攻擊者？沒發生的，說謊的絕不敢當面對質，所以大學生最不信任這些方式。

29 譯注：社會的上層建築包括其法律、社會、文化和政治制度。

30 Alan Charles Kors, interview, Oct. 26, 2007.

31 Alan D. Berkowitz, "Guidelines for Consent in Intimate Relationships," *Campus Safety & Student Development* 4, no. 3, (March/ Apr. 2002), 49–50, accessed Apr. 23, 2018, http://www.alanberkowitz.com/articles/consent.pdf.

32 譯注：代位父母的意思是，允許大學以下的學校等機構，依照他們認為適合於學生的最佳利益與規範行事，但不允許危害學生的公民自由。

出的圓形監獄一樣讓人無所遁形。

但是，若沒有當年的自由開放，就不會有一九六〇年代後的大學。美國六〇年代民權運動興起，學生參與過一系列的靜坐抗議，當時的大學已經把所有由青少年引起的種種叛逆行為給制度化了。校園性侵害防治產業可能會譴責性侵害的情況猖獗，但是校園性侵害防治產業又矛盾地大肆宣導，認為學生應該要安全地享受性生活。[33]

來看看一項學校活動。紐約大學的「性專家」在奇摩學生中心（Kimmel Student Center）陽光充足的中庭擺放了許多道具，有一籃一籃常見的潤滑保險套、女用保險套和口交膜（由女同志啟發的乳膠創新技術，提供「安全」的口交）。愛麗莎・拉佛斯（Alyssa LaFosse）梳著整齊的包包頭，看起來很專業，手邊是色彩鮮豔的說明書，向學生介紹各種重要主題，如：一女性如何潮吹」（一首先需要一點時間來激起性欲，用手指將潤滑液送進深處」），以及「女生自慰技巧」（「用食指在陰蒂周圍畫圈」）。她勇敢表達了對各種人的包容，現場還提供名為「探索你的選擇——禁欲」的傳單。但學生可能誤以為自己拿的是紐約西村水療中心的活動傳單，這誤會是可以諒解的，因為紐約大學正式批准的「禁欲選擇」，包括「非插入式性行為、相互自慰、色情片，以及諸如振動器、假陽具和打屁屁的情趣玩具」。紐約大學身為永遠負責任的代位父母，建議「禁欲者如果要把性道具塞入嘴巴、肛門或陰道中，應該要先用保險套把道具套好」。經過拉佛斯桌子的學生，對於免費的牛奶巧克力比對乳膠配件和資訊表更有興趣，偶爾才會有人快速拿走一個保險套。但沒有人向拉佛斯提出「關於性或性健康的問題」，儘管大學邀請她來是要做這件事的。然而，紐約大學為了推廣更好的性生活之使命並沒有因此退縮，學校在宿舍和學生社團都提供了關於性高潮的講習班，例如「如何達到（有時難以捉摸的）那種狀態」，並提供「為了更安全的性行為所使用的性道具玩具」（「用橡膠、矽膠和會振動的情趣用品」）。

布朗大學的學生服務中心會為學生解答以下這個令人注目的問題：「如何把性玩具帶入我的關係中？」布朗大學按功能對性愛玩具進行了分類（「某些性愛玩具的使用方式較溫和，而其他玩具則用於涉及支配／屈服的性行為……例如束帶、眼罩和鞭子」，並提供一貫的安全性行為警告（「若與他人共用性玩具，如假陽具、肛門塞或振動器，請使用保險套和口交膜」）。[34] 歐柏林學院的性資訊中心提供性玩具的特價拍賣會；[35] 性侵害防治與應對辦公室、性健康與人際關係顧問辦公室，以及非異性戀學生生活辦公室等官僚機構，承辦了二〇一七年哈佛大學性生活週，他們舉辦了「性玩具基礎介紹：感受那些美好的振動」研討會。[36]

到目前為止，大學已遠遠偏離其起初的任務，即讓學生沉浸在人類最偉大的知識和藝術創作中，現在要再來批評大學荒腔走板的行為，似乎全都無用了。儘管如此，問題在於：確切來說，為什麼學校要推廣高潮，而非米開朗基羅設計的康比托利歐廣場，或普希金的詩作《尤金・奧涅金》（*Eugene Onegin*）？大學是否已經把學生教到非常瞭解文藝復興時期的人文主義或憲政民主的發展，以至於大學可以開開心

33 譯注：這就是作者說的，彷彿把糜爛人生正式化，學校的資源都花在上面。

34 B well Health Promotion, Sex 101, "Sex Toys," Brown University, accessed Apr. 23, 2018, https://www.brown.edu/campus-life/health/services/promotion/sexual-health-sex-101/sex-toys.

35 Tumblr page for Oberlin Sexual Information Center, accessed Apr. 23, 2018, http://oberlinsic.tumblr.com/post/76579281747/is-the-sex-toy-sale-happening-this-semester.

36 Harvard Sex Week, "Sex Week 2017," Harvard University, accessed Apr. 23, 2018, https://www.harvardsexweek.org/sex-week-2017/.

心地把資源投入到色情網站就可以找到的東西上？

哥倫比亞大學的「去問愛麗絲！」（Go Ask Alice!）健康保健網站說明了大學的兩難處境，一方面倡導「健康性行為」，同時又宣傳「性侵害無處不在」的意識形態。「去問愛麗絲！」網站由哥大衛生服務處運作，負責回答非關性方面的健康問題，以及諸如以下的迫切問題：「和四個朋友發生性關係，大家都是願意的嗎？」和「變態的性癖」。一篇留言的標題是：「我確定我喝醉了，但不確定自己是否發生了性關係」，網站接著講了一個經典場景：女孩不記得自己酒醉時是否發生了意外的性行為，現在想知道自己是否懷孕了。該網站最初給予的回應純粹是對自由性愛的包容：「根據你與床伴的關係，你可能想問對方發生了什麼事。這是可以理解的，你可能會感到尷尬和丟臉，但對話可以……幫助你瞭解發生了什麼事，以及你可能採取的步驟。」只要沒有那煩人的懷孕問題，想必要來做「害羞的事」、要來翻雲覆雨，都是很可以的。

不過，眼前突然出現一道陰影：約會強暴的威脅。網站繼續回覆：「然而黑暗的是，因為你喝醉了，並且不記得到底發生了什麼事，你的經歷可能是非合意性交。」網站建議留言者打電話給哥大的性侵害危機／反暴力支援中心（該中心專門致力於「談論關於性暴力的真相」）。[37]網站的建議顯示了當代大學對大學生性愛立場的前後不一。當你與潛在約會強暴加害者交往的情況如此不明朗，以至於與**他**交談都會覺得尷尬，要你說出對你而言算是性暴力的實情，會很難啟齒。而且支援中心不知道這次的意外性行為是否出於自願，網站卻拒絕譴責女孩的酒醉行為害她不記得自己的行為、使她陷入困境。

「去問愛麗絲！」網站唯一提供的教導是，女孩可能要考慮酒精對自己的影響。至於重新考慮是否該和某人上床？網站認為，如果是女生第二天不願聯繫的對象，好吧，那就不用考慮了。多元化校園性官僚機構似乎從未考慮過，其中一個部門倡議的自由主義與另一個部門描述成性侵害的性行為，兩者之間可能密不可分、環環相扣。

現代女性主義者把濫交權視為女性平等的基石。可以理解的是，他們不願意承認，性是比預想中更為複雜的力量。但是，校園性侵害防治產業非但沒有意識到，沒有後果的性行為本身是矛盾的說法，卻相反地聲稱，性侵無關乎性，而是關乎權力，即是一種男人想讓女人服從的欲望。

這的確有可能描述了陌生人性侵暴力的心理變態。但是，男大生快樂地從舊有的束縛中釋放，他們所尋求的性碰觸並不適用於這種描述。在啤酒派對上把身體貼在女生身上的男生，內心所想的就只有一件事，而且那可不是要恢復父權制。

校園裡有一群人並不完全接受校園「性侵」運動背後的說詞，那就是學生。令全國性侵害防治人員感到絕望的是，很多學生都堅稱，女生通常有相當大的權力來決定校園社交活動最終是否以上床收尾。「濫交」，是你在校園性侵害防治中心出版刊物上永遠都不會看到的字眼；女性主義包含不同面向，

37 Go Ask Alice!, Columbia University website, accessed Apr. 23, 2018, http://goaskalice.columbia.edu/answered-questions/im-sure-i-was-drunk-im-not-sure-if-i-had-sex.

主張「所有的性愛都是性侵」的性解放主義者和凱瑟琳．麥金儂（Catharine MacKinnon）同樣厭惡這個字眼，但這是一個在無知的廣大學生（lumpen proletariat）[38]中不曾消失過的想法。學生說的「姐妹會放蕩女」是那些外放瘋狂的女生，她們經常成為春假軟調色情片中的主角。無知的廣大學生們堅信，濫交與所謂的校園性侵氾濫有關。羅格斯大學的一名新生就指出，他認識自稱受到性侵的女性，但補充說：「她們的名聲不太好，有時候很難相信她們所說的話。」[39]

性侵害領域顧問里薩克在演講時面臨了類似的問題：一整個禮堂的羅格斯大學學生都把女性視為道德主體。當里薩克擺出一排所謂的「未被覺察的性侵犯」照片時，一名女生的發問可能讓他察覺到麻煩來了：「為什麼只有白人的照片？我是眼瞎了嗎？」自此之後，情況越發無法掌控。里薩克拼命想讓全場觀眾提心吊膽，因此說：一性侵發生的頻率令人擔憂，我說的不是外人會來校園犯案，而是學生，羅格斯大學的學生，他們在酒吧、派對和任何飲酒的地方四處尋覓受害者。」里薩克說，他隨後與一位假扮「性侵犯」的學生進行了戲劇化的訪談，該名學生故意在兄弟會派對中預留一間房間、準備用來強暴女生。學生們並不買單，有個學生提問：「我不明白，為什麼女孩群中沒傳出這些派對的惡名。」另一人問說：「你的意思是，兄弟會的男生決定拿這房間用來性侵，還是只是『也許我很走運，如果有女生願意的話，我就去那裡辦事』？」然後有人問了最危險的問題：「受害者難道事前沒有一點這方面的常識嗎？我們都知道派對很危險。受害人自己的估算錯誤，而且酒精會導致不好的事情發生。」

然而，性侵害危機中心數千頁歇斯底里的內容，卻不曾提到這麼令人振奮的常識。

一些意見相左的學生更進一步採取行動，策劃了禁欲活動，像是「愛與忠誠關係網」（Love and Fidelity

Network）和「真愛革命」（True Love Revolution）這類的校園團體。由於令人懊悔的性行為猖獗，所以他們提倡守貞至結婚，來取代這樣的約砲場景。他們的訊息反而讓校園中的男性對女生表現出難能可貴的合宜舉止，而不是無止盡地熱烈討論性侵文化。

38 譯註：原本是指流氓無產階級，稍有貶義。

39 Interview with Rutgers University freshman, Nov. 7, 2007.

《滾石雜誌》誤報維吉尼亞州大學輪暴案與現實世界

持懷疑態度的人應該聽過二〇一四年《滾石雜誌》報導維吉尼亞大學的輪暴故事。在當地夏洛特鎮（Charlottesville）警察介入調查，發現該事件是樁自導自演事件後，這個故事便讓《滾石雜誌》背上臭名。這個故事顯然是妄想的結果，描述了大學校園裡聞所未聞的怪誕暴力。根據該雜誌幾乎唯一的消息來源，也就是故事中的受害者，化名「賈姬」的新生的說法，她在二〇一二年九月二十八日的一次派對中，被架進菲．卡帕．塞（Phi Kappa Psi）兄弟會一間漆黑房間裡。一個體型巨大的男生立即把她撲倒，使她撞倒在玻璃桌上。隨後有八名男子對她毆打、塞住她的嘴巴，還有一人喊著：「抓住這他媽的腿。」她遭受了數小時的性侵，包括一名兄弟會成員因為無法勃起，用啤酒瓶對她進行的性攻擊。

之後，賈姬身體出血、不斷顫抖，向她最好的朋友們尋求幫助。朋友們叫她不要報警，因為這會對維吉尼亞大學的校譽會造成嚴重損傷，並損害她們加入的姐妹會名聲，使得她們受邀參加尊貴的兄弟會派對的希望破滅。根據據賈姬的說法，校方的反應很冷淡，據稱他們為了保護維吉尼亞大學的聲譽而吃案。

如果這個謠言是真的，家長早就會要求設立單一性別的學校，好讓他們的女兒可以安全地學習。

然而對於《滾石雜誌》的報導，校園性侵害防治產業的反應可說是歡欣鼓舞，甚至連保守派學者和記者都勉強盲從了。最後，我們聽到的是大學性侵害怪誕統計背後的醜陋現實。維吉尼亞大學突然自虐發作，校長暫停了兄弟會和姐妹會的所有活動。

維吉尼亞大學的輪暴騙局被揭露後，《滾石雜誌》信譽大受打擊。該篇報導的記者莎賓娜・魯賓・艾德利（Sabrina Rubin Erdely）幾乎忽略了所有新聞學準則，甚至沒找到賈姬聲稱的性侵嫌犯，取得兩造的說詞。事後證明，那些性侵加害者並不存在。

然而，《滾石雜誌》的不實報導被視為真相，因為女性主義者早已說服社會大眾，我們生活在「性侵文化」中，婦女是永遠的受害者，而男人則是虎視眈眈的攻擊者。女性主義者對我們文化的控制如此強大，以至於夏洛特鎮的警察局長不願結案，即使案子毫無證據可以查辦。

第七章

校園中的
新維多利亞主義

哈佛大學還假設，嬌嫩的女大生可能無法鼓起勇氣說「不」，因此還允許女生在事後擁有自由裁量權，聲稱受到自己「不希望」的行為給性侵了。

大學校園裡，性解放正面臨崩解。校園女性主義者以終止猖獗的校園性侵害為由，重新引入他們長久以來藐視的某些傳統規範。他們再次讓男性成為女性安全的保護者，並將女性描繪成男性性欲侵害下弱不禁風的無助受害者。儘管他們還不至於要求副院長在學生酒醉發生性行為時在場，但卻退而求其次，讓校方從無異於偷窺的角度，在仲裁委員會上要求當事人模擬據稱被性侵的情況，交代每一次撫觸動作的細節。

最終，女性主義者的奮鬥結果，可能與明確呼籲人們回歸矜持的結果是一樣的：讓任意又酒醉的性行為急劇減少。

讓我們回顧一下一九六〇年代那些被性革命輕蔑和剔除的準則。假設平均來說，男性和女性在性方面有不同的需求：雜食男的性欲讓他迫不及待抓住所有可能目標，而女性比較精挑細選，會把性與愛和承諾聯結在一起。一般認為，男性會透過求偶儀式和求婚來表達對性的渴望，對女人的貞操給予高度重視，導致失去貞操的意義重大；相較之下，男人在這方面有免死金牌，可以在性愛領域縱情玩樂，合意的床伴可以用找的或是用買的。婚前性行為的預設立場是「不要」，至少對女性而言是如此。女性可以退出這個預設立場，的確有很多女性這麼做了。婚前性行為預設為「不要」，意味著女性每次碰到男性糾纏時，不必另找理由來證明自己的意願，因為個人禁欲也受到集體價值觀的支持。在校園裡，為防止學生發生性關係，校方會設立宿舍的會客規則來執行這些規範。

而當年的性革命將這些準則全都拋諸腦後。從那時起，男性和女性在性戰場上完全平等。自由主義者宣稱，女人的矜持只掩蓋了性別歧視。彬彬有禮的騎士精神受到懲罰。女性對性的渴求與男性一樣。

男女不需精心的求愛儀式就可以發生關係。在一夜情之後，也不會經歷到受到牽絆的困擾。現在，婚前性行為的預設立場變成「可以」，而非「不要」，退出預設立場需以個人因素來給予解釋，而且不能再靠「根本不可以做這樣的事」來帶過。在大學，學校當局不該予以干涉，要讓學生自由地處理他們認為合適的性關係。

四十年後，自由主義制度在我們眼前瓦解。新秩序正以解放主義和傳統主義價值觀的奇異混合形式出現，謹慎保留了無羈絆性行為的特權，同時用條文的限制條款，輕易讓女性回復為德性高尚、被人冒犯的立場。來看一下加州克萊蒙特麥肯納學院的性同意權政策。該政策與洛杉磯西方學院等其他學校的政策幾乎一字不差。克萊蒙特麥肯納學院的性同意權規則冗長，法規結構複雜，還細分成多個節、款，在騷擾和性不當行為（sexual misconduct）方面，包含了甚至更冗長的四十四頁內容。連同定義、「所有」（而非用「雙方」）當事人的義務，以及違約的先決條件在內，極像多位律師為典型產品共同撰寫的銷售與交貨合約。學校當局尷尬地宣布：「有效的同意，包含肯定而自覺的決定，需要每位參與者做出共同商議的性行為（與相關條件）。」該政策還詳述了每個「同意的基本要素」，即「知情和互惠」、「自由和主動給予」、「相互理解」、「並非不明確」、「並非無界限的」等等。「對於大家都同意的行為，各方必須對行為的性質和範圍表現出清楚和相互的理解」（這像是在簽房貸合約），以及「願意以相同的方式、同時、做同一件事」。克萊蒙特麥肯納學院的性行為管理官員宣稱：別擔心，性行為屬於非理性且不能言喻的領域，充滿矛盾、恐懼、渴望和羞恥，所以不確定的性行為不代表是強暴，那就是做愛而已。

該政策對於約定意圖透明化的假設，可能有點好笑並與現實脫節，但是它的訴求很重大，期待在性觀念開放的背景下，恢復「不要」婚前性行為的預設立場。實際上，該政策不只推定女性要保持矜持，還進一步涉及維多利亞時代的性別角色。[1]如今女性被認為是無助和被動的，所以甚至不該認為她們有說出「不」的力量或能力。「撤銷同意可以是參與者說出『不同意』，或可以是參與者有明顯的表現，傳達出個人的遲疑、困惑、不確定或不願再當共同參與者」。克萊蒙特的性行為管理官員如此聲明。

現在若你在校園性侵害審理委員會中打官司，可得自求多福了。女生可以以該條款聲稱，男生應該因為她沒做的那些事，知道她正在「困惑」。男生則會回答，他沒注意到她有任何特定「沒做的事」。用床頭攝影機來舉證，也無助於解決這種證據糾紛，但這是校園一片性侵歇斯底里中最合乎邏輯的做法了。另外，可能還需要壓力感應器來偵測雙方在觸摸時的不對稱情況。

無論是否使用攝影機，要裁定新維多利亞時代的大學生性行為，某種程度上都得去打探別人的性行為，這對任何自重的大學而言都是匪夷所思的舉動。一位名叫珠娜．帕金斯（Djuna Perkins）的校園性侵害調查員，於二〇一四年向國家公共廣播電台如此描述：「有時候會歸根究柢到某些細節上，例如是誰轉了誰的身體，或者她〔是否〕抬起下半身，讓〔另一個學生〕可以脫下她的褲子。我已經處理過很多案件，被告學生說：『你什麼意思啊？〔原告〕開心地呻吟。他抬起身體，緊緊抓住我的背，所有跡象都顯示他很愉悅。』」[2]

大學校方非但不反對扮演「偷窺狂」的角色，反而積極草擬新的性行為法規，要求對酒醉性行為進行更詳細的分析。哈佛大學還假設，嬌嫩的女大生可能無法鼓起勇氣說「不」，因此還允許女生在事後擁有自由裁量權，聲稱受到自己「不希望」的行為給性侵了。

我們離伍茲塔克音樂節（Woodstock）[3]的嬉皮們在泥濘地中交歡的情景很遠了。依照新維多利亞時代女性主義者的看法，某些文章裡有未得同意的性行為的內容，[4]就該在文章開頭加上「以下內容恐會嚇到人」的警告，好避免女性誤讀後暈眩腳軟，這種現象現在為眾所皆知的「敏感警告」。二〇一四年初，衛斯理學院（Wellesley College）的學生發起請願活動，要求撤走校園內一座穿著內褲夢遊的中年男子雕像，因為這座雕像引起許多學生「擔憂、恐懼和性侵的聯想」，請願書上是這麼敘述的。[5]俄亥俄州立大學粗鄙的樂儀隊文化，長達四年接受美國教育部的調查，只因為女團員控訴自己遭受攻擊，然而她們唯一能舉證的是她們的敏感感受。[6]看來我們很晚才又發現，許多女生不像男生那樣喜歡下流的黃色笑話。

---

1 譯注：在維多利亞時代，男性和女性的角色界定比歷史上任何時期都更分明。

2 Tovia Smith, "A Campus Dilemma: Sure, 'No' Means 'No,' but Exactly What Means 'Yes'?" *All Things Considered*, NPR, June 13, 2014, accessed Apr. 23, 2018, https://www.npr.org/2014/06/13/321677110/a-campus-dilemma-sure-no-means-no-but-exactly-what-means-yes.

3 譯注：伍茲塔克音樂節於一九六九年舉辦，日期為八月十五日至十七日，表演持續了三天三夜，超過四十萬名觀眾參與。當時因為衛生不良、補給不足以及造成周邊交通癱瘓等原因，普遍被認為是場災難。但也因聚集了史無前例的觀眾人數，混亂卻未造成任何人受傷。由於音樂人在演唱會後對音樂界的影響等原因，這場音樂節開始被討論、研究並傳頌至今；也被認為是反文化時代決定性的交叉點。

4 譯注：作者的口氣是不同意這種內容是未得同意性交。

5 "Move the 'Sleepwalker' Inside the Davis Museum," petition from Wellesley student to Wellesley president, Change.org, accessed Apr. 23, 2018, https://www.change.org/p/president-h-kim-bottomly-move-the-sleepwalker-inside-the-davis-museum.

6 OSU Marching Band Culture Task Force, "OSU Marching Band Cultural Assessment and Administrative Oversight Review," Nov. 18, 2014, accessed Apr. 23, 2018, https://www.osu.edu/assets/pdf/Task%20Force%20Report%20Final.pdf.

事後證明，當你把性欲與節制和審慎脫鉤時，就需要民選官員、官僚和顧問組成的大軍，來保護女性免受男性「令人反感」的行為。二〇一四年，時任維吉尼亞州州長的泰瑞・麥考夫（Terry McAuliffe）成立了校園性暴力專案小組，成員包括多達三十名州的高級官員，以及來自執法和高等教育的代表。康乃狄克州已要求該州各大學，以校園槍擊應變小組的模式來成立性侵害反應小組。加州頒布了一項法律，規定接受州政府經費的大學，應要求學生必須在「肯定、自覺和自願達成協議」下，才能從事性行為，並表示這項協議「在整個性行為中都持續存在，並且可以隨時撤銷」。女性主義領袖代表人物格洛麗亞・施泰納姆（Gloria Steinem）和紐約州立大學石溪分校（Stony Brook University）的性別研究教授，在二〇一四年《紐約時報》的專欄中解釋說：加州法律在「是」和「否」之間「重新定義了灰色地帶」，「沒有說話並不表示同意，這是沒徵得同意。只有明確的『是』才能被視為同意。」[7] 換句話說，與許多現行的校園政策一樣，加州法規把女學生的性行為預設立場改回了「不要」。第二年，即二〇一五年，紐約州要求該州所有私立大學均採用「積極同意」的統一定義。

西方學院一個案例可以完全說明新維多利亞時代的精神。原告為新生的某女，於二〇一三年九月六日禮拜五開始週末的酗酒狂歡。她在另一名剛認識的新生某男宿舍裡參加了一場舞會，並於第二天早晨帶著宿醉醒來。她很快又開始在出門參加活動前先狂飲助興。某女在白天的足球比賽前喝了酒，並在晚上繼續大口喝著準備好的柳丁汁和伏特加調酒。午夜前後，她參加了在某男宿舍舉辦的第二場派對，持續喝伏特加。某男也喝了一整天酒。某女與某男跳舞時脫掉上衣，並坐在某男床上狂熱地愛撫，某女還坐在某男上面，用她的屁股和他磨蹭。某女的朋友試圖帶她回家，但在她離開某男房間之前，把手機號碼留給了他，好方便兩人協調約砲。

當她回到宿舍後，某男傳簡訊給她說：「等妳朋友走了，妳下秒鐘就回來。」她回應：「好，你有保險套嗎？」某男回答：「有。」她回傳：「好，給我兩分鐘。」某男傳簡訊說：「妳到的時候敲敲門。」[8]

她在離開宿舍房間之前，傳簡訊給家鄉的朋友說：「我現在要去做愛。」她大約在凌晨一點時走到某男的房門口，敲了敲門，走進去，摘下耳環，脫掉衣服，和他口交，並發生了性關係。當一個熟人敲男生房門、關心她在裡面做什麼時，她三次大喊：「我沒事啦。」[9]凌晨二點之前，她穿好衣服，回到自己房間。在回去的路上，她傳了幾封無聊的簡訊給朋友，結尾滿是笑臉貼圖，並沒有提及自己受到攻擊。接著她走到另一個宿舍，坐在前一晚遇到的另一名男生的大腿上，和他聊天並開玩笑。第二天，她傳簡訊給某男，問她的耳環和皮帶是否還留在他的房間，並要求過去拿東西。

在這個案例中，某女問某男是否有安全套，與他一起計畫要發生性關係，還向朋友宣告她要上床了，並自願去某男宿舍做愛。而且在整個性行為的過程中，某男沒有對她施以脅迫或蠻力，所以在這場性行

7 Michael Kimmel and Gloria Steinem, "'Yes' Is Better Than 'No,'" op-ed, New York Times, Sept. 4, 2014, accessed Apr. 23, 2018, https://www.nytimes.com/2014/09/05/opinion/michael-kimmel-and-gloria-steinem-on-consensual-sex-on-campus.html.

8 Exhibit 4, screen shots of text messages submitted as evidence in John Doe v. Occidental College, accessed Apr. 23, 2018, https://d28htnjz2elwuj.cloudfront.net/wp-content/uploads/2014/06/John-Doe-Full-Lawsuit-against-Occidental-Part-2.pdf.

9 John Doe v. Occidental College, Los Angeles County Superior Court, Feb. 13, 2014, accessed Apr. 23, 2018, https://d28htnjz2elwuj.cloudfront.net/wp-content/uploads/2014/02/John-Doe-Full-Lawsuit-against-Occidental-Part-1_Redacted.pdf.

為中，她和某男一樣，是出於自願和該負責的主體。任何男性在進行計畫性的性行為之前，被問到是否預備保險套，都會合理地認為眼前的女性是有意願並且同意發生關係的床伴。然而，西方學院因為對性暴力的疏忽（這是無根據的指控）而遭到歐巴馬政府的調查，結果判定某男犯了性侵罪而予以退學。仲裁者總結說，儘管某女的舉動和陳述似乎表示她同意性行為，但某男本應該知道她已無行為能力，根本無法同意。

這次的調查結果再次使得男性成為女性安全單一的保護者。某男和某女兩人都喝醉了，並同意發生性關係，不過事後兩人都不記得整個過程的關鍵點（儘管某女記得有口交）。然而，某男仍被視為性行為的主要推動者，而且是兩人中有義務評估其床伴心理能力的唯一那個人。事實上，某女和醉得無法同意的床伴發生性關係，也應被視為有罪才是。不過，在新維多利亞時代的世界觀中，女性不用對自己的行為負責，而男性不僅要對自己負責，還要對伴侶負責（某男控告西方學院對他開除學籍的處分，但目前尚未判決）。

請容我不敢苟同女性主義者，我認為西方學院的案例代表的並不是「性侵文化」，而是性解放後的不良後果。某女在與某男幽會之前是名處女，她在大學輔導員的驅使下，意識到這件事對她的心理產生了很大的影響，才決定向校方舉報這個事件。她發現男方「根本不被這個事件影響」，仍然毫不費力地上課，但自己卻心煩意亂、無法集中精神。她總結說，她不想冒著見到他會感到不舒坦的風險，最後導致西方學院開除了某男的學籍。

某女的反應是可以理解的，但是要開除對方的學籍實在有點說不通。令人慶幸的是，在大學校園中實際的性侵受害者很少，但卻有成千上萬的女孩感到自己被對方利用，這些男生隨意和人發生性關係，之後拍拍屁股就走，並沒有任何明顯的挫折或牽絆。這些校園女性主義者所稱的「創傷後壓力症候群」，害怕再次遭到「性侵」，這是女性遇到她幾乎不認識、並且與她沒有持續關係的床伴時，時常會出現的尷尬反應。因酒醉而失貞的女孩，在情感上特別容易因此不知所措。儘管性解放剝奪了童貞，但貞潔已不具任何形式上的重要意義，然而親身的性經驗可能比女孩所預想的更具重大意義。

用保守的做法來回應校園性侵的鬼話連篇，僅有部分作用。其主要的回覆策略通常是：「是，校園性侵是個嚴重問題。但由於性侵是項嚴重罪行，所有這些指控都應該在刑事法院進行審判，而非在脆弱的大學審理委員會審理。」以法律和策略步驟來說，該立場無可指責，因為校園性侵害審理委員會的正當程序缺失向來非常明顯。截至二〇一八年初，已有七十九名法官針對學校的性侵害審判程序發布裁決。最高法院大法官露絲．拜德．金斯伯格（Ruth Bader Ginsburg）在二〇一八年二月的一次採訪中說，人們批評大學審理委員會不以正當程序審查被告，是項「正當」的批評。[10]校園對於非法性行為的定義（例如從女性角度來看「令人反感」），在法院是不成立的。

要求將所有校園性侵指控遞交至刑事司法系統，將在一夕之間終止校園的反性侵運動。然而，很少有校園性侵案被移交警局，這是因為原告和其輔導員都知道，大多數案件都不會有出庭受理的機會。西方學院教授卡洛琳．海德曼（Caroline Heldman）是校園反性侵運動的領袖，她在辯論中堅稱，校園性侵案

10 Jeffrey Rosen, "Ruth Bader Ginsburg Opens Up About #MeToo, Voting Rights, and Millennials," Atlantic, Feb. 15, 2018, accessed Apr. 23, 2018, https://www.theatlantic.com/politics/archive/2018/02/ruth-bader-ginsburg-opens-up-about-metoo-voting-rights-and-millenials/553409/.

件不應接受刑事審判，因為陪審團深陷在性侵文化中，無法相信他們會判被告有罪（我曾是她的辯論反方）。非比尋常的是，海德曼還認為性侵調查的「證據優勢」標準太高。本來就該如此，這種案件無法用這麼低的標準判決，當事實裁判者[11]對性侵的事實只有50.5％的確信時，[12]這樣微不足道的證據不能保證性侵案可以定罪。因此，認為校園性侵是在胡說八道的保守反應是正確的，所以他們反駁說：如果你認為這是性侵，請尋求刑事的方式處理。[13]

但是，保守派犯了兩個錯誤。第一個錯誤是，同意校園性侵害是個重大問題，並要求在法庭上進行裁決。如果校園性侵害像激進份子所稱的那般猖獗，就根本不需要校園或政府成立性侵害審理委員會，因為倘若如此，大學女生早在幾年前就都跑光了。

保守派的第二個錯誤是，如火如荼展開的性侵害法規有時很擾人，讓大學生的性生活變得很殺風景。實際上，這是整個鬧劇唯一的好結果。

可以肯定的是，新的校園性管理制度置男生於險境，他們會經歷不公平的法庭審判，聽到捏造罪名的性侵指控。但是，解決方案並不是在這樣骯髒的文化中，拙劣地修補出更複雜的程序來保護女生，而是該完全拒絕這種文化。就像女生可以不要喝醉，不要與一個幾乎不認識的男生上床，來避免女性主義者所說的「性侵」風險；男生也可以不要喝醉，不要與他們幾乎不認識的女生上床，徹底減少性侵指控的風險。做媽媽的若擔心上大學的兒子會被懷恨在心的女生拖到有偏見的校園性侵害審理委員會，應該這樣告訴他們：「等等，你應該交一個女友，並用情感和尊敬來愛護她。你可以半夜寫情書給她，約會後護送她回家，然後自己回家。」如果單方面的訴訟風險導致男生得要禁欲直到畢業，對社會根本不會有任何損失，而且只會對個人品格有所幫助。以前的人做得到這種自我控制，現在的人想必也可以做到。

雖然對天然氣的生產過度監管，會導致有價商品減少；過度監管致使校園性行為減少，卻不會產生任何代價。社會可沒興趣讓大學生繼續狂飲作樂下去。如果要先簽訂同意書，並讓同意書公證過後才能發生性行為，大學未婚性行為就會變得罕見，也許學生會真正洗心革面、多念點書。以目前的風氣來說，許多學生一整個週末都在喝酒，卻不擔心畢不了業。也許大學該把心力放在傳播真實的學問，而不是像耶魯大學在二〇一三年所做的那樣，浪費教職員的寶貴時間畏畏縮縮地草擬合約，替自願和非自願的性行為場景描述細節。大學可以發出訊息表示，他們希望學生學習元素週期表、閱讀希臘悲劇並瞭解憲政體制的演變。如此一來，父母付了如此高額學費，可能會稍微感覺有點回報，而男生可能會迎頭趕上女生的畢業率。

校園性戰爭中沒有需要人憐憫的受害者，雖然少數男生犯了大多數人認知中的性侵，但多數男生的行為確實是能怎麼粗魯就怎麼粗魯。性解放和激進的女性主義對於男女天性的誤解，導致了當前的混亂局面。女性主義者可能不經意地實現了他們不允許保守派去做的事情：恢復端莊矜持。

11　譯注：事實裁判者包括法官和陪審團。

12　譯注：刑事案件要定罪，會要求高度的有罪確信。一般來說，過50%的確信是民事案件的標準。在美國，這類案件都是陪審團做有罪或無罪的判定，因為這類案件若有罪，一般都判得很重，所以誰也不會去降低證據法則中的確信標準。

13　譯注：作者認為，要逼得嚷嚷校園性侵文化的人士，將標準拉到刑事標準才是。

第八章

小家碧玉的哥大女學生

根據這名拒絕與學校當局合作人士的說法，比起哥大荒腔走板的優先順序，此方案代表的意義更令人擔憂。他觀察到：「像我這樣的人可能會失去保持沉默、不想被打擾的權利。」該方案只把焦點放在「對性持正面態度」上，卻沒有挑戰學生酒醉濫交的風氣。

二〇一五年二月，根據《美國新聞與世界報導》（*U.S. News & World Report*），目前哥倫比亞大學與另一所學校在全美大學，要求所有學生，包括大學生和研究生，都必須加入「尊重性意願和社群公民方案」（Sexual Respect and Community Citizenship Initiative）上排名第五。哥大的官僚組織解釋說，這種「嶄新而必需的系列活動」旨在探討「尊重性意願與哥倫比亞社群成員之間的關係」。[1]

哥大的學生拿到選單，至少要觀看兩支內容關於「性侵文化」和性別認同的影片，並寫一篇「反思」的學習報告。他們可以參加跟性侵和男性氣質有關的電影放映會，然後進行被監控的討論。他們可以創作與「尊重性意願與大學社群成員之間關係」的相關「藝術品」；或者如果他們「被判定為經歷過次級創傷（secondary trauma）[2]的倖存者、共同倖存者、盟友或個人」，他們也可以選擇參加「尋找適應力關鍵」研討會。

「尋找適應力關鍵」系列還包括「察覺心念研討會」，該研討會的討論主題為「培養不去評論的覺察力，更用心感受自己的經驗」。若你參加《對抗性別歧視》（*SLUT: A Play and Guidebook for Combating Sexism*）一書的發表會後，女性受壓迫的處境讓你太過激動，你還可以到「編織區」整理一下心情。

為了幫助學生看完影片後，可以整理出應有的「反思」，哥大對於「新時代」的意外性行為，提出一系列具暗示性的問題：「克霖（影片中的一個人）分享了他對預防教育充滿熱忱的『原因』。他的原因是什麼？若你也對預防教育充滿熱忱，『你的原因是什麼？』」另一個提示則說：「反思本次演講中所討論的男子氣概。男子氣概的構念（construct）[3]和權力動態之間是怎樣的互動關係？」

哥大校方謹慎小心，避免任何可能的誤解，因為在大學生的性生活方面，校方也還尚未培養出「不去評論的覺察能力」。根據哥大的文宣資料，學校提供的其中一部電影是紀錄片《界線：對於性侵和性同意權的個人探討》（*The Line: A Personal Exploration About Sexual Assault & Consent*），該影片內容「透過『正面看待性行為』的角度來呈現」。

但是，哥大的「不去評論」只到此為止，學生一定要參與「尊重性意願和社群公民方案」，這一點沒得商量。資料上宣稱「必須準時到場並參與」電影放映和討論會，遲到就不准入場。所有活動的出席狀況會被記錄，並轉交給學校當局（這比哥大對學術課程採行的標準還要嚴格，學術課程的出勤政策交由各教授自行決定）。學生若沒有記錄「尊重性意願」的訓練時數並完成必要的作業，可能會無法註冊或畢業。

這項方案推出的時間剛好碰上學生的期中考期間，所以結果一團糟。登記觀看電影和討論會所用的入口網站經常掛掉；許多學生找不到還有名額、或是不與自己課表衝堂、或是不限「多元性別族群社群」上的課程。儘管校方嚴正警告，一些哥大學生還是認為，讀書或研究論文應優先於參加這種有人在旁監督、討論「性別如何影響人際關係」的討論會。因此，這些學生沒在截止期限前完成「尊重性意願」的作業。

哥大很快就限縮彈性。自二〇一五年七月起，學校開始通知皮皮的學生，他們會被「記過」，這樣

---

1 *Columbia University Sexual Respect* website, accessed Apr. 23, 2018, https://sexualrespect.columbia.edu/2017-18-sexual-respect-and-community-citizenship-initiative.

2 譯注：指那些運用同理或同情來幫助初級創傷者，頻繁到產生和受害者類似症狀的人。

3 譯注：構念是研究者基於研究需要所創造出來的抽象概念。

的聲明非同小可。哥大用記過來嚴格對待拖欠課業的學生，學生若未能銷過，就會被開除學籍。然而，到了七月，開給作業遲交的學生的課程選項也減少了；學生不能再看「變性人的性別認同與創傷」線上研討會，也不能參加「大媽的嘻哈廚房」（Momma's Hip Hop Kitchen）來完成作業。到那時，為了銷過，這些沒把「尊重性意願」作業做滿的學生只能觀看TED演講，並對自己的經歷寫出一篇「反思」文章。

皮皮的學生當中有一名博士候選人，針對西方文明的重要人物認真進行檔案研究。他的一些自由派同學也因為沒參加這項方案遇上麻煩，他說：「他們認為這項要求非常幼稚，他們想把時間拿來做更重要的事，像是做研究和幫大學生上課。」他指出，哥大把這種「沉重又讓人分心的任務」提升到實際的學術責任層次，「證明大學已經完全失去方向」。[4]

根據這名拒絕與當局合作人士的說法，比起哥大荒腔走板的優先順序，此方案代表的意義更令人擔憂。他觀察到：「像我這樣的人可能會失去保持沉默、不想被打擾的權利。」「該方案意味著，要達到這所大學的出勤要求，學生必須按照學校的性道德思想規範。」該方案只把焦點放在「對性持正面態度」上，卻沒有挑戰學生酒醉濫交的風氣。取而代之的是，校方用極度失衡的方式來歸屬性行為，這與各地大學行政部門的現行做法一致。

在方案提供的一支影片中，描繪了兩名女生在舞廳的一連串瘋狂飲酒行為；一名男性把其中一人帶離開來，護送她到她的宿舍房間，並和她發生關係。據稱這未經女方同意，因為她酒喝得太多而無行為能力。影片的啟示是，如果旁觀者認為某人因為太醉而無法表示同意，就應該出手干預，不該讓她與陌生人發生關係。這滿合理的，但還是會令人聯想到其他幾種解釋。首先，大學行政部門應該對大學生灌酒勾搭的狀況進行「干預」。其次，女性對於自己最後是否陷入昏迷幾乎都可以控制，因此應該小心避免這種情況發生。然而，在今日的大學裡，難以想像有第二種理解。

如果哥大感到有處理「尊重性意願」的問題的壓力，就應該以實際上具智識價值的方式來處理。若還記得大學的主要任務是傳授人類的偉大知識與作品，來填補年輕人的腦袋瓜，那麼我們的文明數千年來已盡其所能克服兩性關係的種種挑戰，並且比強迫男性看擺脫「男子氣概」的影片，提出了更複雜的解決方案。閱讀巴爾達薩雷・卡斯蒂利奧內（Baldassare Castiglione）的《廷臣論》（*Book of the Courtier*）和愛德蒙・史賓賽（Edmund Spenser）的《仙后》（*The Faerie Queene*），可以讓學生學習以紳士風範尊重女性意願，儘管那是基於當今禁忌的俠義和貞操美德。如果「積極的旁觀者」是必要的，那麼莫札特的歌劇《唐・喬凡尼》能提供「旁觀者干預」的好例子，就像唐・喬凡尼的貴族友人試圖趕走農家女澤莉娜（Zerlina），來讓她脫離喬凡尼的魔掌一般。

莫札特與跟他合作的歌劇填詞家洛倫佐・達・彭特（Lorenzo Da Ponte）看透了男性性欲，然而當代女性主義者卻無法認清事實。體認到男性在性方面特別飢渴，就得承認性別之間的天生差異。而且正是因為男性性欲的驅使力量，求愛和矜持的規範才顯得如此重要。因為這樣，才能為女性開創自由和文明的空間。

相較之下，女性主義者傾向於把男性性欲貶低為政治權力的鬥爭，反倒讓女性被拒於會議室之外，

4 原注：資料來源為研究生寫給作者的電子郵件，寄信日期二〇一五年七月七日。

而不是進入臥室。如果性別「權力動態關係」確實是導致男人積極尋求性關係的原因，那麼「反性別主義教育者」在TED上的演講可能是會有幫助的。實際上，如果男人是因為想做愛而追求性，那麼就需要採取不同的策略。

哥大方案的想法是，大學校園裡充斥著性侵文化下受到極度驚嚇的女性受害者，她們可能會因為大學經歷的創傷而隨時崩潰。因此哥大針對她們設計了「尋找適應力關鍵」課程，該課程讓「判定為倖存者的**個人**」以及倖存者的「盟友」，「把健康和療癒納入日常生活；從針對創傷的療法到療癒圈；[5] 從舞蹈和動感到瑜伽和心靈／身體的操練」。然而，如果你是一個有信仰的保守學生，認為婚前性行為是不道德的（依然存在一些沒出櫃的守舊人士），那麼你就不走運了，因為沒有適合你的選項。

不出所料，「尊重性意願」的方案，造成哥大脆弱的女大生更多創傷，而且並非總是以預期的方式造成。一名「倖存者」被迫在她的「僅限倖存者參與」的研討會外等待四十五分鐘，結果被告知該研討會已被取消。她告訴學生週報《哥倫比亞每日觀察家》（*Columbia Daily Spectator*）說：「我坐在那裡，沒有任何消息，這讓我覺得很恐慌。」大學未能替她提供維多利亞式的貴妃椅。[6]

套用大家的說法，「尊重性意願」方案無疑是受到哥大最著名的自認倖存者的啟發。她是艾瑪．蘇克維茲（Emma Sulkowicz），也被稱為「床墊女孩」。蘇克維茲很晚才聲稱自己曾被同學性侵，對方與她有斷斷續續的砲友關係。經過長時間的調查，當哥大並未發現她所控告的那位同學有罪而開除他的學籍，她開始隨身攜帶床墊以示抗議。這項為期一年的噱頭（這項行為藝術也成為她畢業時的論文題材）使得蘇克維茲在校園性侵害防治產業中獲得極高的讚譽，並啟發其他校園的學生效仿（蘇克維茲把床墊扛到她的畢業典禮上，自此成為表演藝術家）。

如果有人需要被貼上「自認」倖存者的標籤，那是蘇克維茲了。在這樁性侵事件後，她發電子郵件給她所指控的強暴犯，要求見面。事發兩天後，蘇克維茲傳簡訊給他：「我覺得我們需要一些時間來談論生活和許多事情，因為自暑假以來，我們都還沒真正來個保羅—艾瑪的放鬆時間。」[7]一週後，她建議他們一起出去玩：「我想見到你你你。」兩個月後，她傳簡訊：「我愛你保羅。你在哪？！？！？！？！」[8]

蘇克維茲花了六個月的時間，才決定好她被性侵了。哥大沒有裁定這名床伴有罪，這無疑是正確的。即使如此，校方因涉嫌對這位「倖存者」予以不當對待而輸掉了公關戰。哥大因此迅速設立了校園性侵害防治肥貓機構，包括「性暴力應變」小組和「預防和應變性侵的總統特別顧問」。這位特別顧問是位自稱有數十年經驗的「社會正義倡議者」，很快就被晉升為執行副校長，領導新的社群生活辦公室。在那裡，她策劃了「尊重性意願」方案。

我問哥大校方，有多少學生因為不願意參與這個方案而被記過？大學生活辦公室的主任只回答：「因

5 譯注：讓人們浸泡在充沛的療癒能量之中、釋放舊有創傷，因此能跟壓力或傷痛，通常是一種團體的療法，一群人圍成圈圈從事能量療法。

6 譯注：這種沙發起源於十九世紀，通常供爬樓梯時暈闕的婦女使用。

7 譯注：保羅為她指控的男生。

8 Paul Nungesser complaint filed against Columbia University trustees Lee C. Bollinger and Jon Kessler, 15 CV 03216, United States District Court, Southern District of New York, Apr. 29, 2015), accessed Apr. 23, 2018, https://www.scribd.com/doc/262956362/Nungesser-Filed-Complaint.

為這是校方的要求，所以計畫的執行率很高。」不幸的是，這可能是真的，畢竟哥大有自己的勢力，甚至在學生週報網站上對校方規定最不服從的評論都呼籲，要在該方案的範圍內進行公民抗命：「請務必記錄每個說出來的字。只要有一位女性主義者踰越分寸，你就要離開現場，聲稱你受到刺激，引發了創傷，提出申訴……記得要求與男同學一起上課，恐怕女同學會誣告你性侵。」

這種「忠告」挖苦式的幽默揭露了整個計畫的荒謬，這樣不服從規定的行為，並不代表理智和學術在大學校園內可以堅守立場。這只是意味著，現在仍需使用強迫的方式，來扼殺校園內僅存著還想認真向學的人。

第九章

監督性欲：
#MeToo 運動不可能存在的假設

在二〇一八年金球獎頒獎典禮之前，小組成員邦妮·韋特翰告訴讀者，在頒獎典禮上，明星的穿著「並沒有反映出個人風格」；相反地，「紅地毯複合產業」逼得原本低調退隱的女明星穿上強化「人們普遍認為女人的身體可供大眾消費的觀念」的禮服。結果，後來參加金球獎的女明星身穿黑色服裝聲援 #MeToo 運動，卻沒想到這些服裝偏偏包括露肩、性感大 V 領、開叉裙和細高跟鞋。

二〇一七年秋天，好萊塢大亨哈維・溫斯坦（Harvey Weinstein）被控對一連多位女演員犯下醜行，甚至犯下可能構成刑事罪的性掠奪。[1]媒體和大學女權主義者都將這件出人意料的事當作「性侵文化」期待已久的例證，這與校園內因醉酒約砲不同之處，在於職場上的權力差距是真實而懸殊的，而且溫斯坦顯然未經同意，就強迫女演員跟他發生關係。很快地，娛樂圈、新聞界和政治界知名男士的騷擾舉動陸續被揭發並被迫道歉。在許多案例中，這些騷擾者甚至丟掉飯碗。

由此產生的 #MeToo 反性騷擾運動，旨在驅逐各種工作場域裡的色狼，不可避免地採用了校園反性侵運動的操作方法。華沙柏斯坦律師事務所（Warshaw Burstein LLP）的合夥人金柏莉・C・劉（Kimberly C. Lau）指出：「在職場上，過去對不當性行為的定義過於籠統，現在正逐漸變得合理。」儘管 #MeToo 事件涵蓋了一系列程度各個不同的行為：從涉嫌性侵的一個極端，到不必要觸摸或親吻的另一個極端……但擁護者通常忽略了這些區別，只認為所有男人都是有罪的，應該受到譴責。好萊塢明星麥特・戴蒙遭到女性主義女演員和擁護者的謾罵，發現這個社會變得毫無建設性，只因為發表了平庸的意見說：「你知道，打某人的屁股，與性侵或猥褻兒童之間是有區別的，對吧？毫無疑問地，這兩種行為都必正視和消除，但不該混為一談，對吧？」[2]

#MeToo 運動將會加速從學術上的女性主義快速征服主流論述。《紐約時報》於二〇一七年秋季設置了「性別編輯」一職，當年稍晚刊出一篇專欄文章，內容模仿了我們在校園內看到的對性行為的困惑。

性別編輯潔西卡・班納特（Jessica Bennett）十九歲時就與三十歲的熟人發生非強迫性的性行為，正如專欄標題所述，那是因為「說『好』比說『不行』更容易」。意外的性行為之所以得以進行，是出於她的「恐懼（我沒他想像中的那麼成熟）、羞恥（我讓情況發展到這種地步）和內疚（我會傷害到他的感覺嗎？）」。很自然地，班納特將她當時的消極和尷尬歸因於「嚴重落伍的性別規範」。她聲稱，正是父權體制使得「只要牽涉到性，看似簡單明瞭的想法都讓人覺得很複雜。例如，你知道的，我們是否願意發生性關係。」[3]

實際上，不是父權體制讓是否發生性關係變得「複雜」，而是從本質上來說，性本身就會讓人感到「恐懼」、「羞恥」和「內疚」。性誘惑是透過曖昧間接的方式來進行的；把曖昧的事曝光出來，講出事情可能發生或不可能發生，會讓人感到不舒服，並有被否認和被拒絕的風險。「造成危險的落伍性別規範」並非難以拒絕進一步發展性行為的原因；是**當代的**性別規範，讓這些原本就已堪慮的情況更加混亂。

就如本書所主張的，傳統習俗將婚前性行為預設為「不要」。這樣的規範承認男女對性的優先順序不同，以及與男性性欲討價還價過程之艱難。然而，性解放將婚前性行為的預設立場更改為「可以」，

1　譯注：性掠奪（sexual predation）指的是某人透過「狩獵」或施虐的方式和「獵物」發生性關係，就像動物界中掠食者追捕獵物一樣。

2　Alexa Valiente and Angela Williams, "Matt Damon Opens Up about Harvey Weinstein, Sexual Harassment and Confidentiality Agreements," *ABC News*, Dec. 14, 2017, accessed Apr. 23, 2018, https://abcnews.go.com/Entertainment/matt-damon-opens-harvey-weinstein-sexual-harassment-confidentiality/story?id=51792548. 譯注：現在只要不是百分之百支持 #MeToo 的發言就會被罵，而且是不分青紅皂白地被罵。

3　Jessica Bennett, "When Saying 'Yes' Is Easier Than Saying 'No,'" *New York Times* Sunday Review, Dec. 16, 2017, accessed Apr. 23, 2018, https://www.nytimes.com/2017/12/16/sunday-review/when-saying-yes-is-easier-than-saying-no.html?rref=collection%2Fsectioncollection%2Fsund ay&action=click&contentCollection=sunday&region=stream&module=stream_unit&version=latest&contentPlacement=7&pgtype=sectionfront.

因此現在的「不要」往往是性行為發生到一半才搞清楚的，跟以前大家預設婚前性行為的「不要」是不一樣的。「姐妹會舉動詳情」（Total Sorority Move）網站上的一名撰稿者，描寫了幾年前大學生醉酒後發生性行為的案例，也像班納特的專欄一樣寫出了事情的始末。撰稿者薇若妮卡・洛克（Veronica Ruckh）之所以同意性行為，單純因為阻止這件事情發生會涉及到說明原因。「我們與男生發生關係，是因為有時候比起爭論不做，做要容易得多。」洛克如此說。她引用其他女性的說詞表示，她們被「可以」有性行為的預設給擊敗了：「說實話，說不行會很彆扭，所以我就做了。」「有時候，你必須和不想共進午餐的女孩吃飯；有時候，你必須和不想上床的男生上床。」

這種情況在六十年前是無法想像的。在以前，我們的文化不會強迫女生與「不想和他上床的男生上床」。背後的預設當然是女生不會這麼做，並且賦予女性控制結果的權力。然而現在，女性必須在男性可能感到尷尬和不確定的情況下，與男性性欲正面對決。在許多情況下，男性性欲都會勝出。

在性愛和感受方面，女性主義者並不承認男女之間的差異。若承認，就違反哈佛心理學家史蒂芬・平克（Steven Pinker）的心靈白板論（blank slate doctrine），該論調是現代自由主義的基石，其中一個核心宗旨是，男女間的差異與生物學無關，而是社會建構出來的。女性主義者無視於生物學，從權力和政治角度重塑困難的兩性互動。真實發生的或僅是想像中的性騷擾，都被描述為是為了讓女性屈從。實際上，性騷擾通常只跟性有關，即使是利用權勢差距來性騷擾亦是如此。

開明的男性代表人物在檯面上擁護墮胎或同工同酬等女性主義議題，私底下卻對女性強烈干預或有毛手毛腳的舉動，這樣並不算前後矛盾或虛偽。就像美國新聞界名人查理・羅斯（Charlie Rose）、ＮＢＣ

的知名主持人麥特・勞爾（Matt Lauer）和哈維・溫斯坦（所有因 #MeToo 名譽重創的人）會為出現女總統而興奮，這是毫無疑問的，因為這樣可以打擊厭女的共和黨。然而，這些男人想碰觸的確實是別人的私處（在《紐約時報》#MeToo 連載文章裡，有一篇寫到有些男模聲稱遭到時裝攝影師布魯斯・韋伯〔Bruce Weber〕和馬里奧・特斯蒂諾〔Mario Testino〕性騷擾，頭版標題是「我感到很無助」。[4]根據女性主義對性騷擾的解釋，這些被騷擾的男性，本身就是父權體制的受害者，是政治權力鬥爭中被迫屈從的男性。更簡單的解釋是：這種主張若是正確的，他們就像大多數女性受害者一樣，是男性性欲過頭的下手對象）。

把未被抑制的男性性欲視為權力問題，需要法律的補救，這個現象從大學校園對性行為訂出法律上嚴格意義的「積極同意」規則可以看出。但是，在規範行為方面，法律效力不如非正式的規範，矜持和克制是女性傳統的保護措施，但是解放後的社會卻剝奪了這種非正式的規範。傳統文化以讚揚紳士風度和尊重美德，來教化男性的性欲。在傳統的禮節下，在女性熟人面前自慰（就像喜劇演員路易・C・K習慣做的）是無法想像的，因為這違反了對女士矜持的尊重以及紳士的尊嚴。但如今，「淑女」和「紳士」從我們的社交世界乃至從語言中被驅逐，這種行為不再是無法想像的。如果有女性熟人在男性面前自慰，大多數男人不會覺得受到騷擾，反而可能認為自己是個幸運兒。反之，女性若遇到有人在她們面前自慰，則會厭惡而退避，這顯示男女在身體和性方面的經驗存在著根本上的差異。

4　Jacob Bernstein, Matthew Schneiner, and Vanessa Friedman, "Male Models Say Mario Testino and Bruce Weber Sexually Exploited Them," *New York Times*, Jan. 13, 2018, accessed Apr. 23, 2018, https://www.nytimes.com/2018/01/13/style/mario-testino-bruce-weber-harassment.html.

女性主義者對每一種違背她們性平理想的女性行為都很敏感，並將一切歸咎於男性。很自然地，潔西卡．班納特動不動就提出女性主義者的論調，認為父權體制讓女性有「勾引男性的欲望」。女人顯然是時尚和化妝品業無助的冤大頭，因為被洗腦，每年花上數千億美元，只為了吸引男人的注意。那樣的洗腦論調也延伸到高薪的電影明星身上。《紐約時報》的性別議題小組製作了一套稱為「新紅地毯」的線上叢書，打擊好萊塢的性別刻板印象和性騷擾文化。在二〇一八年金球獎頒獎典禮之前，小組成員邦妮．韋特翰（Bonnie Wertheim）告訴讀者，在頒獎典禮上，明星們的穿著「並沒有反映出他們的個人風格」；相反地，「紅地毯複合產業」[5]逼得原本低調、退隱的女演員穿上這些禮服，以強化「人們普遍認為女人的身體可供大眾消費的觀念」[6]（「紅地毯複合產業」直到最後為止都發揮了迫害女性的力量，因為儘管參加金球獎的女明星身穿黑色服裝聲援 #MeToo 運動，卻沒想到這些服裝偏偏包括露肩、性感大V領、開叉裙和細高跟鞋）。

如果女人這麼容易受到廣告的操縱，那我們為什麼還要扶植她們登上經濟和政治的高位呢？事實上，時尚和化妝品業也只是在回應消費者的需求，與聲稱的父權體制並無關聯。試圖引起男人欲望的是女人本人，而且她們不反對利用自己的性魅力來獲得成功。一位助理透露，某位國際著名歌劇指揮家在被兩位女性聲樂家勾引之後，從此拜訪女獨唱家的化妝室時都會有人陪伴。但是，樂團中的女性和其他歌手卻持續對他投懷送抱。上個世紀著名指揮家阿圖羅．托斯卡尼尼（Arturo Toscanini）的風流韻事，都是被那幾位聲樂家所誘惑，包括女高音格拉汀．法拉（Geraldine Farrar）和洛特．萊曼（Lotte Lehmann）。不意外地，她們在事業上的發展可能就是這些私通的結果。至於好萊塢，無論是現在，還是長久以來，在很多報導、電視節目都記錄了職場潛規則的現象時，女演員以性做為籌碼來獲得演出機會，這有很難想像嗎？

如果 #MeToo 運動只是為了根除職場中的性剝削，那將能發揮益處。然而，其結果可能只是在整個經濟體中釋放出新一波的性別配額制度，並更進一步蒙蔽男女之間的實際差異。請恕我無法苟同女性主義者，我認為西方文化其實是人類歷史上最不重男輕女的文化；沒有人強迫女性用頭紗遮臉，女性的穿著可以想怎麼暴露就怎麼暴露；流行文化的明星總愛炫耀自己放蕩的私生活；每個主流機構都在雇用並晉升更多女性。然而很顯然地，女人仍被性別歧視所壓制，以至於《紐約時報》的性別編輯誇張地問：我們是否該把女人視為有能力同意性行為的個體，既然「文化的期望」讓女人開口拒絕覺得彆扭？照這樣下去，離女性主義者要求回到以前社交活動中有人監督陪同的做法，還需要多久時間？

—

#MeToo 運動的配額制效應已在好萊塢和媒體展開了。晨間新聞《今日秀》（*Today*）出現兩名女主播並非巧合；美國影藝學院已承諾至二〇二〇年為止，將讓女性和少數族裔人數增加一倍。女演員娜塔莉·波曼在二〇一八年的金球獎頒獎典禮上頒發最佳導演獎時，冷笑著說：「以下入圍者，清一色是男性」，這句話成為只要一感受到缺乏「多元化」時，娛樂圈就會有的標準回應。例如，《華爾街日報》流行音

---

5 譯注：「複合產業」指企業與社會或政治系統或機構糾纏在一起，這樣一個複合產業追求其自身的經濟利益，而與社會和個人的最大利益無關，而且往往是以犧牲後者的利益為代價的。

6 Bonnie Wertheim, "The #MeToo Moment: Covering 'The New Red Carpet,'" *New York Times*, Jan. 6, 2018, accessed on April 23, 2018, https://www.nytimes.com/2018/01/06/us/the-metoo-moment-covering-the-new-red-carpet.html.

樂樂評人吉姆・福西里（Jim Fusilli）就曾抱怨，葛萊美獎提名人中女性代表人數不足。他說：「葛萊美獎沒有一個獎項的入圍者完全是女性。」「在最佳當代器樂專輯、最佳爵士器樂專輯、最佳大型爵士組合專輯和最佳基督教音樂專輯獎項中，沒有女性領導的團體入圍。」[7]在這些類別中有多少以女性為首的團體，而他們的水準又如何？這簡直是性別歧視。於是，六位女性音樂界高階主管指責國家錄音藝術科學學院（Recording Academy）的董事會和高層，在「種族、性別、宗教、年齡等等用人條件沒有做到包容性」。學院回應說，校方管理階層對此感到自責，並承諾會致力於克服音樂界中「阻礙女性發展的不自覺偏見」。[8]由於奧斯卡提名的拉美裔入圍者人數不足，美國國家拉美裔媒體聯盟（National Hispanic Media Coalition）在二〇一八年奧斯卡提名人午餐會的場外進行抗議；甚至在拉美裔團體抗議之前，好萊塢主管就已受到來自女性主義者、多元性別族群和殘障人士的壓力，出現配額制疲勞轟炸的問題，因為維權人士要求好萊塢按身分別來招募員工。

期望左翼娛樂圈大亨犧牲票房來支持身分認同政治，根本是在癡心夢想，對整個社會沒有太大的影響。然而，對多元化的吹毛求疵不僅限於好萊塢，企業多元化講師已感受到 #MeToo 運動帶來的意外收穫。一家大型多元化諮詢公司的「客戶成功」經理就表示，近來希望「進一步探索權力如何和多元化和包容性的需求達成平衡」的客戶人數不斷增加。另一家位在矽谷、從事多元化諮詢的典範公司（Paradigm），在一封電子郵件中祝賀歐普拉（Oprah Winfrey）二〇一八年在金球獎上的 #MeToo 演講，並提醒潛在客戶關於「包容性」還有「很多部分需要努力」。典範公司的負責人喬爾・愛默生（Joelle Emerson）說：「我絕對認同，更廣泛的文化對話正促使各個機構更認真審視自己的公司文化。」[9]公司董事會、行政高層和管理架構都會被審查是否有性別和種族失衡的情況。倡導「二〇二〇年實現 50-50」的組織，支持商界男女比例達到各半，最近也收到一些組織將在二〇二〇年實現性別平等的新承諾。

藝術界首當其衝。在當代藝術雜誌《藝術論壇》（*Artforum*）的老闆被指控涉嫌性騷擾後，《洛杉磯時報》發表了針對美術館館長所做的性別統計，其中48%是女性，這對多元化改革者來說不是什麼振奮人心的結果。幸好出現一道曙光，有間由三位女性管理的博物館年度預算超過一千五百萬美元，但她們的薪水卻低於男性同儕。館長薪水是否與經驗和資歷相稱並不重要，人們想當然耳覺得是性別歧視，這點讓人無法反駁。

#MeToo 運動爆發前兩個月，紐約市市長比爾．白思豪（Bill de Blasio）預期到博物館管理將面臨壓力，趕緊宣布今後該市的文化資金將依藝術組織員工和董事會成員的多元化程度而定。《紐約時報》火上加油地指出，大都會博物館、卡內基音樂廳和美國自然歷史博物館「主要由華爾街、房地產和其他行業的白人男性主管和具影響力的經紀人所主導」。至於那些「白人男性執行長」是否保留了過去那些有遠見的收藏家所捐贈的文化遺產？那些「白人男性執行長」是否向其服務單位慷慨捐贈了數百萬美元？誰在

7 Jim Fusilli, "The Grammys' Boys' Club," *Wall Street Journal*, Jan. 23, 2018, accessed Apr. 23, 2018, https://www.wsj.com/articles/the-grammys-boys-club-1516745617.

8 Julia Reiss, "Six Female Music Executives Respond to Neil Portnow with Letter to Recording Academy," *Complex*, Feb. 5, 2018, accessed Apr. 23, 2018, http://www.complex.com/music/2018/02/six-female-music-executives-respond-neil-portnow-with-letter-to-recording-academy.

9 Joelle Emerson, email message to author, Jan. 21, 2018.

乎這些？《紐約時報》在頭版放了一張白人指揮家安德里斯・尼爾森斯（Andris Nelsons）在卡內基音樂廳指揮的照片，做為該議題的確鑿證據。

掛在美術館和畫廊牆壁上的作品，也成為了錙銖必較的目標。《藝術新聞》（*Art Newspaper*）分析了近七十家機構的展出後發現，從二〇〇七年到二〇一三年，女性個展僅占27%。自《藝術論壇》雜誌創刊以來，女性藝術家做為封面人物的比例只占18%。然而，情況將要改變。「藝術界厭惡女性，」《藝術論壇》的新主編大衛・韋拉斯科（David Velasco）告訴《洛杉磯時報》說。「藝術史是厭女史，另外也歧視種族、階級、跨性別、殘疾和同性戀者。我不接受這種況……女性主義如何與所有社會議題和人類的一切交會，這對我們所有員工來說，是極為寶貴的道德議題。」[10]正是韋拉斯科如此不屑的藝術史，發展出那麼多令人驚艷及探討人性的作品，對於這些打著女權聖戰口號的人來說，卻只是無意義的東西。

現在，所有藝術家都得接受#MeToo運動的檢驗。對當代畫家查克・克洛斯（Chuck Close）的性騷擾誣告，導致華盛頓特區的國家藝廊（National Gallery of Art in Washington）無限期順延了克洛斯的展覽。博物館方則提前擴大「多元化」人才招募，好讓自己免於受到這種肅清。巴德學院（Bard College）策展研究中心主任湯姆・埃克萊斯（Tom Eccles）告訴《紐約時報》，[11]該學院將藉由引入女性藝術家和有色人種員工，擴大博物館召募的範圍。

尤其在大都會歌劇院指揮詹姆斯・李汶（James Levine，遭指控涉及同性戀性騷擾，但被女性主義所利用）和皇家愛樂樂團的指揮夏爾・杜特華（Charles Dutoit）被指控性騷擾之後，人們便根據樂團指揮的性別與種族來評價他們。樂團董事會瘋狂聘雇人數屈指可數的女指揮家，以彌補自己單位多元化不足的問題。

一名指揮家的經紀人表示，光是兩年前，要替舉世聞名的白人男性指揮家在美國樂團找到指揮工作就已經很困難了，現在更是不可能。該名經紀人惆悵地補充說：「如果我旗下有跨性別的指揮家，我就發了。」[12]

《紐約客》樂評人亞歷克斯・羅斯（Alex Ross）二〇一八年二月在推特上表示，芝加哥交響樂團和費城管弦樂團在接下來新一季的節目中，沒有安排女性作曲家的作品演出，暗示他們歧視女性作曲家，引起人們對這兩個樂團的憤怒。同月，芝加哥交響樂團的指揮里卡多・穆蒂（Riccardo Muti）在卡內基音樂廳演出珍妮佛・希頓（Jennifer Higdon）的《低音銅管協奏曲》，該作品是芝加哥、費城和巴爾的摩交響樂團委託她創作的作品。但是羅斯和他的粉絲並不滿足，要求更積極地對曲目表進行配額。然而事實是，在整個音樂史上，最偉大的作曲家都是男性。在這個古典音樂觀眾人數不斷下降的時代，對最重要的音樂機構施加身分認同政治，這種做法是非常魯莽的。

#MeToo 運動的多元化壓力也打擊了經濟學領域。《紐約時報》提醒讀者，二〇一八年一月舉行美國

10 Carolina A. Miranda, "What the Sexual Harassment Allegations at Artforum Reveal about Who Holds the Power in Art (Hint: Not Women)," *Los Angeles Times*, Nov. 1, 2017, accessed Apr. 23, 2018, http://www.latimes.com/entertainment/arts/miranda/la-et-cam-knight-landesman-artforum-20171101-htmlstory.html.

11 Robin Pogrebin and Jennifer Schuessler, "Chuck Close Is Accused of Harassment. Should His Artwork Carry an Asterisk?" *New York Times*, Jan. 28, 2018, accessed Apr. 23, 2018, https://www.nytimes.com/2018/01/28/arts/design/chuck-close-exhibit-harassment-accu學術水準測驗 ions.html.

12 Interview with orchestra conductor's agent, Nov. 28, 2017.

經濟學會（American Economic Association）年會，有個小組控訴經濟學中普遍存在著性別歧視，而該論點符合「全美國更大規模地審查婦女在勞動市場中受到的偏見和剝削」之目標。他們認為，女性在經濟系的任教人數不足，是因為大學教科書引用男性經濟學家著作的比例高達90%，才造成這種無法克服的障礙。是否有女性經濟學家所提的相關建議能拿來替代引用？不太可能。但無論如何，我們不需知道。在進行智識探索的時候，有沒有可能是出於自己的喜好，而非一味跟從與你同性別或種族的人？情況顯然不是後者。《紐約時報》哀嘆「經濟系中女學者的養成管道縮水」，儘管二〇一六年女性占經濟學博士生的比例為33%，但該年獲得終身職的教授只有13%是女性。但是，這個世代畢業後要花上數十年，才能在學術體系中爬升到最高等級；現在獲得終身職的經濟學教授還是學生時，他們同輩中女同學的比例應該遠低於33%。

經濟學家德爾雷・麥克洛斯基（Deirdre McCloskey）拒絕相信具競爭資格的女性會被排除在外的說法。她說：「招募委員會並沒有歧視。」[13]她也補充說，自我選擇也可能發揮作用，因為經濟學是個「男性為主的領域」，所以很少人會去關心女性在某些時間點所扮演的家庭角色，會影響到她們的學術生涯。現代經濟學越來越常使用數學工具，在數學學術水準測驗得到最高級分（滿分八百分中得分七百或更高）的男性比例幾乎是女性高分者的兩倍。在總體經濟學和個體經濟學的先修課程考試中，男性的表現也優於女性。經濟學家優漢那・莫勒斯特羅姆（Johanna Mollerstrom）和其他人也證明了，在這個領域中男性比女性更具競爭力。在經濟學這種量化領域中，數學程度夠好的事實，與「男性為主」的情況有著明顯的關聯。但在關於「多元化」的任何討論中，這些事實都不會被提及。

史丹福大學商學院近來發表的一項揭弊研究中令人驚訝地發現，在申請經濟援助方面，女學生比男學生更吃香；這絕非無心的差錯。但是，為了抵抗被認為對女性有偏見的文化，商學和經濟學課程對女性的偏袒只會變得越發嚴重。[14]出版《華爾街日報》的道瓊公司（Dow Jones）已制定完成為期一年的領導力發展計畫，該計畫取名為「點燃」（IGNITE），旨在打造「真正多元化和包容性的高階領導團隊」。參與者將獲得執行贊助、指導和人格評估，這些都是有抱負的高層管理者重視的東西。但是，參與者僅限於女性，這就是道瓊公司迅速達到女性執行長占比40%的部分原因。許多重要新聞機構也都在這方面進行努力，而且是更快地加速腳步。

矽谷也將成為 #MeToo 運動的昌盛之地，谷歌的山景城總部被稱為「谷歌校園」是有道理的，矽谷的巨獸文化是刺耳的學術受害者論之同溫層。詹姆士．達莫爾在二〇一八年一月對谷歌提起的訴訟中揭露，公司的經理和員工會本能地給與左派正統觀念不同的人，貼上厭女和種族主義者的標籤（參閱第一章）；谷歌聊天版上對「毆打納粹」表示頌揚。[15]人們想當然耳地認為，公司中缺乏女性、黑人和拉美裔工程師，是因為其他類型的工程師存在隱性偏見所致。

二〇一八年二月，在美國科學促進會（American Association for the Advancement of Science）年會上，有個小

13　原注：德爾雷．麥克洛斯基寄給作者的電子郵件，寄件日為二〇一八年一月二十四日。

14　譯注：刻意要證明自己沒有歧視女性，反而變成了偏袒女性。

15　James Damore and David Gudeman v. Google LLC, 18CV321529, Class Action Complaint, filed Jan. 8, 2018, Superior Court of California, County of Santa Clara, accessed Apr. 23, 2018, https://www.scribd.com/document/368694136/James-Damore-vs-Google-class-action-lawsuit.

組提到所謂的「文化和機構做法」，該做法打壓了女性和STEM領域（STEM代表科學、技術、工程和數學四個學科的英文首字母）中代表性不足的少數「聲音」。但是，正如我們將看到的，這些「聲音」已讓政府、基金會、企業和學校投入數億美元，並增設了性別和種族專有的數學和科學課程。然而這種努力的成效不彰，例如由全國婦女與資訊科技中心（National Center for Women & Information Technology）推動的「科技界中的拉美裔女性」特別計畫（Latinas in Tech initiative），以及被過度吹捧的「編碼女孩」計畫（Girls Who Code）。

令人納悶的是，#MeToo 反性騷擾運動只關心特定職業別的性別比例，例如大多數冷暖空調和冷凍安裝工和技工皆為男性，但很少有人要求讓更多女生接受這類職訓。同樣地，在貨運、搬運、運輸和採礦業中，幾乎所有工人都是男性，但在這些高傷害和高死亡率的職業中，女性人員不足並沒有引發名人的憤慨。

如今在 #MeToo 當道下，對多元化更偏激無理的需求快速增加了。皮尤研究中心在二〇一七年針對職場公平性的調查中發現一個值得注意的事實：偏見的感覺與當事人在大學念書的年數成正比。擁有研究生學位的理工背景業界女性說，相較於沒有大學學歷的理工背景業界女性，性別阻礙她們成功的比例高出三倍以上。該調查值得商榷之處是：那些受過高等教育的理工科女性比起教育程度較低的同仁，更容易受到男性沙文主義的影響。但她們的職場很可能是由該學院其他受過高等教育的人所組成，這些人在女性主義思想主導的環境中浸泡多年，因此他們的職場也是承受最多壓力要實現性別平等的地方。所有督促兩性平等的誘因都造成了反效果：遠離沙文主義，在所有可能下都要偏袒女性。持續的性別偏見主張是種意識形態，而不是實證經驗。但是，當 #MeToo 運動擴大影響，不再只是學術上的女性主義時，將會產生更大的破壞性力量。

從一九七〇年代的高階理論到校園的「性別友善廁所」

由於歐巴馬政府二〇一六年的一項裁決，學術理論再次從大學跳到現實世界。該裁決規定，如果男生自認是女生，就算擁有完整的男性生殖器官，還是要讓他們使用女生廁所和更衣室。

二十年來，越來越多的性別研究、酷兒研究和婦女研究部門組成陣營，長期致力於提出一些令許多非學術界人士感到驚訝的提議。例如，他們說生理性別和「性別」僅是意識形態的建構，是以西方社會為主的異性戀權力框架加諸於人的桎梏。就連持懷疑態度的記者，也經常栽入學術理論的泥沼中，介紹一些看似有價值但其實令人費解的術語、甚至怪異的觀念。儘管如此，就算大眾和大多數政治人物注意到了，也被當成異類而不予理會（參議員馬可．盧比奧〔Marco Rubio〕在二〇一六年角逐總統大選候選人期間說「哲學」無用，就令人搖頭，這顯示典型政治人物對學術界真正的問題有多麼無知）。

但現在有一個養成管道，將左翼學術理論導入政府和媒體最高層。從自我感覺良好的大學畢業出來的學生，把他們的高階理論灌輸到聯邦和州政府官僚機構以及新聞編輯室，甚至連司法機構也受到影響。例如，聯邦地方法院否決了加州的第八號提案（明定婚姻為一男一女之事）的觀點，這種否定一男一女的想法深植於女性研究的概念，即婚姻起源於在婚姻中給予女性次級的「性別」角色。

最近在大眾之間傳開的學術理論，最值得注意的部分是，由學術界驅動的新道德共識正在快速形成當中。當前一波非校園起因的跨性別激進主義浪潮始於二〇一五年春季，當時《紐約時報》以整版刊登社論，宣布對跨性別者的壓迫是我們最急迫的人權鬥爭。隨後，《紐約時報》發布一系列新聞報導，記錄了「跨性別者社群」的困境。不過短短幾年後的現在，任何對自己十二歲的女兒要與十四歲男生共用更衣室感到不安的人，都被汙名化為等同主張回歸白人專用飲水機的人。不久前甚至不存在的問題，現在已完全植入文化菁英的心中；任何反對新制度的人都是守舊愚蠢的老頑固（二〇一七年二月，川普的教育和司法部門取消了歐巴馬的跨性別廁所規則，理由是該規則超出了美國教育法修正案第九條的範圍，並未遵守行政規則制定程序）。

人們對於政治上正義的事，記憶何其短暫！一九七〇年代，露絲．拜德．金斯伯格法官輕蔑地將「平權修正案」中「男女混廁」的想法視為煽動言論，她的假設是這樣安排非常荒謬。一九九一年，密西根女性音樂節驅逐一名變性婦女，理由是她在生理上是個男性。一九九五年，在加州州立大學北嶺分校舉行的第一屆國際變裝、性和性別會議上，維持男女分開使用的廁所，引起變性人維權人士的抗議。同性戀維權人士暨歷史學家馬丁．杜伯曼（Martin Duberman）生氣地抬出性別理論來論戰。那些早期主張同性戀和婦女權利的人，現在被看成跟種族隔離主義者一樣可惡。

到目前為止，有幾項外加的重點。首先，我們瞭解到跨性別運動勝過女性主義，就像對於德國二〇一五年跨年夜回教徒集體性侵事件一樣，歐洲的反應顯示了多元文化主義勝過女性主義。考慮到校園女性主義者對於「性侵文化」不斷尖聲抱怨，人們會認為女性主義者必會反對讓男性進入女性可能穿戴不整、容易成為下手對象的地方。但很顯然地，大學校園裡是否充斥著「性侵案」這種說法會視情況而變。現在，若暗示異性戀男性（即虎視眈眈的性侵加害者）或性變態可能會利用新的變性人規則來犯案，只會變成頑固偏執的另一個跡象。衛斯理學院和史密斯學院這兩間女子學院現已陷入困境，苦惱「跨性別」學生是否比學校以往注重的女性至上概念更為重要。結果他們的結論是，跨性別者消除了男性的殘缺，把變性後的「女性」提升到受害者圖騰柱上的最高等級。

其次，我們瞭解到所有學術高階理論都值得關注。性別理論的概念源於一九七〇年代的解構主義和後結構主義，他們那一套（假的）說法，抹殺了西方認識論和形上學的傳統範疇。從雅克·德希達標榜的「解構」，即言語凌駕於文字符號，到顯現凌駕於不顯現為止，事實證明這些理論在消除「所謂的」男女生物學差異上，並沒有太大的進步。

第三，我們注意到，在涉及言詞激烈、流行高階理論的新世代時，所有大學都至關重要，而不僅僅是常春藤聯盟校。例如，愛荷華大學在一九九四年召開了一次會議，以酷兒為討論議題，隨後展開了酷兒研究領域。

最後，在迅速發展的受害者理論方面，玻璃心的大學生現在可與他們的教授可相提並論。就拿一個簡單例子來說好了，現在共有一百一十七個性別認同類別，其中許多是由學生發明出來的。他們不斷尋找犯罪的方法，因為在這種環境下，他們每一次自視為受害者的訴求，都獲得校園多元化官僚組織溫柔的關注和道歉。這一百一十七個類別如何在公共政策中發揮作用還有得瞧。

然而，其最終目的是服膺一九六〇年代的性解放運動，摧毀最後一絲的女性矜持，因為這可能會讓隨意濫交正常化遭到阻礙。許多女生沒穿衣服時被其他女生看到，都會覺得不自在。但現在她們被告知，如果她們的浴室或更衣室裡有男生，就得要隱忍。要做到這一點，只能對裸體和性愛這種人類強大原始的禁忌，採取完全無動於衷的態度。換句話說，是採用像《欲望城市》裡的明星或莉娜・丹恩（Lena Dunham）對於性愛的粗糙性愛態度。根據進步派菁英的說法，任何父母和校方人員只要表達不贊同，都阻礙了道德的進步。人們不知道學術界下一步又要搞什麼花樣，光是想到就令人害怕。

第三部

官僚文化

第十章

多元文化大學

許多人被告知，加州大學需要更多州政府經費，才能保持在科學領域的領先地位。但是，科學優勢的最大威脅其實是大學「多元化」招募的執念。人們都知道學費上漲，但卻不知道大學的冗官冗員惡性膨脹。

二〇一二年，加州大學在預算上的負面消息連連，當時加州還正努力從二〇〇八年的金融危機恢復過來，《沙加緬度蜜蜂報》（The Sacramento Bee）的資深政治專欄作家彼得・施拉格（Peter Schrag）就警告說，州政府的經費被削減，將危及加州大學保存「文化遺產」的使命，而「文化遺產」是任何偉大社會都不可或缺的。

若不瞭解我們的共同歷史和文化，不知道美國開國元勳詹姆斯・麥迪遜（James Madison）和湯瑪斯・傑佛遜（Thomas Jefferson）、小說家梅爾維爾（Melville）、詩人艾蜜莉・狄金森（Emily Dickinson）和小說家霍桑；不知道莎士比亞、英國詩人彌爾頓和喬叟；不知道但丁和塞凡提斯；不知道夏綠蒂・勃朗特和珍・奧斯汀；不知道歌德和莫里哀；不知道孔子、佛陀，甘地和馬丁・路德・金恩；不知道莫札特、林布蘭和米開朗基羅；不知道舊約；不知道四福音書；不知道柏拉圖和亞里斯多德；不知道荷馬、古希臘悲劇作家索福克里斯（Sophocles）和歐里庇得斯；不知道托爾斯泰和杜斯妥也夫斯基；不知道魔幻寫實主義之父加布列・賈西亞・馬奎斯（Gabriel García Márquez）和美國非洲文學先驅托妮・莫里森（Toni Morrison），我們會知道我們是誰嗎？

施拉格訴諸人文研究的價值是不容置疑的，只是他很不巧地對加州大學的課程編排太不清楚。小氣的納稅人並沒有危害偉大文學、哲學和藝術的傳播；是大學本身出了問題。沒有一所加州大學敢去引用施拉格列出的名單做為他們的核心課程，因為名單上大多為白人男性思想家。因此，沒有一所分校想讓他們的學生接觸到施拉格上述那些劃時代的思想家，連一位也沒有（可能除了托妮・莫里森以外），更不用提美國開國思想史了（參閱第十三章）。

施拉格不是唯一一位不知道加州大學優先考慮事項的加州人。許多人被告知，大學需要更多州政府經費（當前預算為三百四十億美元），才能保持在科學領域的領先地位。但是，科學優勢的最大威脅其實是大學「多元化」招募的執念。人們都知道學費上漲，卻不知道大學的冗官冗員惡性膨脹。納稅人可能聽過學生班級人數變多，卻沒聽說老師的教學負擔是神聖、不可變動的。在民眾決定投注多少資金在大學體系之前，需先瞭解加州大學如何花費這筆巨額資金。這個過去曾經偉大的大學體系，如今臣服於多元化妄想中；而相同戲碼正在美國各地大學不斷上演。

加州大學第一所分校在一八七三年於柏克萊成立，履行了一八四九年加州州憲法授權，要求在該州建立一所「推廣文學、藝術和科學」的公立大學。人們對這項新任務冀予厚望，當時的州長亨利・海特（Henry Haight）曾預言，該所大學將「很快成為西岸教育和學習的燈塔，並成為加州的驕傲和榮耀」。

他說對了。在接下來的一百四十年中，隨著另外九間分校成立，加州體系大學被證明是經濟成長的火車頭以及人類進步的源泉。加州大學擁有的研究專利比美國其他體系的大學更多。上個世紀的中葉，加州大學培養出的工程師，讓加州在太空和電子領域占有主導地位；在加州大學農業專家的協助下，加州得以有豐饒的農場和葡萄園。加州大學的科學家及學生開發的核子技術，確保了美國在冷戰中的領先地位（同時也引發國內最激烈的學生抗議運動）。加州大學的實體設施本身就是寶貴資產，所有人都可以在校園內漫步，花園裡有爬滿藤蔓的藤架，樹林裡充滿本土或奇特樹種，所有人都可以瀏覽學校圖書館的藏書與豐富的研究收藏。

然而，到了一九六〇年代初期，加州大學出現許多直到今日都帶來困擾的問題。不管是明星校區柏克萊，還是監督整個加州大學體系的總校長辦公室，冗官冗員有如雨後春筍般出現。內森．格拉查（Nathan Glazer）曾在柏克萊教授社會學，他在一九六五年的新保守主義重要刊物《評論》（*Commentary*）中寫道：「每一位來報到的教職員、院長及參訪人員，都對這兩個行政單位的規模感到驚訝。」格拉查注意到，校園出現了新類型的單位，這些行政人員專職於學生事務，他們並不教書，也很少與教師接觸。

這種冗員的暴增讓格拉查聯想到聯邦政府：「組織層層堆疊，達到神秘天庭的高度。」

曾任加州大學總校長與柏克萊校長的克拉克．克爾（Clark Kerr）發現，隨著柏克萊大學的聯邦研究經費增加，教師們失去對大學部教學的興趣（克爾曾打趣說，校長的工作是「為教職員提供停車位，為學生提供性服務，為校友提供體育活動」）。[1]克爾在回憶錄中寫道，一九三〇年代，授課大一新生的入門課程，向來是柏克萊大學教授的最高榮譽；但三十年後，老師盡可能把這類教學義務推給助教；到了一九六四年，助教已占柏克萊教學團隊將近一半的名額。

克爾最有先見之明的部分是，他指出柏克萊早已一分為二：柏克萊一號是重要的學術機構，其淵源可追溯至十九世紀；柏克萊二號則是最近崛起的政治新貴，他們把重心放在於一九六四年占領斯普勞爾廣場（*Sproul Plaza*）的反戰、反權威「言論自由運動」（Free Speech Movement）上。柏克萊二號和舊金山左派團體及日益壯大的「街民」群體掛鉤，就像它過去與校園的傳統學術生活緊密相連那樣。實際上，現在這兩個柏克萊幾乎沒有任何重疊。

呼應克爾的說法，我們可以說今日共有兩所加州大學：加州大學一號是以科學為中心、依然嚴謹的大學體系（還是有各個學科的代表）；而加州大學二號則是極度不嚴謹的機構，致力於耗神費力的理想奮鬥，反對莫須有的種族歧視和性別歧視。與克爾時代的柏克萊二號不同在於，現在的加州大學二號已達到大學的最高層級，對成就斐然的加州大學一號構成真正的威脅。

多元化意識形態侵害了加州大學成員的集體心理和大學使命，程度嚴重到不能再誇張了。每位行政官員、董事會成員、院長或主席，開口閉口都說自己忠於多元化，無一例外。這已成為大學的常態，不僅影響招聘、使得課程編排矯枉過正，還浪費大量的教師時間和納稅人的資源。過去十年來，大學預算並沒有解決這種情況。例如二〇一二年九月，加州政府當時面臨預算危機，大學體系也受威脅要多削減二・五億美元的經費；自二〇〇七年以來，總共減損了約十億美元的經費。然而，聖地牙哥分校還是聘請了首任公平、多元化和包容副校長，起薪二十五萬美元，外加六萬美元搬遷津貼、一萬三千五百美元的臨時住房津貼，而且所有搬家費用皆可報公帳（一家收費昂貴但由女性創業夠「多元化」的獵頭公司發現，這種多元化新職位正在逐漸增加）。這些新職位將進一步擴充聖地牙哥分校已然龐大的多元化機構，包括校長的多元化辦公室、教職員平等副校長、多元化助理副校長、教職員平等顧問、研究生多元化協調員、員工多元化聯絡服務處、大學生多元化聯絡服務處、研究生多元化聯絡服務處、多元化長、多元化倡議

---

1 "President Clark Kerr, a National Leader in Higher Education, Dies at 92," press release, *UCBerkeleyNews*, Dec. 2, 2003, accessed Apr. 23, 2018, https://www.berkeley.edu/news/media/releases/2003/12/02_kerr.shtml.

發展主任、學術多元化和機會平等辦公室、性別認同和性取向議題、婦女地位委員會、校園氛圍、文化及族群共融理事會、多元化理事會，以及跨文化中心、多元性別族群資源中心和婦女中心的主任。

去年UCLA任命一名具有學生事務管理碩士學位的專業人士擔任首任「校園氛圍」助理院長。根據UCLA助理副校長兼學生主任的說法，校園氛圍助理院長的職務是「讓校園成為安全、樂於接納並懂得尊重的地方」。[2]前一年，UCLA任命首任多元化暨推廣副校長（起薪二十七萬美元），用校長蘇珊·德斯蒙德—海爾曼（Susan Desmond-Hellmann）的話來說，該職位致力於創造「多元和包容的環境」。[3]然而，這每一個新職位全都是冗員，因為多元化大軍已充斥加州大學飽和的冗員單位。二〇一五年，在改善預算環境的氛圍下，UCLA任命傑里·康（第五章提過）擔任首位薪水超高的平等、多元化和包容校長。

加州大學二號所持的信念是，某些種族和族群在美國乃至於整個大學，都面臨持續存在的偏見，因此UCLA於二〇一〇年將該信念表達在由校長多元化諮詢小組批准的「社群原則」（八個原則之一）中（之後更名為UCLA多元與包容理事會，這些機構通常經劇烈變動後又重新包裝）。原則八如下：「我們承認現代社會在種族、族群、性別、年齡、殘疾、性取向和宗教等方面存在著歷史性的歧見，我們尋求透過教育和研究來增進覺察和理解，並調解和解決由社群偏見所產生的衝突。」[4]

「現代社會」的顯著特徵（就算不是最顯著的特徵）就是社會會充斥「歧見」，這種想法與歷史如此不符，令人感到荒謬。沒有哪個文化比現代西方社會對於個人和群體的差異更淡然處之，而這些差異在其他地方依然可能造成死亡，並引發戰爭。沒有其他地方比現代美國校園更積極頌揚依然阻礙非白人的種種差異。雖然如此，當加州大學二號的行政官員和教授檢視自己的校園時，卻只看到因歧視而四分五裂的校園景象，覺得自己有責任來消除這些歧見。

就這樣，幾年之後，加州大學聖地牙哥分校電機工程系接到了要求聘請第四位女教授的命令。當釋放出新教師職缺後（在這種預算環境下是難得的機會），他們篩選了數百名申請者，最後系辦提出可參與到校面試的幾位人選。然而，令人憤慨的是，所有人選都是男性。高層傳來指令，要求讓一位連進入初選名單都有問題的女性申請人接受面試。結果，她受邀參加面試，得到的評價卻很普通。當權者又說話了：必須透過系上教師投票來決定她的候選資格。在前所未有的保密狀態下，系主任拒絕透露投票結果，並堅持進行第二輪投票。在第二輪投票之後，校方最終認命、放棄了她的候選資格。但這兩輪投票的結果依然是個秘密。

一名電機和資工系教授針對該局面提出解釋。他說：「我們為本系身為最優秀科系感到自豪。教師們都知道科系排名很重要，沒人看好這名女性申請人。」[5]你可能會認為，加州大學校方對於這種追求卓越的強大願望非常看重；多虧聖地牙哥分校電機系向來只雇用「最優秀」人才，這讓他們在電路設計、

2 Kassy Cho, "Assistant Dean for Campus Climate Selected," *Daily Bruin*, May 10, 2011, accessed Apr. 23, 2018, http://dailybruin.com/2011/05/10/assistant_dean_for_campus_climate_selected/.

3 Lisa Cisneros, "UCSF Appoints First-Ever Vice Chancellor for Diversity, Outreach," *UCSF News Center*, Dec. 2, 2010, accessed Apr. 23, 2018, https://www.ucsf.edu/news/2010/12/5854/ucsf-appoints-first-ever-vice-chancellor-diversity-outreach.

4 "UCLA's Core Mission can Be Expressed in Just Three Words: Education, Research, Service," UCLA *Mission and Values*, accessed Apr. 23, 2018, http://www.ucla.edu/about/mission-and-values.

5 Interview with electrical and computer engineering professor, July 27, 2012.

程式設計和資訊理論方面貢獻卓著。

瑪麗亞・埃雷拉・索貝克（Maria Herrera Sobek）是加州大學聖塔芭芭拉分校的多元、公平和學術政策副校長，同時也是墨西哥裔美國人研究的教授，她提供一扇窗口，讓我們一窺見加州大學二號如何思考其多元化使命。索貝克表示，若出現一個職缺，而最後入圍的只有白人男性，那麼院長就會建議「多找一些女性申請人再來試試」。她指出，這些女性申請人「可能達到門檻且剛好具備資格」，而且，各位看官快來瞧瞧！「事實證明，〔招募委員會〕確實很喜歡她們，即使她們的書面資料看起來不特別好，但仍然聘用她們。」[6] 索貝克解釋說，這個過程「激勵」教職員聘用更多女性。她還補充說明，與理工科教授相比，人文和社會科學的教授對於多元化的干預「回應更為正向」。

拋開索貝克有趣地暗示教職員正巧「真的很喜歡」符合多元化的申請人，這整件事情說穿了，就是校方強力介入。更令人不安的是，多年一貫的招聘標準從「最符合資格」，搖身變為「達到門檻、但合格」。加州大學二號將招聘門檻降到最低，以吸引女性或少數族裔申請人，然後宣布若資格最符合的人選是白人或亞裔男性，那麼任何人只要通過門檻標準，都有機會勝出。這種招聘方式根本是在製造平庸。

有時候，加州大學二號會因為無法降低招聘標準，以致找不到符合「多元化」標準的申請人。在這種情況下，它會乾脆在正常管道外設立特殊的招聘類別。自加州大學聖地牙哥分校電機系兩輪投票都不贊成錄取那位女性申請人後，工學院在二〇一二年九月宣布將聘用一名「優秀」人選，但這只不過是工學院的官方話術，說什麼此人將對多元化有貢獻，而且好巧不巧地，該人選總是女性或代表人數不足的少數族裔，沒有例外。

加州大學聖地牙哥分校物理系幾年前曾為招聘助理教授打廣告，特別強調「要對多元化有貢獻」，求職者「對代表人數不足的群體所面臨的不公平處境要有所覺察」。如今，社會正義的問題顯然比解開暗能量（dark energy）謎團更為重要。結果，人數不多的入圍名單上五名候選人全是女性。[7]這結果導致一位擁有河外天文物理學專業的男性候選人好奇，當初系上又何必徵求亞裔和白人男性的申請人呢。每個分校都有為數不少像索貝克這樣執行多元化的官員。二〇一〇年，由於州提撥下來的經費被刪減了六・三七億美元，導致大學的部分設施暫時關閉，並迫使加州大學教職員連休三個半星期的無薪假。余度夫（Mark Yudof）當時是加州大學體系的總校長，在經費都已被大砍的情況下，卻還宣布要新成立校園氛圍、文化和包容的總校長諮詢委員會。該委員會由五個工作小組組成，包含教職員多元化工作小組、多元化結構小組、安全與參與小組、多元性別族群小組以及指標與評估小組。

可想而知，新委員會的活動複製了一長串總校長多元化方案，例如，二〇〇六年總校長教職員多元化專案小組，以及總校長年度多元化問責制細部報告。

這些早期的努力一定沒能消除學生和教師小團體所面臨的大量威脅，所以余度夫承諾，他的新委員會及附屬工作小組將再次解決「加州大學十個分校所面臨的挑戰，改善並維持每個分校成為容忍和包容

---

6 Maria Herrera Sobek, interview, July 18, 2012.

7 "Astrophysics Jobs Rumor Mill—Faculty & Staff," *AstroBetter*, accessed Apr. 23, 2018, http://www.astrobetter.com/wiki/Rumor+Mill+2012-2013+Faculty-Staff.

的環境……好讓加州大學的每位成員都感到被接納、舒適與安全。」[8]當然，在傳統的安全措施下，加州大學的校園評價非常高，但對女性和某些少數族裔來說，校園裡顯然潛伏著不易察覺的危險。

二〇一二年四月，儘管理論上治理該校的大學董事會針對是否要再次調高學費進行辯論，好彌補最新的預算缺口，余度夫的五個工作小組中的其中一個，卻新官上任三把火，推出第一輪建議，要為加州大學飽受困擾的少數族裔創造「安全」和「健康」的氛圍。教職員多元化工作小組呼籲，在招聘上使用配額制（稱為「群集招聘」）[9]，並聘用更多推動多元化的官員，另外也推出其他九項措施（如同我們所見，加州的州憲法很麻煩，它禁止機構在公開招募時將種族和性別考量進去。這條規定在一九九六年批准二〇九號法案後生效，但在實際作業上，加州大學卻仍採取各種迂迴巧辯做法，迴避二〇九號法案，因此成效有限）。

你可能會認為，一個表面上致力於理性的機構，在對抗據稱氾濫的歧視問題之前，一定會整理該校過往對女性和少數族裔普遍存有偏見的書面資料吧。我詢問加州大學總校長辦公室的新聞秘書戴安·克萊恩（Dianne Klein），辦公室成員是否知道有哪位教職員候選人曾因種族或性別因素，被招募委員會拒之門外？或是在徵才過程中，由於招募委員會在多元化推廣上不夠賣力，以致**忽略**了條件符合的少數族裔或女性申請人？克萊恩迴避了這兩個問題，他說：「這類人事檔案資料是機密，因此關於你提出求職者的問題，我們不予置評。」

那麼，加州大學聖塔芭芭拉分校的多元、公平和學術政策副校長，是否曾聽說有這類偏見的受害者嗎？索貝克說：「要證明資格符合的女性未被雇用，這並不容易。」但我們知道，「人們在跟外貌與他們不同的人一起工作時會覺得不自在，並傾向錄取與自己看起來類似的人」。加州大學理學院和醫學院的亞裔教授比例很高，難道這還不能說明，該校白人教職員與外貌不同的人一起工作時覺得自在嗎？索貝克說：「哦，其實亞裔也受到歧視。」「他們也面對著『玻璃天花板』，人們認為亞裔並不足以執掌大學。」然而，索貝克自己的大學——加州大學聖塔芭芭拉分校，就有亞裔校長楊祖佑（Henry Yang），但是不說也罷。

二〇一二年九月，即使余度夫已被告誡，若選民不同意州長傑瑞・布朗（Jerry Brown）在十一月調漲六十億美元的加稅金額，大學就會出現財務危機，他卻仍然宣布成立另一個多元化的肥貓機構。加州大學正著手進行全美國有史以來規模最大的「校園氛圍」調查，整筆費用高達六十六・二萬美元（足以支付十幾名大學生的四年學費）。事實上，整個加州大學體系的氛圍調查重複性極高，各個分校的「氛圍委員會」多年來一直在進行「氛圍調查」，每位加州大學學生早就被調查過關於自己族裔和族群「在校園內是否受到尊重」等問題。[10]不過，由於大學可能面臨州政府削減二・五億美元的經費，因此余度夫及其多個多元化委員會和工作小組認為，現在正是按照二〇〇七年建議、成立鮮有人記得的「大學多元化董事會研究團（校園氛圍工作小組）」和「教職員多元化委員會」的時機了。這就好比加州大學一號正在花費五十萬元美金，針對黑死病針對在校生和教職員的發生率進行調查，期望透過收集夠多的感染病例，就其感

8 "UC Advisory Council on Campus Climate, Culture and Inclusion named," press release, University of California Office of the President, June 16, 2010, accessed Apr. 23, 2018, http://www.fresno.ucsf.edu/newsroom/newsreleases/2010-6-16Flores.pdf.

9 譯注：有主體性地雇人。比如說，今天要更多的女科學家，明天要更多少數族裔成員等等。

10 University of California, Diversity Annual Accountability Sub-Report, September 2010, accessed May 7, 2018, https://www.ucop.edu/graduate-studies/_files/diversity_subreport_2010.pdf.

染的主要途徑設想出可檢驗的方法；與此同時，加州大學二號卻使用巧辯修辭，在未確定實際受害者的情況下，毫無科學根據地直接判定學校需要「安全場所」和「風險避風港」，其做法完全與加州大學一號背道而馳。當然，一定存在著一些不道德的人，如總校長辦公室所描述的那樣，要不然加州大學「邊緣化和弱勢人口」也不需要如此昂貴的干預措施了。但這些人是誰，他們藏在哪裡？此外，這種頑冥份子的存在，豈不代表加州大學的招聘和錄取政策必然嚴重出現問題，加州大學打算怎麼處置他們呢？

加州大學二號對於課程改革施加的壓力，幾乎伴隨著多元化官僚機構的發展而持續增加。想想看，柏克萊對於學生的唯一修課要求。為了讓該校所有大學生獲得世界一流教育，校方和教職員卻只想到要讓學生知道種族和族群在美國如何互動。該校每位學生都必須修一門探討「美國社會中的種族、文化和族群相關理論或分析問題」的課程，並「充分考量至少來自以下三個群體的情況：非裔美國人、美國原住民、亞裔美國人、奇卡諾／拉美裔美國人和歐洲裔美國人」。[11] 在過去幾十年中，「進步派」[12] 把美國人劃分成截然不同的類別，如勞工、資本家和地主，或者銀行家、農民和鐵路物主。歷史學家可能提議過使用北方人、南方人和西方人，或者城市居民、郊區居民和農村居民。有可能發明家、企業家和實業家間的相互作用或是科學家、建築師與顧客間的相互作用，也如膚色分布一樣能有效地分析美國人的生活？加州大學二號不這麼想。

很自然地，這項「美國文化」課程在大約五十個系和學程中講授，負責的是柏克萊不斷擴大的平等與包容部門。柏克萊的學生可透過性別和女性研究部門所提供的「性別、種族、國家和健康」之類課程，來滿足修課要求；而這些課程的政治色彩昭然若揭。該部門提供學生「討論女性在就醫時受到的不平等待遇」的機會，同時從「與種族、族群、性別認同、移民身分、宗教、國家、年齡和殘疾人士之間的動態互動」來思考性別問題。[13]此外，還有非裔美國人研究系所開設的「抗爭的生活：多數文化中的少數族裔」課程，檢視「少數族裔抗爭中呈現的多種形式」。可以確定的是，這意味著身為該課程青睞的「三個少數族裔——非裔美國人、（所謂的）亞裔美國人和奇卡諾／拉美裔美國人」成員，必須對抗壓迫他們的多數白人。

在這十年當中，UCLA校方一開始與一群教職員重新發起一項運動，要求所有學生上一系列有明確群體認同的課程。UCLA現有的「通識課程」大雜燴（學生必須選修一定學分才能畢業），包括許多加州大學二號非常重視的自我中心和灌輸怨恨的課程，例如「關於創傷、性別和權力的批判觀點」以及「從第三性別到跨性別的跨文化性別差異人類學」。但是，這些選項還不足以保證能強化基於種族的思維方式，以滿足加州大學二號的權力結構。

因此，即使UCLA教職員曾在二〇〇五年拒絕「多元化」的通識課程要求，校方卻直接使用新標

11　Berkeley Academic Guide, American Cultures Requirement, accessed Apr. 23, 2018, http://guide.berkeley.edu/undergraduate/colleges-schools/engineering/american-cultures-requirement/.

12　譯注：進步派主張的價值是，「尊重人的自由，擺脫傳統枷鎖，是科學的、進步的、世俗的，甚至是平等的。」

13　UC Berkeley Spring 2016 course: Gender and Women's Studies 130AC—Gender, Race, Nation, and Health, accessed Apr. 23, 2018, https://ninjacourses.com/explore/1/course/GWS/130AC/.

題包裝，並賦予跟上潮流的說明。他們的說詞是，因為校長多元化諮詢小組才剛批准冗長的「第八項社群原則」，對新課程作出了更精準的規範。一如過往，在浪費委員會大量時間，並體認到任何新通識課程的規定都只會帶給學生和學院負擔之後，教職員工於二〇一二年五月否決了這項重新包裝過的多元化課程。UCLA校長吉恩·布洛克發出譴責說：「新通識教育課程的提案沒有通過，對於許多熱心於改變教育內容的學生來說，我尤其替他們感到失望。」用UCLA學生事務副校長的話來說，令加州大學二號感到欣慰的是，布洛克命令他的行政官員，無論如何都要「提出通識教育提案失敗後的計畫」。[14]二〇一三年二月，社群活動辦公室推出一系列提供「對話和多元化教育空間」的計畫。在布洛克施壓下，二〇一五年四月教職員終於對多元化課程投下贊成票。傑里·康可得意了，認為這是一個可以「嚴格審查……差異、不平等和社群如何發揮作用」的大好機會。[15]

加州大學二號很早就掌握了學生錄取的流程，正如我們在第二章和第三章所看到的，由此錄取了許多資格不符的學生。加州大學二號的冗員單位早就不斷擴大，而這些資格不符的學生入學後，又要設立更多冗員單位、投入更多資源，來扶持這些「多元化」學生完成學業。日裔的茱蒂·阪木（Judy Sakaki）在二〇一七年擔任索諾瑪州立大學校長之前，曾長期擔任加州大學體系的學生服務行政主任。她擔任行政主任的典型「行政支援服務」職涯，幾乎不需要任何傳統的學術專長或教學經驗。她最初是加州大學東灣分校教育機會計畫的推廣暨穩定就學顧問，之後成為校長特助，專責教育平等相關事宜。後來，她轉任加州大學戴維斯分校，擔任學生事務部副校長，最終獲得加州大學分校校長的職位。根據她的官方個人簡歷，她數十年來投入「參與機會與公平性（access and equity）」領域。身為學生事務副校長，她的年薪超過二十五萬五千美元。

加州大學各個分校都有數十名職務內容類似阪木的人。ＵＣＬＡ的大學教育組連一名教授都沒有，是「行政支援服務」的典型冗員現象。該單位每年花費的經費高達數億美元，塞滿「穩定就學」專家和「促進學生參與多元化」等特別計畫（該教育組自稱是ＵＣＬＡ的「全分校大學部教育倡議者」，他們也舉辦與多元化無關的活動，目的在於表明學校**真的**在乎大學教育，儘管有人抱怨其主要興趣在於搶奪教職員的研究經費）。當年在沒有專門為退伍軍人設置副教務長的情況下，美國軍人權利法案的數千名受益人，也能設法在沒有任何官僚的幫助下成功畢業，但為什麼現在家中第一個上大學的人，卻需要靠官僚體制的幫助才能度過難關？一九三〇年代和一九四〇年代東歐猶太移民學生湧入紐約市立學院（The City College of New York），[16]全都是靠自己的力量完成學業。今日，中國勞工的子女也是憑一己之力，在中國或海外獲得科學學位。然而，加州大學二號和其他大學卻建構出「第一代大學生」這個觀念，並宣稱他們需要服務。這其實只是「低社會資本家庭的學生，以不符合入學標準的成績被錄取」的替代說法。

14 “College Faculty Vote Down Community and Conflict General Education Requirement,” UCLA *Today*, June 1, 2012, accessed Apr. 28, 2018, http://newsroom.ucla.edu/stories/college-faculty-vote-down-community-234674.

15 Phil Hampton, “Faculty Approve Undergraduate Diversity Requirement for UCLA College,” UCLA *Newsroom*, Apr. 10, 2015, accessed Apr. 23, 2018, http://newsroom.ucla.edu/releases/faculty-approve-undergraduate-diversity-requirement-for-ucla-college.

16 原注：在上個世紀三十年代，大量猶太移民逃離歐洲，去到紐約。當時紐約多所名校因為宗教因素，對猶太學子採歧視性招生政策時，只有紐約城市學院這所廣招工人階層子女的公立大學對猶太人敞開大門。不過，才華橫溢的猶太學子以優異的成績，把這所普通的公立大學變成「窮人的哈佛」，培養出九位猶太人諾貝爾獎得主。

目前尚不清楚這些官僚組織實際上完成了多少工作，他們做了**什麼**改善少數族裔的畢業率？雖然加州大學二號拒絕承認，但其實靠的是二〇九號法案。[17]

結果是，官僚組織的職務成本不斷增加。根據加州大學學術評議會計畫和預算委員會的資料，從一九九八年到二〇〇九年為止，加州大學的學生人數增加了33％，終生職雇聘教師數量增加了25％，高階行政官員的數量增加了125％。[18]高階行政主管與教授比例從原本的一比二・一，上升到一比一・一，兩者人數幾乎一樣。大學官員認為，是醫院和研究職位促成這種行政擴張；但實際上，非醫療類的行政官員也增加了125％，而且研究和補助金管理領域外的高階專業人員還增加得更多。

的確，在州政府持續發布無意義的命令下，更多官僚組織出現了，因此加州大學對自己組織的膨脹不需負上全責。例如，在傑瑞・布朗擔任第二任加州州長時簽署了一項法案，要求加州大學給所有學生和教職員機會，在書面表格上公布自己的性取向和「性別認同」。接下來，便火速展開委員會會議，好針對州長剛簽訂的法案採取適當的後續處理程序。

但是，加州大學龐大的官僚體系大多還是自己造成的，而且擴大官僚組織也不是加州大學二號揮霍金錢的唯一方式。普拉迪普・科斯拉（Pradeep Khosla）在二〇一二年成為加州大學聖地牙哥分校校長後宣布，每位員工將獲得兩小時的帶薪假，以慶祝加州美國原住民日。根據最保守的薪資估算，這種做法的成本可能超過一百萬美元。大約在同一時間，UCLA四個族群研究系的副教務長宣布，五名教授將獲得帶薪假，從事有關「多元交織理論交流和文化融合」[19]的「顛覆性跨學科研究」。即便教授流動造成教授人數下降，導致教室塞滿越來越多的學生，提供的課程也變少，校方依然推出各式各樣的教師休假方案（是的，UCLA的種族研究部門沾沾自喜有自己的副教務長；該職位可能是加州大學二號最令人傻眼的冗職）。UCLA的勞工研究和教育中心甚至想創辦一所「國家夢想大學」，這是一個專門開給非法外國人的線上學校，好讓他們參與「社會正義運動」並瞭解勞工組織。直到保守派媒體做出負面報導後，加州大學才取消該計畫，卻保留了將來重建該計畫的可能性。根據該中心的說法，中心將繼續資助「基於正義、平等、包容和權力的移民權利運動」，然而，這根本上是靠非法外國人及其盟友資助的政治活動。

加州大學二號不斷增加這些不三不四的活動，讓人很難對他們高層的哭窮認真看待。二〇一八年一月，加州大學的總校長珍妮特·納波利塔諾抱怨說，州政府為加州大學二〇一八至二〇一九年規劃的近九十億美元經費根本不夠，但立法的議員們對她的反對意見並不買單，因為二〇一七年的一次州政府審計顯示，納波利塔諾總校長辦公室透過高估課程成本坐擁盈餘，隱瞞未報盈餘就有一億七千五百多萬美元。納波利塔諾聲稱，盈餘中只有三千八百萬美元是真正的可支配資金，並且該基金的目的是為了解決重要事情，諸如增加對非法外國學生的協助、推動性暴力和性侵害專案小組的工作（該小組在二〇一四年至

17 譯注：二〇九號法案確實主要針對入學設下門檻。但美國大學入學後其實不難畢業，所以只要有辦法入學，大學成績過了門檻就可以畢業，這就是二〇九號法案的主要功效。

18 University Committee on Planning and Budget, The Choices Report (Oakland: Systemwide Academic Senate of the University of California, March 2010), accessed Apr. 23, 2018, http://gsa.ucsd.edu/sites/gsa.ucsd.edu/files/SW%20UCPB%20Choices%20Rpt%20Apr%202010.pdf.

19 譯注：多元交織理論（intersectionality）認為不同的壓迫會彼此「交織」，同時具有數個不利身分的複合壓迫。例如，一名黑人女性勞工會受到三種壓迫。

二〇一六年得到了九百萬美元），並在墨西哥設立辦事處。

納波利塔諾的前任總校長余度夫，經常以增加第十個分校為由，做為加州大學需要更多納稅人支持的理由。的確，對於一個不以頌揚資本主義聞名的機構來說，這所大學表現出強盜大亨般的擴張欲望，簡直像利用政府的影響力以非法或不道德手段賺進大筆財富的商人。該體系宣布將在二〇〇六年增加第五間法學院，儘管有充分證據顯示，加州現有的二十五間法學院產生的律師人數，已能滿足未來所有想像得到的需求。這所計畫中的新法學院最初把焦點放在學院地點上，即加州大學河濱分校（UC Riverside）。該校區位於洛杉磯以東，較不富裕，是欠缺法學院的「內陸帝國」（Inland Empire）。[20]但是，在橘郡的權勢人士說服董事會將法學院設置在靠近富裕新港灘（Newport Beach）的加州大學爾灣分校（UC Irvine）後，原本聲稱要服務缺乏法學院地區的說詞也就消失無蹤。自二〇〇九年爾灣分校法學院創立以來，加州的律師過剩問題更進一步惡化了。

加州大學第十間分校——美熹德分校（UC Merced）——於二〇〇五年成立，是由政治力量與前董事會委員沃德．康納利所稱的「裙帶學術課程」推動，更直接象徵該大學系統的擴張。根據高等院校認證委員會（Accrediting Commission for Senior Colleges and Universities）前任執行董事史帝夫．威納（Steve Weiner）的說法，拉美裔的倡議者和議員建議，應該在加州的農業區中央谷地，設立一所昂貴的研究型大學，這是他們族裔的權利；儘管加州大學現有的九個學術機構，早已超過該州國內生產毛額或人口數量所能承擔。如今美熹德分校已經成立，加州大學的社會主義精神開始要求明星分校重新分配珍稀資源，以實現將美熹德分校提升到柏克萊、ＵＣＬＡ或聖地牙哥分校水準的妄想目標。

小規模的興建計畫也在持續進行當中。爾灣分校的商學院在二〇一五年獲得一棟豪華的新學院，雖然它的舊大樓（坐落在尤加利樹當中的拱形砂岩矮房）依然合用。新大樓號稱使用了消除白噪音的技術，並且每間教室都有蘋果螢幕和 iPad。就像新法學院和新分校一樣，這所大學看來不像有資金匱乏的問題。

即使加州大學對學費高漲表達了沉痛之意，但他們掩蓋的情況比公認的還要複雜。過去十五年中，加大的學費增加兩倍，至二〇一七年為止已達到一萬二千六百三十美元。但是，與一般常識相反，學費增加並沒有減少學生的「就學機會」。從一九九九年到二〇〇九年為止，就讀加州大學且家庭收入在五萬美元或以下的學生人數增加了61%；這類學生占二〇一四年入學人數的40%。[21]家庭收入八萬美元以下的學生根本無須支付任何學費，學費減免已擴展到不具美國公民身分或沒有合法移民身分的學生身上。[22]

如果大學不進行內部改革，主要受害者將會是加州大學一號這個長久以來引領學習和進步的強大引擎。其中最必要的改革就是應該撤銷多元化的權力機構。目前加州大學二號還沒有拿出一丁點證據，證明有教師或行政官員因為偏見而阻礙了教授或學生的發展。因此，每位專職平等、包容和多元文化意識的副校長、副院長和副教務長都該被解聘，同時所有職員也都該捲鋪蓋回家。致力於改善莫須有的種族

---

20 譯注：加州「內陸帝國」（Inland Empire）指的是南加州一個由河濱郡、聖伯納迪諾郡（San Bernardino）組成的都會區，與洛杉磯都會區合稱「大洛杉磯」。

21 UC Newsroom, "How UC Serves Low Income Students," Jan. 29, 2014, accessed Apr. 23, 2018, https://www.universityofcalifornia.edu/news/how-uc-serves-low-income-students.

22 Berkeley Financial Aid & Scholarships website, Blue and Gold Opportunity Plan, accessed Apr. 23, 2018, https://financialaid.berkeley.edu/blue-and-gold-opportunity-plan.

歧視、性別歧視和恐同歧視的教師委員會都該被解散，並把之前因這種無意義的追求而被浪費掉的時間重新分配到課堂上。校園氛圍檢核、敏感度培訓、年度多元化子報告等等，這些全都該被取消。招募委員會應擺脫教職員要多元化和隱性偏見培訓的束縛；加州大學的行政官員應通知各系系主任，往後將會視他們為可被信賴的成人，能自行選擇他們需要的最佳人選。不幸的是，聯邦和州監管機構仍然要求收集各校的「多元化」資料。實際上，使用在此類公家命令的作業時間應該減至最低才是。

加州大學也應該開始尊重加州憲法，在聘任教師和錄取學生時消除種族和性別的差別待遇。證據已經很明白了：根據膚色而非能力來招收學生，會損害學生學習有成的機會。廢除篩選學生的雙重標準，加州大學便可大幅縮減「學生支持服務」的官僚組織。

不幸的是，正如我們在下一章將看到的，多元化不可抗拒的強大力量，不僅降低了加州大學一號的水準，同時也拉低了全國各大學的硬科學教學水準。

身分認同的官僚主義

二〇一八年，多元化官僚體系終於吞噬了整個大學。加州大學聖地牙哥州立分校聘請來自戴維斯分校的學生事務和校園多元化副校長，做為他們的新校長。這位名叫阿德拉·德拉托雷（Adela de la Torre）的校長，就是身分認同政治與不斷壯大的學生服務官僚組織多元交織的絕佳例證。德拉托雷是柏克萊大學農業和資源經濟學博士，隨後專攻奇卡諾研究。她在擔任多元化和學生事務副校長之前，曾任加州大學戴維斯分校墨裔美國人研究系主任。

身為副校長，她主持了一個底下有二十八科的處所，這裡的科不是學術單位，而是根據身分分門別類的官僚單位，例如「女同性戀、同性戀、雙性戀、變性、酷兒、雙性人、無性戀資源中心」、「非裔學生成功中心」、「墨裔和拉丁裔美國人學生成功中心」、「美國原住民學生成功中心」、「中東／南亞學生事務辦公室」、「女性資源和研究中心」、「無證學生中心」、「穩定就學特別計畫」、「教育機會與深造服務辦公室」和「第一代學生中心」。這種根據身分分類的大雜燴，說明了人為區隔且執迷於身分認同的學生團體與校園官僚體系之間的共生關係——學生越是把自己框入聲稱受壓迫的微團體中，就有越多藉口讓新的行政官員來保護他們免受壓迫（這種因果關係反過來也說得通：正因為有這種根據身分分類的官僚組織存在，才鼓勵學生把自己歸屬於不同部落）。

第十一章

身分認同政治對科學的危害

課程主要目標是打破「特定種族或性別才有科學頭腦的概念」，不該將「好的科學」錯誤定義為獲得所有正確答案。該課程堅稱「所有學生都是聰明的科學人才」；科學是集體感悟的實踐，用「包容方式」讓人人都是聰明的科學人才。

身分政治已吞噬了美國大學的人文和社會科學，現在又想來控制硬科學。[1]這些隸屬於ＳＴＥＭ領域的科系因「多元化」不足而遭受攻擊，導致聯邦政府、大學行政官員和科學團體都面臨要增加女性、黑人和拉美裔比例的壓力。這種壓力正在改變科學傳授及評估資格的方式，結果將對科學創新和美國的競爭力造成災難。

ＵＣＬＡ一位科學家表示：「全美各地，理工科系正面臨一個大問題：那就是我們該如何透過『改變』（即降低）之前為研究生設定的學習標準，來讓更多女性和少數族裔入學？」[2]為了支持更偏向質性研究的小組計畫，不再強調數學解決問題的能力；大學物理教育的進度正在放緩，以免有人跟不上。

資助大學研究的聯邦機構國家科學基金會，其資源也被多元化意識形態給消耗了。該基金會認為，科學的進步需要「多元化的ＳＴＥＭ領域人才」。之所以大力推動促進ＳＴＥＭ領域多元化的計畫，則是因為該基金會能提供源源不絕的豐富資源。正如我們在第五章看到的，國家科學基金會透過資助內隱聯結測驗的開發計畫，快速推廣隱性偏見的概念，並繼續狂撒數百萬美元推動隱性偏見的相關計畫。二〇一七年七月，基金會給新罕布夏州大學和其他兩個機構一百萬美元，用於開發隱性的「偏見覺察干預工具」；同月，又投入兩百萬美元用於德州Ａ＆Ｍ大學的航太工程系，以「糾正該系課堂上的微歧視和隱性偏見」。[3]

這項計畫被拗口地命名為「全國社群工程科學領域弱勢人才學習者包容計畫」（Inclusion across the Nation of Communities of Learners of Underrepresented Discoverers in Engineering and Science，簡稱ＩＮＣＬＵＤＥＳ，即包容之意），撥款資助「擴大參與科學」的基礎研究。然而，這根本算不上一門「科學」，只是徒耗大量資源，反而閃避了基本技能和學術成就所需的態度等基本問題。從二〇一七年十月起，典型的INCLUDES計畫撥款三十萬美元，透過把「原住民知識系統」整合到納瓦荷族（Navajo Nation）[4]的數學小組，來提升美國原住民在數學領域的參與程度。

INCLUDES計畫已產生衍生的計畫，即「早期概念探索研究贊助計畫」（Early-concept Grants for Exploratory Research，簡稱EAGER，即渴望之意）。EAGER計畫的目的是，評估INCLUDES計畫的補助成果，並向實際的科學補助金得主施加壓力，將多元化因素納入其研究當中。此類計畫的最終目標，是改變STEM領域的文化，使得「包容和公平」成為其核心價值。

但其實，國家科學基金會贊助的科學家們，更早之前已獲得兩百多個諾貝爾獎，然後基金會才意識到，原來要「多元化」才能讓科學更加進步。過去這些「非多元化」科學家發現物質的基本粒子，並揭開病毒基因的樣貌。但既然來自校園的受害者心態已成為該基金會的「灘頭陣地」，多元化後的科學進步速度是否能持續下去，仍有待我們觀察。國家科學基金會投注五十萬美元，就STEM領域中的「多

1 譯註：其理論或事實可以精確測量、測試或證明的科學。

2 UCLA scientist, email message to author, Jan. 16, 2018.

3 "Advance Partnership: Faculty Intervention Guide and Decision Tool for Improving the Academic Workplace," award abstract 1726351, accessed Apr. 24, 2018, https://www.nsf.gov/awardsearch/showAward?AWD_ID=1726351&HistoricalAwards=false; National Science Foundation, "TUSE/ PFE: RED: REvolutionizing Diversity Of Engineering (REDO-E)," award abstract 1730693, accessed Apr. 24, 2018, https://www.nsf.gov/awardsearch/showAward?AWD_ID=1730693&HistoricalAwards=false.

4 原注：美國國內有五百七十三個聯邦政府認定的印第安人族裔及居所，納瓦荷族為在美國擁有最多土地的族群。

元交織理論」進行研究；而所謂的「多元交織理論」，是指吻合幾種受害類型的個人（像是女性、黑人和變性人）據稱經歷了更多的壓迫。該基金會的理論基礎是，這種多元交織情況就是STEM領域缺乏多元化的原因。因此，兩名社會學家正針對九個專業組織裡的一萬多名科學家和工程師進行調查，瞭解在STEM領域中「社會和文化變數」所產生的「不利和邊緣化」。

這項研究的負責人是密西根大學專門研究性別和性別認同的社會學家艾琳・賽克（Erin Cech），她過去曾獲得多次國家科學基金會補助，最新出版的論文〈堅固的菁英：在川普支持者反對社會正義下，明顯偏見和菁英主義意識形態的角色〉（'Rugged Meritocrats: The Role of Overt Bias and the Meritocratic Ideology in Trump Supporters' Opposition to Social Justice Efforts'）的另一位主要研究者，是天普大學的社會學家湯姆・魏祖納斯（Tom Waidzunas），他研究STEM領域中的「性別和性別認同的動態關係」，以及「科學家如何瞭解並因此構成性別認同和性欲」。一九五〇年國會初成立國家科學基金會，以「促進科學進步」為號召時，不太可能想到未來會有這種牽涉權力關係的社會正義研究。

美國國家衛生總署（National Institutes of Health）是另一個執迷於多元化的聯邦科學資助單位。醫學院接受美國國家衛生總署的培訓補助，以培養在癌症和心臟病學等領域的博士後研究醫師。如果醫學院裡沒有足夠數量的「代表性不足的少數族裔」，衛生總署就會威脅抽回其培訓補助。這會出現一個問題：在培訓補助中，通常沒有黑人或拉美裔醫學博士申請人，若他們也在候選人名單上，主要調查人員就會反覆審閱他們的資料，並說服自己此人符合資格。同時，資格顯然最符合的印度醫師，往往會因此被擠到候選人名單的最後面。目前，醫學院宣稱阿根廷人和迦納農莊園主的兒子為弱勢族裔，但若衛生總署吹毛求疵，對於「多元化指標」更加嚴謹，生物醫學研究將會陷入僵局。

多元化狂熱也決定了醫學研究進行的方式。美國國家衛生總署的要求繁多，連政府資助的臨床試驗女性患者和少數族裔患者人數，都必須與醫學院「從屬區」（所在地的地理區）的女性和少數族裔比例相同。如果某些族裔的人口退出醫學試驗或很難找到，事情就不妙了。如果代表性不足少數族裔和女性病患參與名額沒達到要求，醫學院就必須按照國家衛生總署的規定，「投入適當的努力來改正累積人數不足的狀況」。

「適當的努力」可能很費時、費力和燒錢，就像全球頂尖的梅奧醫學中心（Mayo Clinic）位在人口大多為白人的地區，這樣的醫學中心仍必須滿足多元化配額，例如要透過與田納西州的醫學院合作來達到這種要求。肺癌和冠狀動脈疾病困擾著許多成年人，如果從屬區中特定移民群體的小孩比起當地白人老人相對而言多上很多，那麼該移民群體更不容易受到那些成人疾病的影響。儘管如此，癌症和心臟病藥物研究人員仍然必須從該移民群體招募到一定人數，使這個族裔的人口反映出總人口中的比例。

評鑑機構強化了多元化強迫症，美國畢業後醫學教育評鑑委員會（Accreditation Council for Graduate Medical Education）要求醫學院在面試和聘用代表性不足少數族裔教師時，應提供詳細的多元化指標。醫學院遴選委員會全都接受了冗長的隱性偏見課程培訓，並花費大量精力尋找他們事前就知道並不存在的人才（符合資格的代表性不足的少數族裔教師候選人）。學術評審小組對多元化的定義甚至越發嚴格；二〇一五年負責評鑑聖地牙哥州立大學生物系學術實力的小組抱怨說，儘管該系相對而言已呈現出傳統上「較少被照顧到的群體」（通常是少數族裔），但仍未反映出「南加州種族的多元化」。[5]使用該校周圍環境當作教師人口結構的統計基準，明顯是多元化論與學術標準之間的戰勢升級。評鑑小組顯然並沒有先確定過在南加州包括越南的赫蒙族（Hmong）、薩爾瓦多人和索馬里人在內的這些族群，是否有人在攻讀生物學博士，並且向該校生物系應徵的人數是否符合他們在南加州的人口比例。

許多私人基金會只資助特定性別和種族的科學培訓計畫；但就連實際提供基礎研究資金的機構，如霍華德・休斯醫學計畫（Howard Hughes Medical Initiative），終究也把大量資源轉移到多元化上。這些主要的科學學會認為，隱性偏見阻礙了其他原本具競爭力的科學家之職涯發展。二〇一八年二月，艾琳・賽克在美國科學促進會年會上報告了國家科學基金會對多元交織理論的初步研究結果；結果顯示，「STEM產業和學術界系統性地對多元性別族群有偏見」。美國科學促進會的另一場會議則探討了科學的「階級特質」如何加劇性別偏見和刻板印象，並呼籲STEM領域中「女性的平等比例」。

STEM科系設立了自己內部的多元化官員。儘管早已受到來自負責公平、多元化和包容副校長及其他院長的龐大壓力，UCLA工學院仍在二〇一七年成立了首任多元化和包容性副院長。斯科特・布蘭登伯格（Scott Brandenberg）這位工學院新科多元化和包容性副院長對UCLA的學生報說：「我的工作是避免在招聘過程中出現隱性偏見。」[6]

科學多元化戲碼浪費了大量時間和金錢，而這些資源原本可以投入到基礎研究及其他實際用途上。如果這只是唯一的後果，成本也夠高了，但是身分認同政治同時也改變了科學能力的評估標準，以及訓練未來科學家的方式。如今，「多元化」成為STEM領域中的明確任用條件。麻州大學阿默斯特分校

（University of Massachusetts, Amherst）生物系在招募講師時宣布，由於多元化是大學在所有領域實現卓越目標的關鍵，因此生物系將「全面性」地對申請人進行評估，並優先錄取「有克服障礙經驗」者，想當然耳地認為代表性不足少數族裔全都有這類經驗。喬治亞大學徵求生物化學和分子生物學講師時，期待這名人選會支持該大學「創造並維持多元和包容的學習環境」之目標。

研究生教育的入學要求也正在修訂中。美國天文學會建議，天文學博士班的課程應取消申請人參加美國研究生入學考試（GRE）中物理專科考試的要求，因為這個成績對女性和代表性不足少數族裔不利，並據稱該項成績無法預測其未來的研究成就。儘管GRE這樣的客觀測驗本身就可以發現非明星學校畢業的人才，但哈佛和其他科系仍遵守了天文學會的建議。美國國家科學基金會的研究生研究獎學金計畫，已經取消了所有領域的申請人都要提出GRE中所有科學項目成績的要求。

學校對大學生的期望也正在改變中。牛津大學去年延長了大學部數學和電腦科學的考試時間，希望此舉能讓女性的高分人數增加，但成效不彰。可預期的是，美國一定也會效仿這種延長考試時間的做法。

醫學院的行政官員敦促招生委員考量黑人和拉美裔申請人醫學院入學考試分數之外的條件，並採用「全方位審查」，以建構出學生多樣化的班級。正如我們在第五章中看到的，結果導致各個族裔的入學

5 Stuart H. Hurlbert, "Politicized External Review Panels as Unguided 'Diversity' Missiles: California University Administrators Remain Ultra-slow Learners," Center for Equal Opportunity, Sept. 13, 2017, accessed Apr. 23, 2018, http://www.ceousa.org/about-ceo/docs/1140-politicized-external-review-panels-as-unguided-diversity-missiles.

6 Sharon Zhen, "Engineering School Introduces Associate Dean of Diversity and Inclusion," *Daily Bruin*, Sept. 17, 2017, accessed Apr. 24, 2018, http://dailybruin.com/2017/09/17/engineering-school-introduces-associate-dean-of-diversity-and-inclusion/.

成績存在著懸殊差距，並且往後在醫學院的學習過程中，這樣的成績差距不會消弭。但即使這樣，那些完成醫學訓練的弱勢學生畢了業還是炙手可熱。近年來，男性弱勢學生申請人數一直下降，使得尋找合格人選變得更加困難，增加了醫學院多元化的困擾。

醫學院系所對多元種族的青睞，有時來自少數族裔病患想要找「外貌看起來像自己」的醫生。然而不容置疑的是，患有嚴重疾病的少數族裔患者也想要與其他病患一樣的東西：精通專科醫學的醫師。

在醫學教育和研究中推動性別比例，比較沒那麼不切實際，但同樣扭曲了決策過程。一所著名醫學院的腫瘤學獎學金申請者中有三分之二是男性，但獎學金得主有一半是女性，儘管女性的成績並沒有集中在所有申請者的前段。

全美國各大學所謂的教學與學習中心網路，也正致力於透過改變教學法和對學生學習的期望，來讓科學教室更具「包容性」。根據這些中心的說法，STEM教師中有太多白人、男性和異性戀，這讓女性、黑人、拉美裔和多元性別族群學生的學習變得吃力。美國學院和大學協會（Association of American Colleges and Universities）建議，STEM教授應採用「文化敏感的教學法」，要更「開放而非封閉」，並且主張「反思比規範」更好。[7]在密西根大學，科學與工程領域的女性計畫（Women in Science and Engineering program）與教學中心合作，開發「教學大綱設計、寫作作業、評分和討論，皆採刻意包容和公平」的做法。耶魯大學在霍華德．休斯醫學研究所（Howard Hughes Medical Institute）的資助下，設立了特別的大學部實驗室課程，目的在提升弱勢學生「對於自己身為科學家的認同感」，透過「不規範」學生的研究範圍，由學生自己提出研究問題，來達成這個目的。但是，在尚未掌握科學知識的基礎下，「感覺」能起的作用非常有限。

這些基礎包括記誦及其他技能。評估學生對於這些科學事實的掌握度可能會產生迴異的結果。解決方案是更改測驗方式，或者更理想的是廢除測驗。醫學院教授被鼓勵在設計學生考卷時，不考根據事實的題目，即使關於病理生理和藥物作用的知識需以事實為基礎。

對那些關心打造「包容性」STEM教室的人來說，用常態分布的方式給學生打分數，是另一種會受到撻伐的做法。唯一令人驚訝的是，對於常態分布評分方式的中傷，承認了黑人和拉美裔文化中最自欺欺人的一面：對「扮演白人」的汙名化。代表性不足的少數族裔可能「因為排斥競爭而沒有念書的動機」；二〇一五年UCLA關於大學生學術成就落差的報告就解釋了這種情形。相反地，代表性不足的少數族裔「在同儕接納、滋養和合作中發揮了力量」。換句話說：他們不但沒熬夜準備線性代數考試，反而傾向在非裔美國人或拉美裔活動中心中消磨時間。UCLA的報告說，排斥學術競爭是一種減輕心理壓力的「因應機制」，會讓人「貶低」那些威脅幸福感的事物，例如較高的學術期望。用常態分布方式給學生打分數，因為是客觀地給學生排名，所以會造成學術競爭壓力。結果是，弱勢學生被進一步分化，並進一步放棄在學業上的努力。根據多元化擁護者的觀點，解決方案是擺脫常態分布的給成績方式，根據學生是否達到預期的學習成果來給予評分。這種做法聽起來當然不會招致反對，但事實上，常態分

7 Association of American Colleges & Universities, "Teaching to Increase Diversity and Equity in STEM (TIDES)," accessed Apr. 24, 2018, https://www.aacu.org/sites/default/files/files/LEAP/LEAPChallenge TIDES.pdf.

布曲線是防止成績通膨繼續惡化唯一可靠的防禦措施。

柏克萊大學的化學入門課程是「文化敏感教學法」的最佳範例。二〇一八年一月，該課程設計者於加州大學STEM教職員學習社群贊助的STEM教師線上研討會上介紹了該課程。根據艾琳．帕瑪（Erin Palmer）和莎碧雅．羅塞蒙德（Sabriya Rosemund）的說法，該課程的主要目標是破壞「特定種族或性別才有科學頭腦」，並將「好的科學」錯誤定義為獲得所有正確答案的概念。該課程堅稱「所有學生都是聰明的科學人才」；科學是集體感悟的實踐，用「包容方式」讓人人都是聰明的科學人才。應用這些原則，學生要以小組工作並用適當的順序排列資料卡，以此代表進行化學過程和其他任務。該課程要求講師盡可能避免使用化學專業術語，來遷就學生不同的學術背景。講師要求小組為「集體思考負責」；小組若不是共同想出問題並以「我們」做為發語詞來提問，就不能發問。

進步派的教學法長期以來一直認為學生應以小組形式運作，做為集體主義式的民主示範。[8]這個做法的目的純粹是掩蓋個人成就的差異，因為個人差異可能會強化個人所屬團體的刻板印象。[9]在此，組成小組的理由是讓學生模擬「集體化學研究」，這種設計「提供空間，讓學生確認自己在化學領域是有能力的思想家和執行者」。他們這樣就**是**有能力的化學思想家和執行者嗎？很難說。該課程有獨特的打分數方式，因此很難與其他入門化學課程相提並論。最終的成績是看作業（眾所周知，作業很容易抄襲）、期末考試（老師希望可以不用給學生考試），以及對朋友或家人進行化合物化學作用的非正式報告。該課程也鼓勵學生在報告時使用英語以外的語言或俚語。其中一個報告使用了電視喜劇《六人行》（*Friends*）中喬伊的照片，照片上他穿著幾件不搭的衣服，暗示正負電荷之間的關係。老師不會做任何後續評估，來瞭解學生在隨後課程中的表現，也不會確認弱勢學生的流失率是否低於傳統化學課。他們只知道學生表現出積極的轉變，**相信**自己擅長科學。科學的自我肯定如今顯然成為學術的首要目標。

STEM產業的領袖們吸收了學術界的身分認同政治，完全贊同多元化不可抗拒的強大力量。矽谷的大型公司提供性別和種族專屬的指導計畫，並在招聘和晉升時特別考慮女性和代表性不足的少數族裔，而主管得要接受與教務委員會同樣昂貴的隱性偏見培訓課程。谷歌於二〇一七年八月解雇了電腦工程師詹姆士・達莫爾（見第一章），而他向谷歌提起的歧視訴訟，顯示這個矽谷巨頭在職場文化中注入了學術上的受害者觀點。員工譴責公司那些忽略性別和種族差異的政策是「微歧視」、「種族歧視」以及「厭女」的產物。主管為晉升男性而道歉，即使女性的升遷率比男性更高。研究團隊若全是男性會遭到嘲笑；員工自以為是地提出要保護谷歌受到壓迫的女性和代表性不足的少數族裔，好讓他們免受「有偏見且極其無知」的保守意見。某人因為點出與一般人口比例相比，谷歌的白人男性才是代表人數不足而受到主管指責。經理告訴犯錯的員工說，儘管關心事實是工程師的特質，但當涉及「種族和正義的討論」時，「絕對正確是不妥的」。谷歌的少數族裔和女性面對的事實，「在具威脅性的背景下」尤其不妥。[10]然而事實

8　譯注：美國原以自由、個人主義、自負己責的原則立國，現在卻有系統地以集體主義為本的社會計畫所取代，實行中央集權多於自由民主的社會。

9　譯注：例如，單獨由一名亞裔學生解出答案，大家就會更強化亞裔學生理科好的刻板印象，但若是小組「大家」一起解出答案，就不會特別覺得哪種「類型」的人特別厲害。

10　James Damore and David Gudeman v. Google LLC, 18CV321529, Superior Court of California, County of Santa Clara, accessed Apr. 24, 2018, https://www.scribd.com/document/368694136/James-Damore-vs-Google-class-action-lawsuit.

是，女性或代表性不足的少數族裔在谷歌並沒有面臨威脅。

在STEM領域中，女性和代表性不足的少數族裔被歧視的說法顯然有誤。一名在頂尖醫學院的醫生科學家描述了他的工作環境：

> 在少數族裔申請者人數下降後，校方為招攬少數族裔研究生、博士後和教職員，全心全意付出的努力令人驚訝。代表性不足的少數族裔會被鼓勵申請醫學院和研究所的醫學訓練課程，甚至拜託他們去申請。每個人都非常努力地尋求公平、慷慨、寬容、體貼、友善，並對這些申請者多加鼓勵。但是，如果整體人數的確減少了，那麼任何努力、推薦或威脅都無法實現多元化。醫學院入學考試考得不好是一回事，根本懶得去考可是另一回事。後者目前是更大的問題，因為醫學院已經放寬標準並提出各種方法來辯解這些考試成績爛並不重要。[11]

提到代表性不足的少數族裔，他們的數學成績不好從很小的時候就開始了。只有在年幼階段，透過更嚴格與結構化的課堂學習，以及改變家庭文化來提高學業成績，才有可能克服這種成績上的差距。但是，教育機構卻用種族差別待遇的方式來回應成績差距。正如我們在第三章中看到的，那些不恰當地成為「受益者」的申請人，以很高比率退選了STEM課程。這種在學業上的失敗經歷，只會加劇UCLA研究中顯示的反「扮演白人」症候群。[12]但是，在閱讀一份又一份關於STEM多元化的報告時，你不會看到當中承認了任何學術上的差距。至於女性，她們也是不斷努力提高她們在STEM中的代表性，但我們都知道，沒有一個受過良好教育的研究團隊負責人，會愚蠢到因為申請人是女性，就不雇用或提拔資格更好的科學家，從而犧牲掉自己實驗室在科學上突破的機會。多元化的理想認為，一旦沒了歧視，各個科學領域就會呈現性別均等的狀況，但這種信念並沒有根據。在數學推理最高分的級距內，男性表現的要比女性好（在最低分的級距內，男性人數則過多）。男孩和女孩在數學上的差異，最早在幼稚園階段就出現端倪。幾十年來，在大學入學考試ＳＡＴ上，每個族群的男性在數學得分上都高於同一族群的女性。二〇一六年，得分超過七百分（滿分八百分）的男性百分比，幾乎是女性的兩倍。根據二〇一八年二月期刊《智力》（*Intelligence*）上的一篇論文，在美國數學能力排名前0.01%的男女比例為二・五比一。不過，該論文作者喬納森・懷（Jonathan Wai）、傑瑞特・霍奇斯（Janet Hodges）和馬修・馬克爾（Matthew Makel）認為，女性數學高分者比男性高分者更有可能具有較強的語言表達能力，這為她們提供了更多的職業選擇。傳統上，在數學和語言領域都得到高分的人，從事ＳＴＥＭ行業的可能性較小。此外，平均而言，女性對以人為中心的工作，會比抽象的工作更感興趣。這解釋了為什麼女性工作人員占醫療保健領域的75%，而只占工程領域的14%、電腦領域的25%。二〇一六年，近82%的婦產科住院醫師為女性。這說明了婦科歧視男性，還是女性選擇了她們想要的工作呢？

11　Physician-scientist, email message to author, February 4, 2018.
12　譯注：不要像白人，像少數族裔反而比較有優惠待遇。

西方科學在不考慮科學家膚色的情況下，取得了非凡成就。但現在我們相信，除非我們密切關注身分認同，並嘗試在學校和實驗室中建構比例相符的代表性人數，否則科學將停滯不前。然而事實恰恰相反；在競爭激烈、殘酷無情的全球市場中，降低標準，並把科學家的精力轉移去對抗莫須有的性別歧視和種族主義，是種魯莽的做法。中國正是因為不折不扣地唯才是用，在科學和技術上正迎頭趕上美國。我們可承擔不起美國科學中身分認同政治所帶來的自我放縱。

第十二章

資產階級行為的喧然大波

威克斯向他們強調她並非暗示白人的優越性，她說：「資產階級的價值觀不光是白人的」、「諷刺的是，資產階級的價值觀可以幫助少數族裔成功」。但都無所謂，是時候搬出種族受害者論了。「威克斯擁護的仇恨類型是賓大許多學生的日常寫照，我們可以，而且必須與之抗爭。」賓大研究生工會在冗長的說詞中如此怒吼著。

你打算教導你的孩子勤勞和文明的價值嗎？等等！賓州大學和聖地牙哥大學（University of San Diego）最近掀起軒然大波，導火線是兩位法學教授撰寫的一篇專欄文章，描述大學校園內可容忍的思想範圍正迅速縮小，並利用種族受害者論點對這些範圍的邊界進行監控。兩位教授倡導資產階級的美德，竟被認為是「煽動仇恨的言論」。這兩所大學的行政官員和教職員對多元化的執迷，就是造成這問題的主因。

二〇一七年八月九日，賓州大學法學教授艾米．威克斯（Amy Wax）和聖地牙哥大學法學教授賴利．亞歷山大（Larry Alexander）在《費城詢問報》上發表文章，呼籲恢復二十世紀中期美國資產階級的價值觀，包括在婚姻中生養兒女、努力工作、自律及尊重權威。他們認為，一九六〇年代後期對資產階級道德觀的嚴厲抨擊，鼓吹「反權威、青春期、藉著性愛、嗑藥和搖滾樂，放膽表達瘋狂想法」等等，對於成熟富裕的社會來說，這些都是不相稱且行不通的價值。

今天，這場文化大革命的後果無處不在：教育水準落後、自大蕭條以來最低的男性勞動參與率、鴉片毒品濫用，以及高非婚生子率。威克斯和亞歷山大列舉了導致美國人懶散、藥物成癮或入獄的自我挫敗行為，包括：單親、反社會的情況普遍存在於某些白人勞工階級中；貧民區黑人反『扮演白人』的饒舌文化；某些西班牙移民抗拒融入美國社會等等。

威克斯和亞歷山大小心翼翼地挑戰多元文化主義的核心宗旨。他們寫道：「並不是所有文化都是平等的」、「或者，至少在先進經濟體中，並不是每個文化都能平等地將人們預備成具生產力的人」。他們得出結論：除非美國菁英再次提倡個人責任和資產階級美德，否則美國的經濟社會問題就只會持續惡化。

賓州大學的學生報《賓大每日新聞》（*The Daily Pennsylvanian*）在文章發表隔天，覺得非常憤慨，便發表了「賓大法學教授在專欄文章中說：『並非所有文化都是平等的』」（'Not All Cultures Are Created Equal' Says Penn Law Professor in Op-Ed）為標題的文章。很自然地，學生報用威克斯挑戰左翼教條的其他文章為背景，來詮釋克威斯在《費城詢問報》的這篇文章。學生報援引了米德爾伯里大學一位社會學教授說過的話，聲稱二〇一三年威克斯到他們大學演講時談到破碎的黑人家庭，「傷害了米德爾伯里的有色人種學生，讓他們覺得受到攻擊」。學生報進一步指出，法學院的黑人學生也批評威克斯教授於二〇〇五年，在《華爾街日報》上發表關於黑人應自我成長的專欄文章。但是，學生報的故事重點原本是對威克斯的採訪內容。[1]

威克斯（我視她為朋友）起初在哈佛醫學院接受神經科醫師訓練，具備驚人的智力和辯論能力。不出所料，她堅持自己的觀點，並對學生報說：「我不會因為退縮，就不使用『優越』這個詞說盎格魯－新教徒（Anglo-Protestant）[2]的文化規範」、「每個人都想去到能體現這些價值觀」的國家。「每個人都想去由歐洲白人統治的國家」（這個聲明回答了記者關於「歐洲白人」國家的問題）。她說，西方政府曾經犯下罪行，這點毋庸置疑，但因為歷史上的缺陷就排斥了這些國家的優點，這樣是錯誤的。

這一說果然點燃了戰火。遊戲規則如下：忽略威克斯和亞歷山大實際說過的語；避免提供任何反證；死咬住種族牌，通通打這個牌來回應。第一個開火的是賓大研究生工會（Graduate Employees Together-

1 譯注：但這整篇文章內關於威克斯教授的親口談話內容只有五句，其他篇幅都是援引其他來源對教授不利的說詞。參考網站：https://www.thedp.com/article/2017/08/amy-wax-penn-law-cultural-values，擷取於二〇二〇年七月二十二日。

2 譯注：也被認為是美國社會中勢力最強大、最富有的白人。

University of Pennsylvania，簡稱GET-UP）」。八月十一日，在《賓大每日新聞》文章發表後的第一天，GET-UP發表了「關於威克斯專欄的聲明」，譴責「校園中存在著有毒的種族主義者、性別主義者以及恐同主義者」。賓大研究生工會寫道：「一個種族優於其他種族，並不是二十一世紀會有的學術辯論」、「這是偽裝成科學的種族主義」。

但是威克斯和亞歷山大的專欄以及威克斯的採訪中，全都沒有提及種族優勢（更別說性或同性戀了）。兩位教授的專欄文章及威克斯的採訪所主張的，是建立一套適用於所有種族的行為規範，而這些規範在某些文化過程中表現得最為明顯。正如《賓大每日新聞》所坦承的，威克斯向他們強調她並非暗示白人的優越性，她說：「資產階級的價值觀不光是白人的」、「諷刺的是，資產階級的價值觀可以幫助少數族裔成功」。但都無所謂，是時候搬出種族受害者論了。「威克斯擁護的仇恨類型是賓大許多學生的日常寫照，我們可以，而且必須與之抗爭。」賓大研究生工會在冗長的說詞中怒吼，「對於每一次引起媒體關注和宣傳的事件，我們都必須體認到，還有無數（其他）事件沒被注意到而被放任不管。」

然而事實是，威克斯並沒有攻擊任何學生，她反對一九六〇年代的反文化革命，認為這場革命破壞了資產階級價值觀的正當性。賓大研究生工會沒有回答的問題是：威克斯和亞歷山大認為自制、延遲享樂和以未來發展為導向，這些美德是經濟和個人進步的關鍵；至於反成就、藥物濫用的反權威文化，以及脫離勞動市場，這些對於進步來說是有害的。難道他們這麼說有什麼錯嗎？賓大研究生工會對於這些關鍵問題隻字不提。

隨後，《賓大每日新聞》在八月十三日發表了另一篇文章，寫道：「賓大法學教授艾米・威克斯受爭議的專欄文章，因為呼籲恢復『資產階級』的文化價值，引發校園內的熱烈討論。」該文章隨意引用賓大研究生工會的聲明，並增加幾則該校教育語言學助理教授在推特上發表的文章。

威克斯像以往一樣爭強好勝，很快就回覆電子郵件給學生報說：「如果賓大教授和研究生的能耐只是這樣，那我們的文化確實陷入了困境。」

結果，學生報的回應嚴重失焦，竟呼籲限制言論自由，以及需要更多多元化的基礎設施。包容、多元、公平、入學、領導力的委員會（Inclusion, Diversity, Equity, Access and Leadership Council，簡稱ＩＤＥＡＬ委員會）代表賓大研究生和專業學生學生會中的邊緣研究生，接著在八月十七日「致賓大的公開信：關於在我們社群中煽動仇恨的言論」中回應了爭論的重點。抗議威克斯和亞歷山大的人在這封公開信中說，兩位教授「詆毀了某些種族和社經群體，對於有色人種學生來說，尤其是那些不得不修威克斯課的法學院學生來說」，並不特別驚訝，因為「她的種族主義和恐同言論，在校園內外都有可供查證的紀錄」。

ＩＤＥＡＬ委員會如此說。

ＩＤＥＡＬ委員會和賓大研究生工會都忽略了威克斯和亞歷山大對於白人下層階級行為的批評；看來在替高調的種族受害者論點清除障礙時，避而不談是必需的。威克斯並沒有不當地對待「有色人種學生」，甚至曾獲得賓大法學院學生頒發的法學院教學獎，以及由教職委員會授予的全校教學獎。如果她真的有壓迫「有色人種學生」的事實，那麼該校教職員一定都聽說過。

發現威克斯二〇〇一年之前是在維吉尼亞大學法學院任教的，想必讓幫忙撰寫ＩＤＥＡＬ委員會宣言的人歡喜得很吧！看吧！她就是這麼偏執！證據如此確鑿！「威克斯來賓大任教之前，曾是維吉尼亞大學法學院教授」。[3]宣言中興奮地敘述。「八月十二日，白人至上主義者帶著火把穿過維吉尼亞大學，高呼『你不會取代我們！』，並高喊種族和反猶太主義的汙衊言論。」

當中的因果關係不言而喻，但如果讀者需要更多補充說明，IDEAL委員會解釋說，白人至上主義「可以在威克斯那種使用虛假『客觀』詞藻的論述中，找到其智識的原鄉。她認為（白人）資產階級文化不僅客觀上更為優越，還受到次級文化和種族的侵犯。」他們所謂虛假的「客觀」想必是這個意思：「基於讓人無法辯駁的事實」。不過，威克斯和亞歷山大的文章並沒有提到白人文化受到次級種族的侵犯，他們只寫說一九六〇年代對資產階級文化最強力的攻擊，來自美國「學界、作家、藝術家、演員和新聞工作者」，這些人「期盼從傳統束縛中獲得解放」。

IDEAL委員會把威克斯牽扯上「轉移賓州的3K黨歷史」後，開始切入正題：要求「審查仇恨言論的正式政策，以及針對歧視邊緣化團體的行為，提出以社群為基礎的執行結果時間表」。

最後，學生當然吵著要吃糖，要求設立更多冗員來服務他們：一個「正式且集中管理的多元與包容辦公室，裡面的工作人員直接……提供資源給在賓大被邊緣化或遭受歧視的學生。」也罷。賓大這二十年來難道不是高效率、高產量地推出「教職員多元化與卓越的行動計畫」、「教師包容報告」、「性別平等報告」和「少數族裔公平進展報告」嗎？

尚未解決的問題仍然是：威克斯和亞歷山大認為自制、延遲享樂和以未來發展為導向，對經濟和個人的成功至關重要。這麼說難道有錯嗎？IDEAL委員會跟賓大研究生工會一樣，對於威克斯和亞歷山大的論文隻字不提，只專注於種族主義的指控。好吧，也許威克斯在賓大法學院的同事可以做出更好的回應。

哪有這麼好的事？法學院發言人不想讓學校陷入口水大戰，因此發表聲明說：「專欄文章裡的觀點是作者個人觀點，不是賓大法學院的價值觀或校方政策的聲明。」[4]這要不是為了止血而發出的陳腔濫調，就是暗指這篇文章有違學校的「價值觀」。校方應該清楚地表示，合理的論證並非「仇恨言論」或「歧視行為」。大打種族牌，是封不住威克斯的口的，但是大多數學者並不勇敢。

賓大法學院院長泰德．魯格（Ted Ruger）隨即在學生報發表一篇文章，一方面申明言論自由是賓大的「基礎價值」，另一方面提及威克斯的文章和夏洛特鎮的示威活動「同時發生」，[5]暗指威克斯的觀點「造成分裂，甚而有害」。[6]賓大法學院近一半的教授簽署公開信譴責威克斯，並邀請學生述說他們在賓大遭受的偏見和刻板印象（言外之意是指威克斯的課堂），明顯到要弄出個理由，撤除她為大一生開的課。簽署人「斷然否絕」了她的觀點，[7]但沒有說明理由。紐約大學的強納森．海特教授說明了這種集體、無理的譴責具有破

3 譯注：二〇一七年八月十二日，白人至上主義者、新納粹份子齊集夏洛特鎮（Charlottesville，維吉尼亞大學所在地）舉行「右派團結遊行」示威活動，演變成暴力死亡騷亂。IDEAL 委員會暗指威克斯來自白人至上主義者的大本營。

4 Dan Spinelli, "'Not All Cultures Are Created Equal,' Says Penn Law Professor in Op-Ed," *Daily Pennsylvanian*, Aug. 10, 2017, accessed Apr. 24, 2018, http://www.thedp.com/article/2017/08/amy-wax-penn-law-cultural-values.

5 譯注：二〇一七年八月十二日，美國的「另類右翼」團體（包括三K黨、新納粹等等）籌畫了一個「團結右翼」（Unite the Right）的示威活動，宣揚白人至上，奪回（白人的）美國，地點在維吉尼亞州夏洛特鎮。

6 Ted Ruger, "On Charlottesville, Free Speech, and Diversity," *Daily Pennsylvanian*, Aug. 14, 2017, accessed Apr. 24, 2018, http://www.thedp.com/article/2017/08/guest-column-dean-ted-ruger-penn-law-charlottesville-amy-wax.

7 33 Penn Law Faculty Members, "Open Letter to the University of Pennsylvania Community," *Daily Pennsylvanian*, Aug. 30, 2017, accessed Apr. 24, 2018, http://www.thedp.com/article/2017/08/open-letter-penn-law-faculty.

壞的效果。他在自己的網站「非正統學院組織」上寫道：「若你簽署的每一封公開信都是在譴責同僚（有一半的教授簽署了公開信），我們的世界就會變得越來越像是用社會力量和政治力量，而非用論點和說服力來解決學術分歧。」賓大的其他教職員顯然都保持沉默，賓大校長艾米・古特曼（Amy Gutmann）也不例外。

後來，法學院院長魯格效法UCLA教育學院院長蘇雷斯—歐洛斯柯的做法，在二〇一七年十二月向威克斯建議休學術假一年，並停止開設大一的民事程序課程。這位可憐的院長因為身負驅逐威克斯的重任而承受壓力，深深希望這場口水戰在她不在時能夠緩減。威克斯拒絕這個要她銷聲匿跡的要求。二〇一八年三月，魯格建議她停止講授法學院大一課程，這項命令已無轉圜餘地。然而，在她對法學院的不合理做法發出評論後，校園內對她更不滿了。

威克斯的文章合著者賴利・亞歷山大，任教於隸屬天主教會的聖地牙哥大學。起初聖地牙哥大學對這個事件冷處理。但隨後，該校法學院院長史蒂芬・費里洛（Stephen Ferruolo）發表一份全校備忘錄，駁斥了亞歷山大的文章，並承諾將採取新措施，以補償「弱勢、邊緣化」學生所遭受的「種族歧視和文化從屬」。[8]費里洛信中的內容拒絕涉及威克斯和亞歷山大的任何論點，而只是宣布亞歷山大的「觀點」並不「代表我們法學院的觀點」，並表示亞歷山大的觀點沒有考量到「脆弱、邊緣化或擔心自己不受歡迎的學生」。這位院長沒有對亞歷山大的論點提出任何具體的反對意見，甚至沒透露是哪些論點出了問題。

相反地，他承諾增加關於種族主義的課程、講師和研討會；進行更多關於種族敏感度的培訓；還成立一個新委員會來制定進一步的多元化措施。當然，更優惠的種族優待錄取肯定會隨之而來，這種官僚主義作風等於認定法學院教師都很偏執，這樣的觀念可真是荒謬。

聖地牙哥大學的反應比賓大更具參考意義，因為情況更令人驚訝。儘管近幾十年來聖地牙哥大學一直奉行「社會正義」使命，但法學院本身並沒有那麼政治化。這所學院是美國非左派教授比例最高的學院，約占該系教師的四分之一。院長費里洛的背景是生技產業的企業律師，直到最近都表現得偏保守。如果聖地牙哥大學配合賓大，也對威克斯和亞歷山大的文章做出歇斯底里的回應，那麼當教職員的意見與校園正統思想相左時，還有哪個學校會在他們受到不實的種族主義指控時為他們辯護？

威克斯和亞歷山大的專欄文章犯下的最大錯誤，是他們不該談及個人行為。當代進步主義的思想是，結構化種族主義和個人種族主義是社會經濟不平等的根源。[9]因此，指出某些族裔的不良舉止和適應不良的文化本身就是大忌，犯規的人會不斷被扣上「某某主義」帽子（在夏洛特鎮事件後，經常令人聯想到「白人至上」），給予以無情的撻伐。[10]

社經地位較低的白人其實出現了更多所謂的下層階級行為，[11]不僅限於貧窮的黑人和拉美裔。兩位教授原本是拋磚引玉，要解釋一切結果都是個人行為應該負責，但依然無法讓人認清事實。然而，如果進步主義對不平等的分析是錯誤的，文化分析才最接近真相，那該怎麼辦？如果正視改變行為的需要，就被認定為「煽動仇恨的言論」，就應該受懲罰，那麼很難想像國家能用什麼方式來解決社會問題。

8　原注：史蒂芬．費里洛，〈致聖地牙哥大學法學院社群〉的電子郵件，寄件日期二〇一七年九月十二日。
9　譯注：對進步主義者而言，所有的過錯源頭都來自社會，完全不是自己本身的責任。因此，討論任何人的行為舉止或是成長環境等等是完全禁止的。如果有人指出這些問題，就會被冠上一堆謾罵的名詞。
10　譯注：現在被稱為白人主義者，猶如被視為恐怖份子。
11　譯注：「下層」就是社會中最底層如貧民的族群，常見行為有藥物濫用、就業率低、小孩為非婚生子女、單親家庭等等。

第四部

大學的宗旨

第十三章

人文學科與我們的關係

實際上，唯一重要的是韓德爾、莫札特和柴可夫斯基想要表達的東西。正是他們的藝術才華，使我們得以進入與自己層次截然不同的世界，擴大我們對身而為人的理解。隨著華盛頓首府和其他地方的政治越來越脫離現實，人文主義的智慧為我們提供了最後的安慰：在過往歷史中，最慘痛的教訓莫過於人類的自以為是。

二〇一一年，UCLA大幅削減了英語系的經典作品必修課。這樣的發展看似不足為道，事實上並非如此。此舉是我們文化的一個重大轉變，將影響我們與過去的關係，以及我們與文明世界的關係。

直到二〇一一年，UCLA英語系學生還必須修一門喬叟、兩門莎士比亞以及一門彌爾頓的課，這些是英語文學的基石。然而，在年輕教師抗議並控訴莎士比亞是「帝國」[1]的一部分後，UCLA便捨棄這些課程，改而要求學生在以下四個領域課程修滿三門即可。四個領域課程分別是：性別、種族、族群、殘疾和性研究；帝國、跨國和後殖民研究；文學體裁研究、跨學科研究和批判理論；以及創意寫作。換句話說，UCLA現在對英語系學生是否讀過喬叟、彌爾頓或莎士比亞的作品，已正式表示無關緊要了。根據現行課程內容，他們一心想讓學生接觸到「性別、性別認同、種族和階級」等另類評估標準。

這種拋棄經典著作的情況已在其他地方發生，而且早在二〇一一年之前。但是UCLA削減經典課程這個出乎意料的舉動意義尤其重大，因為該校英語系長久以來忠於作品最初構思時所處的時代，來詮釋這些偉大的文學作品，屬於最後一批復古詮釋方法的擁護者，向來不受意識形態的侵害。正是這個原因，UCLA英語系成為全美最熱門的英語系，光是大學部的學生就高達一千四百名。

讓我們比較一下UCLA學生的得與失。以下是仙王奧伯龍（Oberon）在《仲夏夜之夢》中對精靈帕克說的話：

> 有一次，我坐在海岬上，
> 聽見騎在海豚上的美人魚

發出如此曼妙和諧的歌聲
洶湧的海都平靜下來
幾顆星星瘋了似地脫離軌道
來聽這海上女郎的音樂

ＵＣＬＡ年輕一輩的英語教師對上文意興闌珊地說：可以。以下是加州大學後殖民研究獎金的描述：「後殖民與後社會主義的理論、時間和空間的多元交織，將提供新的研究方法，來處理當今地緣政治中種族、性別和性別認同的問題。」這時，ＵＣＬＡ的年輕英語教師的回應是：這樣才對嘛！[2]

讀者和聽眾在文學判斷上並不那麼愚鈍。想想十九世紀法國人第一次接觸莎士比亞時的反應。一八二七年初，一群英國演員抵達巴黎，演出六場莎士比亞戲劇。當時年輕的作曲家白遼士（Hector Berlioz）坐在奧德翁劇院（Théâtrede l'Odéon）的觀眾席中，像大多數台下觀眾一樣，一邊欣賞英語的演出，一邊閱讀法語的翻譯。白遼士後來在他的《回憶錄》（*Mémoires*）中回憶起那一刻：

莎士比亞偶然間降臨到我面前，如雷電般令我驚豔。他像一道閃電劃破藝術的蒼穹，我眼前瞬間開

1　譯注：莎士比亞的作品在十九世紀就輸入南非和印度等殖民地，成為帝國主義教育體系的一部分。
2　譯注：好好的經典之作，教師覺得無聊，反而是有的沒的塞了一堆多元文化時髦術語的補助申請，教師才覺得這個很棒！

啟崇高的新天地，照亮了遙遠的最深處……

這震撼太過強烈，我久久不能平靜……看完《哈姆雷特》後，演出的內容深深撼動了我，我發誓不讓自己再次被莎士比亞的文采給折服。

這個決定很快就被證明是短暫的：

第二天，劇院海報通知即將上演《羅密歐與朱麗葉》。

在走出《哈姆雷特》劇中丹麥那陰沉的烏雲和冰冷的寒風後，《羅密歐與朱麗葉》讓我沐浴在義大利的烈日和宜人夜晚中，目睹那迅捷如思維、炙熱如熔岩、純潔如天使眼神的愛情，……這些已超出我所能承受的。第三幕才一開始，我便窒息了，如同有隻鐵手揪住我的心，我知道我再也無法自拔。[3]

白遼士的反應很典型。也在觀眾席中的大仲馬寫道，莎士比亞帶著「亞當初見伊甸園的清新氣息」抵達法國。同樣觀賞演出的還有浪漫主義畫家德拉克羅瓦、雨果，以及詩人泰奧菲爾·哥提耶（ThéophileGautier）。他們都和白遼士、大仲馬一樣，那幾個意義重大的夜晚啟發了他們，讓他們創作出佳作。莎翁對人類深刻的洞察力和無與倫比的文字力量，兩者結合起來激動人心，跨越國界，持續影響了全世界的詩人、畫家和作曲家，這是其他作家望塵莫及的。

然而，UCLA英語系竟與許多其他科系一樣，更在意讓學生接觸種族、性別和殘疾文學的研究，而不是讓他們一頭栽進浩瀚的英語文學作品中，無論是彌爾頓、華茲渥斯、薩克萊（William Makepeace Thackeray）、艾略特，還是其他幾十位更貼近我們時代的偉大文學家。怎麼會這樣呢？UCLA的舉動不啻代表了我們這時代的典型學術特徵：玻璃心、沉溺於受害者心態，以及下定決心要把過去複雜的情況降低至膚淺的身分認同和階級政治。當代學術界坐在整個審美奇蹟的文明之上，卻只想研究被性腺和黑色素簡化定義的壓迫，而且最好是自身經歷過的壓迫。如今系所的課程介紹只單調地談論群體的身分認同，UCLA的學生可以修讀以下課程：美國的女性有色人種、加勒比海的女性與性別、墨裔美國人女性主義、酷兒文學與文化研究，以及女性主義和酷兒理論。

現今的教授聲稱對「差異」感興趣，或者使用更新的術語「異己」（alterity）；但這是一場騙局。當代學者無論研究什麼，都只求證實自己的世界觀和當下的政治需要。例如，二〇一四年美國現代語言學會（Modern Language Association）會議是美國文學（而非社會工作）教師的年度聚會，卻在會議中討論的「體現、貧窮、氣候、行動主義、賠償，以及受到不平等統治的情況……以揭示脆弱的關鍵處，並評估改變的可能性。」

事情並非總是如此，人文主義的傳統不是建立在垂影自憐上，而是建立在全心全力地接觸過去的大師和與過去的極大差異上。十四世紀佛羅倫斯詩人佩脫拉克（Francesco Petrarch）為了探索不朽的羅馬歷史，

---

3 *The Memoirs of Hector Berlioz*, trans. and ed. David Cairns, (New York: Alfred A. Knopf/Everyman's Library, 2002), 70, 72.

深入瞭解史學家李維（Livy），並研讀羅馬政治家西塞羅（Cicero）的書信，引發了今日被稱為文藝復興時期人文主義的知識爆炸；其中西塞羅的演說，以清晰典雅的拉丁文體，啟發了美國開國元勛約翰·亞當斯（John Adams）和湯瑪斯·傑佛遜（Thomas Jefferson）等共和主義哲學家。

但是佩脫拉克不單只是閱讀古人的作品；他還想和他們對話。因此，他用拉丁文誠摯地寫信給古羅馬詩人維吉爾（Virgil）、哲學家塞內卡（Seneca）、詩人賀拉斯（Horace）和荷馬等人，向他們報告他們著作及羅馬的命運。信中，佩脫拉克嚴詞批評了西塞羅，之後感到後悔，再次寫信給西塞羅說：「我恐怕在上封信冒犯了你……但我一直覺得我與你住在同個時代，我認識你，與你的關係如此緊密。」

佩脫拉克不是文藝復興時期唯一一個與古典作家有如此直接連結的作家。一四一六年，佛羅倫斯的官員波焦·布拉喬利尼（Poggio Bracciolini）在靠近康斯坦茨湖（Constance）的修道院圖書館發現了最重要的羅馬修辭學著作，書頁都快剝落了，這樣意義非凡的大發現，甚至連他的同伴都讚歎不已：「哦，奇妙的寶貝，哦，意想不到的喜悅！」布拉喬利尼當作自己是在拯救仍然活著的實存生命，寫了封信給一位在維羅納（Verona）的朋友說，如果不及時給該套著作的作者昆體良（Quintilian）援助，他恐怕很快就會湮滅。「毫無疑問地，像這樣一位聰明有禮、有品位又高雅親切的人，肯定無法再忍受那個骯髒的地方，以及那些野蠻的獄卒。」

這股迫切想要恢復失落文化的渴求，推動文藝復興時期的人文主義者走進歐洲各地偏遠的城堡和修道院，尋找被人遺忘的手稿。儘管他們與希臘和羅馬的祖先關係融洽，但他們對歷史卻非懵懂無知。人文主義者與中世紀的前人不同，令他們心痛的明證是中世紀拉丁文的衰落，他們很清楚自己所處的時代和古典之間的鴻溝。正是為了克服時間將會湮滅歷史淵源，人文主義者為現代學術開發出重要方法。

這些學者因為許多古代文獻將永遠遭人遺忘而感到絕望，對於向古典學習並且重拾的知識日益增多而感到欣喜若狂。用句愛默生的話來形容，就是他們求知若渴。弗朗索瓦・拉伯雷（François Rabelais）從一五三〇年代開始陸續出版《巨人傳》，主角巨人國王高康大（Gargantua）送兒子到巴黎求學，快樂地幻想兒子將會精通的語言——希臘語、拉丁語、希伯來語、古代巴比倫的迦勒底語（Chaldean）和阿拉伯語，還希望他能習得廣泛的歷史、法律、自然歷史和哲學。他總結說：「總之，要讓在你身上看到完美的知識深淵。」

過去和現在之間持續而有品味的對話，成為西方文明的重要特徵，促使諸如憲政政府的激進思想得以逐步發展，並催生出有如多音交響的混雜藝術和建築。大學的首要任務是要傳播昔日的知識，以及最終，成為新知識的搖籃。

人文主義者如此求知若渴，相形之下，一名哥倫比亞的大學生卻因為大一核心課程必修莫札特而心生不滿。她碰巧是名黑人，但她的觀點得到了廣泛的認同，借用一個說法就是「跨越性別、性別認同、種族和階級」。

「為什麼在音樂人文課必須聽莫札特的音樂？」她在討論課程時大聲抱怨，大衛・丹比（David Denby）在書中描述哥大的核心課程時，記錄了這件事。「我對核心課程的疑問是，它贊同了白人至上和種族主義的假設。因此，這是種族主義者的核心課程。這個莫札特、這個海頓，這些優越的白人是誰？這裡面沒提到女人，沒提到有色人種。」這不是一個心懷不滿的學生才獨有的想法，它代表當今人文學科的主流意識形態。哥大非但沒有消除她的偏狹心態，甚至還有一些教師強化了她的狹隘想法，儘管該校支持這些被圍攻的核心課程，這點令人欽佩。

儘管把所有的表現形式都歸結為性別或種族政治的荒謬遊戲在論及音樂時尤其可笑，但對歐洲中心主義的指控卻荒唐地指向莫札特；也不想想莫札特在歌劇《後宮誘逃》（*The Abduction from the Seraglio*）中，讓穆斯林高級官員成為劇中唯一真正高尚的人物，而在《魔笛》中的大祭司薩拉斯托（Sarastro），則訴諸了普遍人性。

黑人作家拉爾夫・艾里森（Ralph Ellison）已預料到，當代多元文化主義者的自我定義和關注範圍會是膚淺的。艾里森年輕時在阿拉巴馬州梅肯縣（Macon County）讀過馬克思、佛洛伊德、艾略特、艾茲拉・龐德（Ezra Pound）、葛楚・史坦（Gertrude Stein）和海明威，他說，這些書「即使有，也很少提到黑人」。但就因為這樣，才讓他「解開原本對人性可能會有的『種族分化』想法」。他說，他不是被理查・萊特（Richard Wright）這樣的黑人政治作家給解放，而是「被作曲家、小說家和詩人所解放，他們向我述說了更有趣、更自由的生活方式」。艾里森總結說，「貧困的想像力，才會認為自我瞭解**只能**透過其他黑人榜樣來進行。」[4]

那種阻礙人發展的自憐心態現已跳出校園，進入藝術圈。歐洲和美國的藝術總監正強迫可憐又無設防的戲劇演出，來服務他們自己感興趣的話題。[5]這些傲慢的舞台總監將現今狀況強行套入有百年歷史的作品中，迫使這些作品模仿當今文化菁英對政治和性的執迷。觀眾可以期待在舞台上看到很多裸露和淫褻場景，以及劇場內滑手機、啃漢堡及對美國資本主義挖苦貶抑的情節。莫札特劇中的貴族登徒子唐・

喬萬尼，絕對是個無趣又毒品成癮的大老粗，在消費文化的垃圾中打滾，身旁盡是蕩婦、心理變態者和邋遢鬼。

官方對於這樣殘害作品的演出給出搪塞之詞，表示只有以現代外衣呈現並談論現代問題（不管多前後不一致），現代觀眾才會覺得「跟自己相關」。正如法蘭克福歌劇總監所宣稱的，大家不用關心韓德爾究竟想在他的戲劇中表達什麼，重要的是「我們關注什麼……我們想要的是什麼」。

實際上，**唯**一重要的是韓德爾、莫札特和柴可夫斯基想要表達的東西。正是他們的藝術才華，使我們得以進入與自己層次截然不同的世界，擴大我們對身而為人的理解。修正主義的總監跟當代學者一樣，討厭所有與自己價值觀不同的東西，例如貴族、富麗堂皇或貞潔，甚至會忝不知恥地重寫歌劇情節來消除這些內容。但是，在這個扭腰擺臀及酒醉約砲的時代，從戲劇中體驗一下文雅的道德規範，即使只有幾個小時，也有很多益處。在戲劇中，角色稍稍用手示意，或幾乎難以察覺地放低聲音，就能表達欲望。

至於視覺藝術，藝術家從熱心研究並模仿大師作品，學習到數百年的工藝。但情況再也不是這樣。今天的準藝術家只要上演大家心知肚明的自導自演秀，就可以享有藝術家身分。例如在倫敦一所藝術學校公開表演「破處」，或在舊金山藝術學院（San Francisco Art Institute）播放影片，使用水泥製的性暗示物。

換句話說，今天關於人文主義有很多壞消息，卻很少聽到以下好消息：由於擁有開明的博愛精神、

4　*The Collected Essays of Ralph Ellison*, rev. and updated, ed. and with an introduction by John F. Callahan (New York: Modern Library, 2003), 164.

5　譯注：感興趣的話題就指種族歧視、性別等等問題。

雋永的美學力量，以及沒錯，因為市場的力量，擁抱人文主義正在大學以外的許多地方蓬勃發展。

當今最重要的古典樂發展是文藝復興精神的直接再生：一群組織鬆散被稱為「古樂」運動的表演者，決心重現巴洛克和古典時代音樂的原版演奏方式。就像文藝復興時期的學者一樣，意識到落入他們手中的古典作品在轉寫傳抄的過程中，內容已有出錯。這些現代音樂家認為，二十世紀的演奏風格已與當初的演奏方式截然不同。結果出現意料之外的事：釋放出被埋沒的舞蹈節奏，並使早已被人們遺忘的作曲家復活，如哈塞（Hasse）、波普拉（Porpora）和斯特法尼（Steffani）等這幾位值得再被世人知曉的作曲家。

但是，即使有些音樂家並不追求道地的古代表演精髓，也因為對過去大師同樣的人文崇拜而受到啟發。在二〇一三年德州國際鋼琴節（被人鄙夷的共和黨票倉舉辦許多這樣的活動）上，一位十一歲的亞裔鋼琴家（和小提琴家）自豪地說，她的第一位鋼琴老師號稱師承可追溯至海頓，「我很高興知道這一點，我非常欽佩海頓。」她對美國全國公共廣播電台的藝術教育節目《自上而下》（*From the Top*）說，顯然不受海頓應被譴責的白人男性地位困擾，並像佩脫拉克對待西塞羅一般，她幾乎把海頓視為近代人。

談到視覺藝術，紐約人就特別幸運了：紐約有許多博物館展示著人類最有創造力的作品，相對而言不受身分政治的影響。像是大都會博物館前任館長菲利普・德・蒙特貝羅（Philippe de Montebello）就刻意抵抗潮流的壓力。他的繼任者湯瑪斯・坎貝爾（Thomas Campbell）因為自己思想錯誤，放錯重點，進行了一堆錯誤的當代藝術計畫，結果浪費公帑並於二〇一七年下台。但他在任內曾舉辦過一些大受好評的展覽，例如二〇一六年的「古代世界的希臘化王國」展。至於弗里克收藏館（The Frick Collection）和摩根圖書館與博物館（The Morgan Library & Museum）則致力於建立最無與倫比的藝術標準和品味。

這些成就都不是理所當然的。其中領導力是關鍵，而且可能馬上變調。紐約音樂新聞界向來爭取將大都會歌劇院交給修正主義歌劇來指導。然而，紐約的觀眾與歐洲的觀眾不同，紐約的觀眾仍然可以觀賞保留作者意圖的原汁原味作品，儘管如此忠於原味的態度激怒了評論家。

正如我們將在下一章看到的，讀者對人文學科的知識也有強大的需求。出版界從人們對知識的渴望當中獲利，出版一本本美國立國的成功故事，這證明大眾對於美國歷史當中溫和文明的探索故事仍有無限想望。

儘管人文主義精神在大學之外可以安穩地延續下去，但大學仍是其天然發源地，因此人文主義精神不該被流放至大學之外。我們給予教授們全世界最好的工作環境：他們不必為五斗米折腰，事實上他們每天徜徉在人類最崇高作品中，還有**薪水**可以領。我們對他們的要求，只有要他們引導無知的大學生欣賞這些作品。因此每年秋季開學，這些教授師或系所都應該堅定發聲、表達立場，跟學生說明這些是偉大的作品，而這是你吸收它們的最佳機會。這是古希臘悲劇詩人艾斯奇勒斯（Aeschylus），他那彷彿有催眠力量的合唱，[6]證明了黑暗的力量令人不安，超乎人類所能理解。這是馬克．吐溫、哈布斯堡王朝維也納的璀璨文化遺產，以及巴哈的《馬太受難曲》。這是西方文明的重大事件，在不斷辯證的思想中，出現了前所未有的自由和不可思議的科學進步。

6　譯注：古希臘的戲劇中的「合頌」部分實際上是合唱，由合唱團來表演。有人認為古希臘的戲劇實際上就和今天的歌劇一樣，全部劇情皆以歌曲交代。

然而，教授們卻默不吭聲。這些享有特權的懦夫甚至無法鼓起勇氣，規定每位學生必須修習一定的課程，才算是完成學業。這還要說嗎？學生什麼都不會，這就是他們上大學的原因。他們當然瞭解的還不夠，沒能力選擇能提供他們文化基礎的課程。教授放棄學術責任後交出的成績單並不漂亮，因為上面全都是塞到爆的電影和影片課程。

當大學**被**迫說明人文學科的價值時，所使用的語言竟也可悲地平淡無奇。你可能聽說過當下流行的辯解，但在下一次開性別研究會議時就拋諸腦後。我們被告知，人文學科教的是「批判思考」，這不是在開玩笑吧？[7]以下是專業的批判思想家寫出的句子：

> 這是因為專有名詞已不再是專有名詞，因為它們的產生就是它們的消滅，因為文字的塗改和強加是原始的，因為它們不伴隨專門的銘文；這是因為專有名詞不過是在消滅之時，存在具有明顯可讀性的原始神話；因為專有名詞只有通過在分類中，從而在差別系統中，在保留差別痕跡的文字中發揮作用才可能存在，才可能有這種禁令，才可能發揮作用，並且我們將會看到，專有名詞才可能被人違反；說被違反，也就是說被恢復消滅，被恢復起初的非專有特性。[8]

所以，我們應該相信這些人文學科教授會思考嗎？[9]此外，科學也提供了批判思考的工具，實際上，比起左翼學界所說的批判思考對廣告的老套解構，科學提供的批判思考要嚴格得多。

難怪我們一直在聽到人文學科處於險境當中。哈佛大學後殖民研究最重要的理論家霍米．巴巴（Homi

Bhabha），在二〇一三年一份聯合主持的哈佛大學報告中感嘆，最初想要主修人文學科的哈佛新生中，有57%的人後來改變了主修。為什麼會這樣？想像一下，巴巴教授對一名打算主修文學的學生問了以下問題：「如果文本性（textuality）[10]有問題的「封閉」（closure）質疑民族文化的總體化（totalization）……」[11]那麼，那名學生會多快做出結論，覺得主修心理學更符合他的興趣？[12]

不是的，人文學科存在的唯一正當理由是，它提供了浮士德出賣靈魂時想要得到的東西：知識。這是一種特殊的知識，涉及人類長久以來做的事及所創造的事物。美國開國元勳運用廣泛的歷史知識和對人性的適當觀點，構建出全世界最穩定、最自由的共和國。他們從希臘城邦、西歐中世紀加洛林王朝（Carolingian Dynasty）和奧圖曼帝國中，汲取寶貴教訓來捍衛憲法。他們認為，新國家的公民要精通歷史和政治哲學。的確，相信霍布斯這一派所說的人性本惡並瞭解社會秩序有多脆弱，也許就能避免我們近年來所進行的種種令人傻眼的社會實驗。讓西方社會今日能有法治和驚人的繁榮，背後有一套知識的脈

7 譯注：作者在諷刺德希達很難看懂的話根本是胡言亂語。

8 原注：雅克．德希達（Jacques Derrida），《論文字學》（*Of Grammatology*），trans. Gayatri Chakravorty Spivak (Baltimore and London: Johns Hopkins University Press, 1976), 109.

9 譯注：德希達當代法國解構主義大師、當代最重要亦最受爭議的哲學家之一。他在人文和社會科學如人類學、歷史學、語言學、社會語言學、政治理論、女權主義和酷兒研究都有顯著影響。

10 譯注：文本性（textuality）在強調任何一個單獨的文本都是不自足的，其意義是在與其他文本交互參照、交互指涉的過程中產生的。

11 Homi K. Bhabha, ed., *Nation and Narration* (New York: Routledge, 1990), 3.

12 譯注：這位文學教授把問題搞得過於複雜，塞了一堆時髦術語，搞得像心理學課程一樣。

絡，現在人民不懂社會怎麼可以有法治和繁榮，這樣的無知會使得這些成就受到威脅。

事實上，學習人文學科本身就是它的目的。它讓人脫離狹窄瑣碎的自我，進入自己從未經歷過的微妙、寬廣心靈中，變得更加美好。文藝復興時期的哲學家馬西里奧・菲奇諾（Marsilio Ficino）說，一個人擁有的歷史知識越多，就等於多活了好幾千年。或許還可以這麼說：一個人接觸多少文學、音樂、人文知識和藝術，等於經歷了多種不同的生活。這些表達形式讓我們看到並感受到我們原本不曾體驗的事物，例如十九世紀俄羅斯的封建社會，或者田園詩裡清晰透徹的小溪和長滿綠苔的樹蔭，或者蕭邦夜曲的柔情詩意。

歸根結底，我們得到藝術家和思想家極多恩惠，因為他們的作品徹底改變了我們。研究人文學科是我們對那些藝術家和思想家應有的愛護與責任。持續研究他們，既能讓古代大師持續活在大家的記憶裡，也擴展了我們的視野，正如佩脫拉克和布拉喬利尼深刻體會並且所做的一般。對美感和高尚無感的學術自戀者，陷入多元化的幻想之中，對此卻一無所知。

隨著華盛頓首府和其他地方的政治越來越脫離現實，人文主義的智慧為我們提供了最後的安慰：在過往歷史中，最慘痛的教訓莫過於人類自以為是。

第十四章

經典課程的豐厚益處

教育市場在學院內外的運作方式大不相同，這應該歸咎於大學教育的消費者心態。幾乎沒有人是根據課程來對大學貨比三家，家長和學生選擇的是能提供最有名氣的證書和社交人脈的學校。家長在自己的成人進修教育方面是識貨的買家，但在子女的教育上卻成了被動的提款機。

在大學校園之外，偉大的文學、哲學和藝術經典正在蓬勃發展。在過去二十五年中，一家名叫「經典課程」（Great Courses）的公司一直向渴望重溫莎士比亞及量子力學的成年讀者，販售人文和科學方面的錄音課程；據悉，該公司僅製作最具市場性的產品。果然，他們的課程傳授的是人類思想的典範，沒有當今大學中普遍存在的政治正確優越性和自我放縱的理論。

打開「經典課程」目錄，知識的誘惑迎面襲來。「你上一次閱讀美國文學經典是什麼時候？」一門課程簡介打趣地說，「可能不是你所想的不久之前。這些精心製作的課程，是你重拾美國經驗與知識文化遺產的首選。」介紹柏拉圖《對話錄》（*Dialogues*）課程的文宣寫著：「數千年來最崇高的思想家投身研究的作品」，邀你「全神貫注於『知識的浪漫』。」該公司用了許多詞彙描述這套課程，例如「喜悅」、「美麗」、「樂趣」、「經典」，以及最常使用的「偉大」。這些詞彙早已從學院論述中消失了。「在閱讀或重讀這些名著時，絕佳的閱讀經驗所帶來的喜悅將讓你不禁思考，之前怎麼可能花這麼多時間閱讀當代書籍？」一門課程如此介紹，簡直不斷踰越盛行的後結構主義（post-poststructuralist）正統教義。

該公司還提供傳統學術內容的寶庫，這可是每年付六萬美元學費的大學生在度假村般的校園內找不到的。舉例來說，在二〇一七至二〇一八學年，對美國歷史感興趣的巴德學院學生，可選修「巴德校園的融合」、「種族漸漸改變之時：瞭解一九〇〇年至民權運動時代的美國種族」或「為正義而奮鬥：關於性別、性別認同、種族暴力、媒體和權利」等課程，但其中關於傳統美國政治的唯一一堂歷史課只有「內戰與重建」。[1]相較之下，「經典課程」的客戶可以從尚未分割成種族、性別和性取向的美國歷史寶庫中選擇自己想上的課程，關於美國獨立戰爭、立憲時期、《權利法案》和知識分子對於立國的影響，有多門課程可以選擇。這裡有大學該汲取的寶貴經驗，如果大學還注意得到的話。

「經典課程」公司原本叫做「教學公司」（The Teaching Company），一開始的目標並不是替當今政治化的大學找出解決方案。創辦人湯姆・羅林斯（Tom Rollins）曾是參議員泰德・甘迺迪（Ted Kennedy）勞工和公共服務委員會的總顧問兼總幹事，於一九八九年辭職。他一開始成立這家公司，是想要網羅最有魅力的大學教授，邀請他們為成人教育市場錄製大學程度的課程。

當時只有三十三歲的羅林斯假設大學存在的目的是：「把文明至今所理解的一切知識傳授給年輕人，並發掘新事物」。然而，他很快就發現，這樣的假設在大學裡並非人人皆有同感。他說：「第一次的嚴峻考驗很快就來到。」他最早招募的人員之一是杜克大學的哲學教授里克・羅德里克（Rick Roderick），羅林斯把他描述為馬克思左派。教授把自己的政治觀點注入課程中，但其實只要內容相關，並無什麼不妥。羅德里克已為他們錄製了兩堂課，錄製第三堂課時，他隨口提到「有些人的話我們根本不用多費力氣去聽」，並說自己立刻想到雷根，因為他的「ＤＱ指數」太低（那是所謂的「丹・奎爾指數」〔Dan Quayle index〕，以那位愚蠢的副總統來命名）[2]。羅德里克在錄音帶上推測，南希・雷根擁有權力的唯一原因，是她「在好萊塢的吹簫功力一流」。羅林斯在羅德里克課程上可是投注了大筆資金，這時他不得不插手了：「里克，我要刪掉這些內容。」羅德里克冷靜地回答：「湯姆，真理能為誹謗辯護。」最終，ＤＱ指數

1 Bard College Catalogue 2017–2018, pages 165, 169, 170, accessed Apr. 24, 2018, http://www.bard.edu/catalogue/index.php?aid=1204742&sid=670341pp.

2 譯注：美國第四十四任副總統，曾經把英語的「馬鈴薯」（potato）一字拼錯，成為媒體的笑柄。

留在錄音帶課程，但關於南希．雷根的權力來源則被刪除了。[3]

另兩名理論底子深厚的常春藤聯盟教授講授的美國文學課程，提供了另一種早期的學習經驗。教授們對聽眾和正在討論的作者，毫不掩飾地懷有種族主義和性別主義的鄙視。在課程發表後一個月內，公司接到客訴電話，抱怨講師的語氣目中無人。在一個生死操之在客戶滿意度手上的機構裡，羅林斯可承受不起得罪聽眾。他銷毀了該課程的所有母帶，這樣再也不會流出任何副本。羅林斯說：「教授教學時不該趁機一吐對時事的不滿，因為沒人要聽，除了學生是不得已。」羅林斯對大學現狀覺得悲觀，但有明智的看法，「人們想知道該領域發現了什麼，他們對你的個人觀點沒有興趣。」

早期的一些意外中，還包括攝影鏡頭的權力把經驗豐富的講師給嚇壞了。到了一九九二年，為了持續經營公司，羅林斯把退休金全燒完了，所以只能住在閣樓裡。他刷爆了信用卡，在首府工作時買下的十三套西裝也賣掉了十二套，他把最後剩下的錢全都押在一門西方哲學史課程上，因為客戶調查顯示，大眾對這門課有很大的需求。他在喬治敦大學（Georgetown University）醫學院的地下室裡，找來一天要花費一萬美元的拍攝小組，錄製該課程中談論哲學家馬基維利（Machiavelli）的部分，但那位本該前來授課的哥大教授卻不知去向。羅林斯以為他在樓梯間抽菸，然而找到他時卻發現他窩在那裡蜷縮成一團，「你如果要我離開這裡，我馬上就會嘔吐或暈倒。」那位高大魁梧的教授發誓說。羅林斯大喊：「我需要你在三十秒內錄製馬基維利！」麥克．蘇谷（Michael Sugrue）是該課程的另一名講師，也是研究美國殖民時期的歷史學家，他自告奮勇錄製了精彩的演說，讓該系列成為公司最暢銷的產品之一。另一門課程的教授還真的在錄音之前緊張到吐出來，但隨後就對希臘文明做了精彩的演講。

儘管在創業初期多次瀕臨倒閉，但十年後，該公司的營業額達到兩千萬美元。打從一開始，就有一些客戶與公司建立了密切的關係，如果不常推出新題材，就會指責羅林斯失職。「他們會打電話給我說，『拜託，湯姆，你的最新課程我已經聽完了，什麼時候推出下一門課？』好像是對學術上癮一般。」休斯頓浸信會大學（Houston Baptist University）的英語教授馬可恩（Louis Markos）替公司錄製過C．S．路易斯（C. S. Lewis）和文學批評等課程，他觀察到聽眾大多是年長的成功專業人士，「他們渴望這些課程。」

公司的行銷企劃也巧妙迎合了這種渴望，光看目錄就有學習機會，羅列出每門課的涵蓋範圍，引人入勝，例如文藝復興時期教皇的貢獻和弊病。這種透露部分內容的做法，假定讀者對知識有強烈的渴望。「從文藝復興時期開始，西方文化迅速成長」，西方文明系列的目錄劈頭就是這類描述，然後讀者就上鉤了：「羅馬帝國崩潰後，西方文化曾如一灘死水，但在接下來的六百年中，哲學、科技、經濟、軍事和政治上的快速創新，使得西方文化稱霸世界舞台。但是這種情況如何發生以及為何發生？中世紀歐洲去中心化的農業封地，如何變成偉大的工業民族國家？專制主義如何以及為何興起，然後屈服於民主的自由主義之下？」

在推廣產品時，「經典課程」打破一個個學術禁忌。「名留青史的書籍：改變你的生活」的廣告文案是這樣寫著：「首先來定義什麼是偉大的書籍。須擁有歷久不衰的偉大主題、能提升靈魂、使用思想崇高的高雅語言，以及能跨越時代潮流的普世價值。傑西．魯弗斯．菲爾斯（Jesse Rufus Fears）教授檢視了

3 原注：二〇一一年五月一八日與湯姆．羅林斯的訪談。

諸多具非凡智慧的作品，給願意接受的人。」這項聲明如此明目張膽，顯然會讓它的支持者被美國現代語言學會的年度大會給拒絕。的確，你可以把該公司在另一個課程的描述中對文學的定義，看做是對盛行學術風氣的斥責，尤其是在描述中使用了「文學」一詞，而非一貫的「文本」。「儘管有時候我們把文學視為任何被寫下的東西，但實際上，基於美感、形式和情感效果完成的作品，才能被稱為寫作。」「經典課程」無拘無束的熱情與當代學術論述相悖，以至於當我向替該公司錄音的幾位教授詢問課程文案時，他們的防禦心變得很強，否認自己跟文案有任何關聯，好像頌揚美感應該覺得慚愧似的。

然而，「經典課程」的人文課程最令人驚訝的是，同樣的思想家出現在眾多課程中的頻率。在大學裡，經典名家已被「問題化」了，但是他們在這些錄音課程中依然活著，而且受人尊崇。柏拉圖、亞里斯多德、西塞羅、使徒保羅、伊拉斯謨（Erasmus）、伽利略、培根、笛卡兒、霍布斯、史賓諾沙（Spinoza）、但丁、喬叟、史賓賽、莎士比亞、塞凡提斯、彌爾頓、莫里哀、波普（Alexander Pope）、斯威夫特（Swift）[4]、歌德，以及其他名家一次次脫穎而出，成為我們文明的試金石。這種重複出現的情形，並非因為公司背負著恢復經典的使命，而是客戶的期望。市場對於這類課程極度渴望，甚至連製作人本人也大感意外。羅林斯說：「我們正在重新審查相同的題材，而我一直在想：『怎麼樣才能讓客戶繼續購買《偉大的哲學思想》（*Great Ideas of Philosophy*）**和**「西方知識傳統的偉大思想」（*Great Minds of the Western Intellectual Tradition*）系列呢？』結果客戶還是都買單了。他們想聽到對康德、蘇格拉底和啟蒙運動的不同看法。」

當代大學是如此極權，以致一些教授寫信給羅林斯，抱怨他的課程內容過於典範，沒有足夠的「消音」。很顯然，身分認同政治在大學人文學科獨占鰲頭還不夠，還想要主宰學院外的教學內容。當然，在學院之外，理論會碰到市場這股力量，而事實證明「阿拉莫戰役（the Alamo）對同性戀的暴力攻擊」之類的課程，無法與「西方文學傳統的偉大作者」匹敵。

「經典課程」絕非沒有理論的部分；它甚至提供了一門講經典形成過程的課程。另一門叫做「代表正義：法律和文學的故事」的課程，使用了癡迷理論的學者所鍾愛的文謅謅動名詞結構。法律是一種文學形式，曾經短暫流行過，所以這門課會以這樣的形式出現並不令人訝異。不過，「經典課程」受到身分認同研究和一九六〇年代後其他學術發展的介入仍舊不多，因此不可避免地，有一些客戶會在公司網站上發出譴責。勢不可擋的是，教授做為自己學科的僕人，清晰客觀地解釋了課程內容，而非揭露那些被認為隱藏在不幸文本中的權力關係，好替四千年來的冤屈報仇。惠特曼學院（Whitman College）經典文學教授伊麗莎白・范迪佛（Elizabeth Vandiver）在荷馬的《伊里亞德》（*Iliad*）課程中指出，古希臘文化是父權制的，與現代不同。加州大學聖地牙哥分校的文學教授塞斯・雷爾（Seth Lerer）並沒有批評彌爾頓在《失樂園》（*Paradise Lost*）中對亞當和夏娃著名的性別主義敘述：

他機智勇敢，
她柔和嫵媚，富有魅力；
他為神而造，而她為他裡面的神而造。

4　譯注：著有《格列佛遊記》。

如果「經典課程」是一所大學，其畢業生將會具備對人類成就和自然世界的全面視角。透過古代美索不達米亞、希臘、羅馬和埃及的課程；中世紀早期、中期和晚期；文藝復興和宗教改革運動；中國、俄國和非洲歷史；現代歐洲歷史，包括啟蒙運動、維多利亞時代的英格蘭，以及一次世界大戰和二次世界大戰等等課程，他們建立了對過去的瞭解。在科學和數學領域，他們可以研究宇宙學、代數、微積分、微分方程式、量子力學、化學、混沌理論、基礎生物學、機率、數學史、古典物理學的偉大概念，以及意識的科學。為了瞭解人類對於人生的看法，他們可以深入探討亞里斯多德的《尼各馬可倫理學》、柏拉圖的《理想國》（*Republic*）、中世紀哲學、東方哲學、尼采、托克維爾、伏爾泰、資本主義的哲學基礎，以及自笛卡兒以來的現代哲學。在文學上，他們可以閱讀希臘悲劇，荷馬、史詩《艾尼亞斯記》（*The Aeneid*）、《神曲》、莎士比亞、英國浪漫主義詩人、馬克吐溫、英國小說和俄羅斯文學的名作。研究荷蘭大師、大教堂建築、米開朗基羅、莫札特歌劇和室內樂作品、北部和義大利文藝復興時期的藝術品、作曲家史特拉汶斯基（Stravinsky）和蕭士塔高維契（Shostakovich）的生活和時代，以及貝多芬的鋼琴奏鳴曲、交響曲和弦樂四重奏，可以增強他們的審美能力。

的確，「經典課程」強調的是廣度而非深度，並提供大量的入門資料。在文學和思想史上，課程主要採全面性的介紹形式，對於個別作家或哲學派別著墨較少。該公司計畫推出一個針對個別作家的系列課程，但在喬叟和彌爾頓系列的銷售量不如預期後改變了主意。羅林斯說：「人們不想在單一作者身上花上六小時。」我問，狄更斯或特洛勒普呢？羅林斯回答：「你該看看他們的得票數。」公司幾乎不提供任何特定類型或時期的專業知識，也不會針對文學和哲學作品做精讀，但也不提供像衛斯理大學「流通的人群：十八世紀英格蘭的商品、妓女和奴隸」（Circulating Bodies: Commodities, Prostitutes, and Slaves in Eighteenth-Century England）這種探討「那時期流通的人群，他們被人轉手再賣，被人估價和再估價、利用、虐待和拋棄」的專門課程，[5]或是鮑登學院（Bowdoin College）的「文藝復興時期性別認同」課程，從尚未被點出的欲望角度，重構了文藝復興時期的文學經典，並探討同性情欲、雞姦和異性戀霸權……還特別注意同性欲望的政治和詩學，以及小男生演員在戲劇表演中的情欲。[6]

過去，該公司不僅透過投票統計來判定要提供哪些課程，甚至還用來決定每個課程中的演講主題。塞斯．雷爾被告知說，要在他後來變成非常受歡迎的英語史課程中省略古英語主題，因為只有10％的潛在客戶想要購買。但雷爾堅持將該主題包括在內，他說：「公司擅長瞭解聽眾，但不瞭解大學教授的狀況」、「教授準備內容並進行授課，是因為他們認為某些東西應該要教授，而不只是考量市場需求。」（這種對學術自由和思想責任的崇高觀念聽起來令人欽佩；但現實結果卻差強人意）。然而，該公司最終同意雷爾及部分受眾的觀點，認為教育的消費模式受到知識上的限制。羅林斯說，「我們不知道每堂課程應該包括

5 Wesleyan University Catalog 2017–2018, https://iasext.wesleyan.edu/regprod/!wesmaps_page.html?stuid=&facid=NONE&crse=013261&term=1179.

6 Bowdoin College's class schedule for "Renaissance Sexualities," https://www.bowdoin.edu/register/course-information/course-info/Spring/ sched-s17.pdf. 譯注：在文藝復興時期，舞臺是不容許有女性上臺演出，但戲劇中不免會有女性角色，所以女性角色通常會由年紀小的男生代替演出。而這樣的現象卻也引起一些清教徒的反對，他們認為戲院這樣的行為是在敗壞道德，譴責讓小男生穿上女裝可能會讓人興奮，並引起性幻想、性渴望。

哪些內容，」而且從客戶填寫給公司的問卷可以看出，「我們的客戶自己也不知道！」

除了對知識的承諾外，「經典課程」還透過「教授變名師」來召喚它的客戶。它聲稱在美國超過五十萬名大學教授中找出了最好的教授。同時公司招聘人員會去旁聽那些曾經獲獎或因教學受到認可的教授的課程，並邀請最有潛力的人選到「經典課程」總部試錄講課。然後，這份錄音會交給公司的貴賓客戶，如果他們當中有夠多人喜歡，公司就會邀請該教授開設講座課程。

知情人士說，在公司初期，教授一旦中選，就有絕對的自主權，可以自行設計課程內容。但現在該公司密切參與每門課程的製作，確保不會發生羅林斯所說的「在十磅裝的袋子裡賣五磅的肥料」。錄音之前，教授必須在規定的截止日期前，交每場講座的詳細大綱。公司員工與教授合作，確保課程的整體和部分內容彼此連貫。每堂課必須講滿三十分鐘，不像在大學校園裡那樣可以不按時間講課，或是把當週內容延至下週講授。這種品質控管的做法與學院形成鮮明對比，使得一些在初創前期可以隨心所欲參與錄製的教授，後來平和地與公司拆夥。哥大教授約翰．麥克沃特（John McWhorter）說，設計一門課程付出的心力相當於撰寫一本書，他的語言學講座是該公司最受歡迎的課程之一。

葛底斯堡學院（Gettysburg College）美國史教授艾倫．古爾佐（Allen Guelzo）指出，在強調教學方面，該公司與學術界截然不同；因為在學術界「教學通常被視為次級目標，『真正的』學術工作是研究」。[7] 儘管大學常為自己不夠重視教學而自責，但他們在授予終身職或加給薪水時，卻常常忽略了教師的教學技巧。至於要大學教授吸引學術殿堂之外的觀眾，也許錄製公共廣播電台的節目會得到他們的矚目，「經典課程」系列則不會。賓州大學歷史系教授傑里米．麥克倫尼（Jeremy McInerney）於一九九八年對《高等教育紀事報》表示，要不是當初他確定自己會有終身職，他不會為該公司錄製「古希臘文明」課程的。他說：「做這個，不會替你博得更多敬重。真要說有什麼區別，還有被人瞧不起的風險，因為很多人都懷疑任何帶有民粹色彩的東西。」[8]瞧瞧，不是說學院反對菁英主義嗎？

為「經典課程」錄製課程的教授真的做到廣告宣傳的那樣嗎？不一定。他們的授課有點閒扯的味道，有時會過分簡化（或是過分美化）題材，例如把尼采說成像是一個自我成長大師。但是，大多數教授都表現得很好，值得信賴，對於該主題表現出具感染力的熱情，無論是艾倫．古爾佐風度翩翩的表演，還是他埃默里大學的同事派崔克．艾利特（Patrick Allitt）教授，以直率的教學方式為公司錄製了品質極高的綜觀美國歷史課程。

「經典課程」最受歡迎的講師是音樂教授羅伯特．格林伯格（Robert Greenberg），他的確值得擁有忠實的追隨者。格林伯格對古代音樂的熱愛，博得觀眾對他的喜愛。在某個課程中，他懇求聽眾說：「我的朋友們，要不是這件事不得體，我會跪下來，懇求大家去買羅伯特．舒曼（Robert Schumann）壯麗的鋼琴五重奏錄音帶，你永不會後悔的。」在回顧布拉姆斯銷毀他前二十首弦樂四重奏時，格林伯格悲傷地說：「我們很想問：『布老、布老，你有必要這麼做嗎？』」[9]格林伯格的新澤西州藍領公眾形象（「我

7 原注：艾倫．古爾佐的電子郵件，寄件日二〇一一年四月二十一日。

8 譯注：「經典課程」很像是國家地理頻道會看到的娛樂和教導大眾目的節目，這種節目被看成是迎合市場、取悅大眾，是學術界學者所鄙視的。美國的大學名校極力宣傳自己提拔貧困和中產階級家庭的學生，想要撇清菁英特權階級的標籤，但根本骨子裡就是菁英主義，自視高人一等。

9 Robert Greenberg, "Great Masters: Robert and Clara Schumann—Their Lives and Music," Great Courses, accessed Apr. 23, 2018,

在萊維頓（Levittown）長大，」他解釋說：「如果你講話一副高高在上的樣子，你就會被揍得很慘。」），可能會讓一些正經的聽眾退避三舍，但是他介紹作曲家生平介紹得極好，生動描繪出作曲家狂想的天分及所處的文化環境。格林伯格說：「當布拉姆斯於一八五三年開始他第一次音樂會巡迴演出時，這位不到二十歲、來自下層社會、默默無名的金髮小毛頭，只會彈點鋼琴和寫寫音樂罷了。七個月後，他被譽為貝多芬的傳人。」[10]格林伯格課程中唯一的一缺點是，他總是拿平庸的匿名演出來講解，這是由於音樂播放有嚴格的版權規定，這點限制了他可以介紹的作曲家範圍。

不出所料，「經典課程」由於教學選擇不夠「多元化」而承受壓力。羅林斯收到來自女性的憤怒信，抱怨女性講師人數不足；於是他不斷招募女性講師，但成效甚微，某種程度上是因為女性講師的授課本來就少於男性。至於真正大名鼎鼎的女性教授，則因為演講費很高，而讓「經典課程」的酬勞顯得微不足道。黑人大牌教授的情況也是如此，其中一位教授告訴羅林斯：「老實說，湯姆，我從馬丁．路德．金紀念日[11]到「黑人歷史月」（Black History Month）[12]，每一晚都能賺好幾千美元；你的工作無法吸引我。」「經典課程」的講師獲得的版稅，會根據觀眾對其授課表現的評價而有所不同；基本版稅是課程總收入的4％，但如果課程評價夠高，版稅可以提高到6％。一門課程每年的平均版稅約為兩萬五千美元。

「經典課程」發現，教授們不會放縱自我任意地教學，這個事實可能顯示，學術界的狀況事實上可能比人們想像的要好，但是該公司的兩百多名教授僅占美國大學教學團隊的極小部分，況且某些「經典課程」講師覺得在自己的校園裡被邊緣化了。古爾佐說，「如果公司能提供他們終身職，他們就會爭相放棄現有工作，睡在沙發上為我們工作。」此外，我們也無從得知「經典課程」的教授在自己的學校裡是否會以同樣的方式教學。賓州大學歷史系教授艾倫・科斯（Alan Kors）說，教授對大學生授課時，會把內戰教成是「歷史上最大的奴隸起義」，因為他們接收到這樣的教學期待，也非常清楚針對付費的成人聽眾，該怎樣在理智上坦白地教學。[13]

遺憾的是，即使如此，某些「經典課程」的教授也把學術思想的狹隘給顯現出來了。我聯繫了另一位賓大歷史系教授，採訪他在這家公司的經歷。一開始他對我的請求回應很積極，之後他突然表示不會再跟我講話。他寫道：「在回覆你的第一封電子郵件之前，我應該先調查一下曼哈頓政策研究所才是。」「要我替否認我所信奉的一切的機構做出任何貢獻，我會良心不安。你的機構針對美國對內戰未公布的事情說了些話，所以我不得不對你這麼說。」

因此，僅管「經典課程」只是學界一個引起歧義的事件，但聽眾回應的意義很清楚：在現實世界中，人們對歷史和人類經典作品有強烈的需求。公共圖書館就該公司最受歡迎的課程組成了討論小組；客戶在機場看到「經典課程」的教授會上前搭訕，好像他們是名人似的；艾倫・科斯收到粉絲來信，當中包

---

https://www.thegreatcourses.com/courses/great-masters-robert-and-clara-schumann-their-lives-and-music.html. Robert Greenberg, "Great Masters: Brahms— His Life and Music," Great Courses, accessed Apr. 24, 2018, https://www.thegreatcourses.com/courses/great-masters-brahms-his-life-and-music.html.

10 Robert Greenberg, "Great Masters: Brahms."

11 譯注：一月的第三個禮拜一。

12 譯注：美國在二月慶祝。

13 原注：二〇一一年四月二十九日與艾倫・科斯的訪談。

括森林保護員和囚犯。相較之下，派崔克・艾利特教授說：「學生從來不會感謝你，念大學只不過是他們必須完成的事。」[14]

公司沒有公布客戶的任何資料，但教授們說，他們被告知要把聽眾想成跟他們的教育程度一樣，只是來自不同領域。這些客戶的手頭寬裕，才能支付課程的巨額費用；通常一門二十四堂課的課程價格約為二百美元，而格林伯格用三十二堂介紹作曲家威爾第（Verdi）的課程要價五百二十美元。耐心的客戶則會等待特價優惠期間，用大約六十美元的價格搶購課程。幾位教授建議，公司應把聽眾定位在保守傾向的人身上。塞斯・雷爾聲稱，公司在一九九〇年代告訴他，有些客戶對於他在「英語的歷史」課程中加入黑人英語感到不舒服。他說：「公司非常瞭解自己客戶的政治人口結構。」雷爾從客戶那裡收到一封憤怒的電子郵件，質問他課程中怎麼可以有諾姆・杭士基（Noam Chomsky）那個「狗娘養的左派份子」？約翰・麥克沃特被告知，要略去他在語言學課堂中一貫的論點，即文法「正確性」是「被任意強加」的觀念。然而，此等告誡只不過是反映出公司避免得罪任何客戶的願望。

有些受歡迎的教授從他們「經典課程」的版稅以及隨之而來的演講邀約中賺取的收入，比他們的本業學術的收入還要多。據《富比士》雜誌報導，格林伯格的「認識音樂入門」課程每年售出兩萬套；雷爾說，他「英語的歷史」課程的銷售成績高於所有課程銷售成績的中位數，在過去十二年賣出了上萬套。總而言之，自一九九〇年以來，該公司總共售出了九百萬門課程。

私募股權投資公司布倫特伍德（Brentwood Associates）在二〇〇六年收購了經典課程公司的多數股權，因為他們發現這家業務興隆的公司，擁有強大的成長潛力。布倫特伍德的艾瑞克・瑞特（Eric Reiter）說：

「羅林斯成立的公司，與我們之前看過的公司都不同。」「他是一位出色的企業家，經過嚴格的測試，一磚一瓦地把公司建立起來了。」[15]由於公司投入很多經費在重要版面上打廣告，利潤很快成長一倍，《紐約時報書評》、《大西洋》雜誌（*The Atlantic*）或《科學新聞》雜誌（*Science News*）的讀者，或是收到該公司前一年發出的七千萬本目錄的人，都可以看到經典課程的產品。「很少有企業擁有如此熱情的客戶群，」瑞特說，「在路上，十個人當中有九個從沒聽過這家公司；但是每十個瞭解他們產品的人，有九個會想要買。」

根據《紐約時報》的報導，到二〇一六年，經典課程公司的年銷售額達到了一．五億美元。該公司為旗下兩百名員工在維吉尼亞州設立了高科技總部，致力於改善ＤＶＤ的視覺學習輔助工具，這是唯一需要修正的地方。然而，「經典課程」在嘗試擴大課程範圍時，面臨了重大的挑戰：該公司前教授開發主任露辛達．羅伯（Lucinda Robb）說：「要找到優秀的講師並不容易，如今這種人才似乎越來越稀少了。」事實上，該公司一直在邀請最受歡迎的教授再回來錄製課程，但主題離他們的正式學術背景越來越遠。此外，課程也多元化發展到非學術領域，像是葡萄酒鑑賞和個人健康。日益普及的免費線上大學課程也成為公司的競爭對手，但直到目前為止，「經典課程」仍為講師增添了不少報酬，足以證明該產品的品質保證。

14　原注：二〇一一年四月二十八日與派崔克．艾利特的訪談。
15　原注：二〇一一年五月十七日與艾瑞克．瑞特的訪談。

經典課程的成功凸顯出的最大問題是：校園課程跟他們提供的如此不同，是因為大學生與成年人不同嗎？大學生真的想讀後殖民研究，而不是「林肯─道格拉斯大辯論」（Lincoln-Douglas Debates）[16]？「如果對孩子們說，『我們來做中世紀歐洲的反串演出吧！』他們會說，『不要，我們要演中世紀的國王和皇后。』」艾利特說，「大多數的孩子想上法國大革命、俄羅斯大革命、一次世界大戰和美國內戰的課程。」雷爾認為，「創意寫作是英語系中極受歡迎的專業課程，因為它是學生可以關注人物和情節的地方，他們可以很直接地頌揚文學的力量。」

但即使艾利特和雷爾是對的，教育市場在學院內外的運作方式大不相同，這應該歸咎於大學教育的消費者心態。幾乎沒有人是根據課程來對大學貨比三家，家長和學生選擇的是能提供最有名氣的證書和社交人脈的學校。想必其中有些家長就是「經典課程」的顧客，在自己的成人進修教育方面是識貨的買家，但在子女的教育上卻成了被動的提款機。雇主在決定派送招募人員到校園徵才時，也不在乎大學到底教了什麼，只在意每所大學私下進行的各式學生排名。

儘管忽略了學生對傳統課程的潛在需求，大學還是混得很好。但是，如果他們注意到「經典課程」在經典作品在教學方面的卓越成功，他們就能更好地完成使命。羅林斯說：「在創辦這間公司時，我並沒有想要解決問題。」「我只是想創造出美麗的東西。」大學應該仿效這種精神。

16 譯注：林肯和參議員史蒂芬林肯（Abraham Lincoln）和現任參議員史蒂芬 道格拉斯（Stephen Douglas）之間的一系列辯論，共七場辯論。在一九一三年的第十七次憲法修正案之前，參議員是由州議會選舉產生的，因此林肯和道格拉斯試圖為各自的政黨贏得伊利諾伊州議會的控制權。

第十五章

大學真正的宗旨

沙洛維聲稱耶魯堅決地揪出並揭穿「假論述」，這種說法本身就是個假論述。但是，推翻「假論述」是大學教育的理想狀況嗎？即使這個目標在不同版本中被各個政治派別廣泛接受，但事實不該如此。任何大學最緊迫的任務是傳遞知識，如此而已。

二〇一六年，耶魯大學校長讓我們一窺現代大學對自己的認知，儘管無論自由派和保守派都擁護這種看法，但它在本質上仍然存在缺陷。校長彼得．沙洛維告訴耶魯的大一新生，耶魯教育的主要宗旨是教導學生辨識「假論述」（false narrative）。沙洛維說，這種論述在美國文化中無處不在：「我的感覺是，我們每天都受到各種假論述的轟炸，它們造成了很大的傷害。」沙洛維說，擁護者可能「誇大、歪曲或忽略了關鍵事實，只為了加劇你的憤怒、恐懼或厭惡」。[1]（沙洛維多次重複了「憤怒、恐懼和厭惡」的三連體；儘管沙洛維試圖保持不分黨派的客觀立場，但不提到川普是不可能的）。根據沙洛維的觀點，耶魯大學的教師是回應假論述的典範。他說，耶魯的教師之所以可以團結起來，就是因為「對過度簡化問題、煽動情緒或誤導思想的論述，堅持立場、絕不輕信」。

關於沙洛維的主題，有兩件事可以說：首先，耶魯大學「堅持立場、絕不輕信」的態度非常可笑。其次，也是更重要的，沙洛維把大學教育的真正目的給搞錯了。為了評估耶魯大學是否真的是打破迷思的堡壘，有必要回到耶魯大學歷史上最黑暗的時刻——二〇一五年十月，校方對於學生大規模爆發「玻璃心」事件的回應。如第一章所述，一名大學舍監的妻子寄了封電子郵件給學生，表示他們可以自行決定穿哪種萬聖節服裝，不需要耶魯大學多元化委員的建議（萬聖節服裝因為涉嫌「擅用」少數族裔文化，已在全美國成為政治正確的監督目標）。[2]

該郵件在耶魯及其他地方的少數族裔學生中引起軒然大波，學生聲稱這威脅到他們的生命。在隨後許多氣氛緊張的聚會中，學生圍剿該名舍監，對他大聲叫罵，稱他為種族主義者，要求他從耶魯大學辭職。受到「黑人的命也是命」的啟發，在當時席捲美國大學校園的所有相關抗議活動中，就以這次的事件最為怪異。校方卑躬屈膝地做出回應，沙洛維校長對全校發出公開信，宣稱有必要「朝著更好、更多元和更包容的耶魯邁進」——暗示耶魯還不夠包容，並感謝學生為他提供「聆聽和從學生那裡學習的機會」。至於學生拒絕聽舍監說話，甚至拒絕給他說話的機會，則隻字未提。沙洛維繼續承諾會加強「打造仇恨和歧視沒有容身之處的校園」，言下之意是仇恨和歧視目前仍在耶魯校園占有一席之地。沙洛維宣布，學校的行政官員包括系主任和院長，都會接受打擊種族主義的培訓，並重申會為耶魯已耗費龐大資源的多元化努力再多投注五千萬美元。

用沙洛維的話來說，若有什麼論述值得被「堅持立場、絕不輕信」的態度給質疑，那就是耶魯是「仇恨與歧視」來源這種說法。在尼古拉斯．克里斯塔基斯受到長達數小時的壓迫時，一名學生大聲抱怨：「我們要死了！」再說一遍：耶魯大學的少數族裔學生不僅毫無疑問**不會**死，而且耶魯（或任何其他美國大學）沒有一名教職員或行政官員是不希望少數族裔學生成功的。耶魯大學一直試圖在不重創學術水準的情況下，盡可能接納和雇用「代表性不足的少數族裔」。在人類歷史上，從沒有比耶魯（和其他的美國大學）更寬容的社會環境，至少在你不挑戰盛行的政治正統觀念時是如此。任何自認受到大學迫害的耶魯學生都陷入可怕的幻想當中，他們無法理解自己有多幸運，能進入這所全世界最令人敬畏又資源豐富的大學。

---

1 Peter Salovey, "Countering False Narratives," *Yale Alumni Magazine*, Aug. 27, 2016, accessed Apr. 24, 2018, https://yalealumnimagazine.com/articles/4394-countering-false-narratives.

2 譯注：傳統中，牛仔、印第安、黑人、墨西哥人、亞洲人的服裝常常作為萬聖節銷售服裝的熱門，可是現在在大學校園中都成了「危險」的禁品。還有些大學規定有影射窮人、南方鄉巴佬、垃圾白人（white trash）、同性戀和跨性別人的服裝都屬於「冒犯他人」之列。

但是，美國校園種族主義普遍存在的說法，顯然不在沙洛維所想的「假論述」之列。不僅校長支持這種說法，甚至引發萬聖節服裝軒然大波的那對夫妻，還得寫信向住在宿舍的少數族裔學生道歉。尼古拉斯和艾瑞卡・克里斯塔基斯教授寫道：「我們知道那〔原始電子郵件〕對你們造成了傷害，我們深表歉意。」「我們知道學生們有各種不同的情況，覺得自己沒有話語權，我們希望你們知道，我們聽到了你們的聲音並且支持你們。」[3]耶魯的少數族裔學生可能「覺得自己沒有話語權」，但這種感覺跟覺得耶魯不夠「包容」一樣都只是幻想。

因此，沙洛維聲稱耶魯堅決地揪出並揭穿「假論述」，這種說法本身就是個假論述。但是，推翻「假論述」是大學教育的理想狀況嗎？即使這個目標在不同版本中被各個政治派別廣泛接受，但事實不該如此。任何大學最緊迫的任務是傳遞知識，如此而已。美國學生進大學時，對歷史、文學、藝術或哲學幾乎一無所知。如果他們渴望在理工領域工作，或許已掌握了一些基本數學和物理知識，甚至還掌握了寫程式的技能。但是他們對浩瀚的西方文明的認識普遍是膚淺的，他們只在自拍和流行文化的表層上遊走，頂多短暫地跳入過去的文明過。

後現代理論是當今大學的主要產物，它立即表示立場中立的概念不存在，[4]但這種過分複雜的批判理論與學生的普遍無知無關。核心的事實和思想有其基礎，並凌駕在任何後續的修正主義詮釋之上。這些基礎至少包括：導致歐洲民族國家建立的事件；希臘羅馬文明的成就；熟悉莎士比亞、希臘悲劇家、馬克吐溫、狄更斯、華茲渥斯和斯威夫特的主要著作；對遺傳學和神經元功能的理解；憲政民主的哲學基礎；以及人類地質學的其他數百個重要地層。

「假論述」的概念與大量學生並不知道的東西根本毫無關係。在挑戰關於過去的論述之前，應該要先對既定輪廓摸得夠透徹。沙洛維校長舉出許多耶魯推翻「扭曲論述」的例證，其中一個案例無疑能引發更多傾向保守思想的聽眾和讀者共鳴：一位中世紀歷史教授據稱證明了世俗法律傳統的宗教根源。[5]此類研究是任何大學不可或缺的一部分，但是對大學生來說，耶魯若能教他們中世紀教會法和英國習慣法之間的區別，就算只是模糊的概念，也算是成功了。

此外，把傳統上對於習慣法的公認理解定義為「假論述」，這也是不精確的，而且這個術語暗示了意識形態的目的，更何況它本身本來就是高度意識形態的。沙洛維把中世紀主義者的作品插入「假論述」的想法中，反映了當代學術的潮流。一九七〇年代，有種怪誕的想法掌控了整個人文學科，即批評的目的是為了揭露「文本」涉嫌加諸和犯下的欺騙行為。這種假定主張所有語言都帶有隱藏的意含，要不是顛覆所謂的權力結構，就是強化權力結構。法國哲學家呂格爾（Paul Ricoeur）將這種觀點稱為「懷疑的詮釋」。呂格爾的起源可追溯到馬克思、佛洛伊德和尼采，他們提出的觀念是，人類生活在謊話連篇和對世界的幻覺中，無論是經濟關係、理性自我，還是哲學真理皆然。

沙洛維的「假論述」模式一個較常見的前因，是一九九〇年代後期的進步主義教育的口號，即「批

3 David Shimer, "Admins Speak Out on Racial Tensions," *Yale Daily News*, Nov. 6, 2015, accessed Apr. 24, 2018, https://yaledailynews.com/blog/2015/11/06/holloways-email-addresses-campus-controversies/.

4 譯注：立場中立的概念，如同知識本身沒有好或壞，好壞就看使用者怎麼用它。

5 原注：沙洛維，「反駁假論述」。

判思考」應成為教育目標。教育官員宣稱，網路已經使單調枯燥的事實交流變得過時，因為學生總是可以在網路上查到像是事實的無聊東西。相反地，學校應培養學生「批判思考」的能力。一種典型做法是讓學生「解構」廣告，來揭露大型惡質公司欺騙消費者的所有手段。「批判思考」的觀念宣稱，根本沒有任何實質內容需要傳授，這讓教師輕鬆擺脫了責任，不再需要教任何東西給學生。

但是，隨著學術身分政治的興起，「假論述」的想法才被真正展現出來。對於現代學者而言，典型的「假論述」有助於白人異性戀男性對受害者群體的壓迫。沙洛維使用耶魯教授揭穿「假論述」的故事做為他最後的例證，切中所有必要的要點。沙洛維說：「〔黑人女性主義理論家〕海柔兒・卡比（Hazel Carby）教授在《沉默的過去》（*Silencing the Past*）一書的推薦序中，強調為何挑戰被邊緣化的錯誤和不完整論述是這麼重要。『卡比寫道，我們看到不足的證據如何通過重新組合，產生出新的說法。我們看到沉默如何讓自己發聲。』」不出所料，卡比介紹的這本書把加勒比奴隸叛亂、大屠殺，阿拉莫戰役和哥倫布這些扭曲的行為和想法，全都歸咎於西方人。

日常政治領域可說是充斥著假論述。但是，過去充滿了成就，這些成就並不像是「假論述」一詞所指的「論述」或「虛假」。我們應當以謙卑和敬畏的方式來思考這些成就，無論學者和學生都應該以他們自己的方式來理解才是。

保守人士近來強調注重過程的教育觀念，這種觀念與「假論述」的做法有異曲同工之妙，反映出他們對校園內壓制政治不正確觀點的反感。他們會這樣是可以理解的，批評校園政治正確的人說，教育應該是理性的辯論，並在追求真理的過程中，所有的觀點都能表達。普林斯頓大學教授羅伯特・喬治（Robert

George）在《華爾街日報》上寫道，學生應該向會挑戰自己觀點的教授修課，並參加觀念不相投的學者所主講的講座。喬治堅稱，學生不該「深愛自己的觀點」，而拒聽「其他人不同的看法」。[6]

蘇格拉底式的教育理想看似合理，以至於人們以為不該妄加批評。當然，學生應接觸他們不同意的想法，而非禁止任何挑戰他們世界觀的觀點發聲。但是，在「意見」之外還存在無窮盡的知識。一個無知的十八歲年輕人如果說「我對早期地中海文明有些意見，但我願意聽聽其他人有何不同的意見」，你一定覺得很荒謬。換成這麼說也很荒謬：「我對熱力學定律有些想法，但我願意聽聽其他人的意見。」[7]

自由言論的教育模式趨向於關注當下。學生意見最強烈的議題，則涉及當前政治和政策問題：川普是法西斯主義者嗎？移民執法是種族主義嗎？刑事司法制度是否歧視黑人？「跨性別」人士該用哪種廁所？然而我們的現實是，大學校園只能接受這些問題的一種答案，這本身無疑就是問題。但這些不是大學教育應該關注的事情，學生畢業後會有很多時間來辯論時事。雖然捍衛大學要開放的人理直氣壯地爭取言論自由，但他們不該忽略大學的核心使命是傳遞知識。如果學生更投入於獲取知識，而對挑戰邊緣化的「假論述」不那麼感興趣，二〇一六年總統大選之後，我們可能就不會看到自以為是的校園如此崩壞。

6　Robert P. George, "Why I Wanted to Debate Peter Singer," op-ed, *Wall Street Journal*, Dec. 18, 2016, accessed Apr. 24, 2018, https://www.wsj.com/articles/why-i-wanted-to-debate-peter-singer-1482098245.

7　譯注：有很多知識是不屬於「意見」的，例如，地球是圓的，屬於不容置疑的事實。

第十六章

從文化到杯子蛋糕[1]

這看似無謂的訓誡背後真正的含意是：「不要碰觸政治正確的禁忌，不要違反種族、性別認同或玻璃心牢騷火藥庫中任何受到偏袒的類別項目。」

學生擔心右翼挑釁者米羅．雅諾波魯斯出現在他們面前開講，因此上街頭抗議；甚至更早之前，柏克萊大學就以視覺方式呈現該校已從學習場所墮落為受害者的溫室。在柏克萊校園的步行範圍內，既有學術世界消失的象徵，也有將其驅逐的多元化產業的象徵。

第一次到柏克萊法學院，看到法學院外牆上鑄有以現代主義包浩斯字體書寫的兩篇勸勉學子的訓文，一定會驚歎不已。這兩篇訓文點綴了原本粗曠的建築外觀，使用的詞藻現在也已成為如此過時的文字。左邊是最高法院大法官班傑明．卡多佐（Benjamin Cardozo）於一九二五年在奧爾巴尼法學院（Albany Law School）發表的一段話：

你們將學習前人的智慧，因為在意見衝突的曠野中，他們已照耀出一條小路。你將學習人類的生活，這是你必須安排的生活。而且必須知道要用智慧來安排。你將學習正義的戒律，這些都是真理，憑藉著真理你將得勝。這是高尚的事業、高貴的努力、功成名就的絕妙機會，我召喚你，並歡迎你。

好像這還不夠老派似的，入口右側是奧利弗．溫德爾．霍姆斯（Oliver Wendell Holmes）的訓言，卡多佐於一九三二年繼任了他最高法院大法官的職位。以下文字是霍姆斯一八八五年對薩福克律師公會（Suffolk Bar Association）的講詞：

當我想到法律的這些方面，我看到一位比繡在巴約掛毯（Bayeux）上的人更加非凡的公主，她永恆地在織布上編織著綿延不斷的過往模糊圖形，這些圖形太過模糊，以至於懶惰的人不會注意；而且也太過象徵性，只有她的學徒才能解釋。但對於有洞察力的人而言，這揭示了人類由野蠻孤立走向有機社會的奮鬥道路上，每個痛苦的腳步以及每次震撼世界的鬥爭。

如今沒有一間從零開始建立的法學院會在建築外部展示現這種情感。這種情感與盛行的學術意識形態相悖，就像十九世紀末刻在美國校園建築上的偉大思想家的名字一樣，清一色幾乎都是男性。當然，卡多佐和霍姆斯光是使用「人類」這個單字，就是該被刪除的好理由了。[2]但同樣踰矩的是，他們認為過去存在著智慧，不是僅有歧視而已。他們把學習看成是英勇的開拓精神，著眼於超乎自我、過去以及現在的寬闊世界，而非專注於自身及想像的受害者意識。教育是對客觀知識的追求，把學習者帶入更廣闊的思想與成就領域。從風格上來講，卡多佐的崇高語調與他複雜的句法一樣過時，對於執迷於身分認同的當今大學而言，他勸人精通知識的想法太過「男性主義」中心和自鳴得意了。

霍姆斯為卡多佐的華麗語言風格，增添了古典神話與歷史傳奇交織的詩歌意象，這種引用典故的修辭傳統，早已從公眾話語中消失。霍姆斯的輝格黨（Whig）自由主義，視歷史為持續向上發展的過程，違反了當前的學術執念，是對西方社會的「他者」持續加以迫害。兩位思想家對法律的讚揚，都忽視了「批

1　譯注：原文是純粹的字母押韻。
2　譯注：「人類」的英語是 mankind，當中的 man 指「男性」，算是政治不正確的用語。

判種族理論」的教義，該理論標榜要揭露看似良性的法律概念中種族歧視的弦外之音；而且這兩人還要命地沒提到「包容」和「多元化」。

如今，柏克萊法學院的網站上沒有絲毫高昂氣息，最接近任何一點能讓人覺得崇高的一句話是以下陳述：「我們相信柏克萊法律學位，是讓本地和全球改變的工具。」卻沒說明過往的研究能提供我們什麼。

但是，最近離法學院幾呎之處出現了一堆陳腔濫調，與華麗的詞藻相比，進步主義意識形態的表達方式極為平淡，肯定能算是彌爾頓式的莊嚴風格。柏克萊大學的平等與包容部門，在總校區各處懸掛了垂直旗幟，提醒學生當代大學的首要任務：受害者也有階級之分，而且競爭可激烈呢，可分為有罪導致自己變成受害者和無辜的受害者兩種。每幅旗幟上都印有學生或學生服務官僚機構成員的照片，旁邊則引述學生或官員的話。此處的語句沒有抑揚頓挫、沒有神話意象，也沒有征服智識的勸勉。取而代之的是，這些抱怨或懺悔片段充滿了身分認同政治中所使用的時髦術語。「我承認權力和特權交織在我們的生活中。」二〇一七年入學的亞裔女生起誓說。「權力與特權」的「交織」到底有多嚴重？答案出現在一面旗幟上，上面有一名反戴著棒球帽的黑人女學生及一名拉美裔男學生，他們共同敦促柏克萊「創造一個與你不同的人可以生存的空間」（二〇一八年，柏克萊成立一百五十週年的校慶祝賀海報，已取代大多數多元化旗幟，至少目前如此）。

你若天真地看待這些旗幟，就會認為柏克萊有很多「和自己不同的人」，甚至認為柏克萊拿著豐厚的知識和物質財富，來歡迎那些「和自己不同的人」。然而，這種誤解恰恰是柏克萊每年提供平等與包容部門兩千萬美元大筆資金，並配置一百五十名全職職員的重要原因：柏克萊對待被「他者化」的學生到底有多惡劣，需要花這麼多經費和人員，才能把這種觀念輸入學生腦中？學生服務官僚部門的一名成員在標語上不斷釋放受到壓迫的訊息。「我會是勇敢而富同情心的盟友。」衛生服務部的班尼．加茲特（Bene Gatzert）如此宣稱。今日校園的教職員把自己視為英勇的抗爭者，抵抗白人男性異性戀無處不在的壓力。「同盟關係」這種**跟上時代的**觀念，把校園分化成受壓迫者、受壓迫者的盟友以及壓迫者。如果你不屬於前兩者，那麼你就是第三類別的人。柏克萊這所美國最優秀的公立大學，擁有傲視全球的圖書館和實驗室，如果受壓迫的學生得要在苦難中求生存，就需要「盟友」的支持。

柏克萊可能的壓迫者也提供了適當表態的自我矮化旗幟：「我會在說話和行動前三思而後行。」二〇一六年入學的一名白人男學生如此允諾。這種自我管控的誓言通常是艾米．威克斯和賴利．亞歷山大（第十二章）所頌揚的資產階級美德，但是在當前的學術背景下卻意味著：「在開口說話之前，我會仔細研究加大官方所提供的微歧視清單，以免因為沒有留意到種族不同、關於成就或勤奮工作的價值觀不同，而不小心冒犯了他人。」

負責製作這些旗幟的官僚機構前負責人對這些旗幟發表了評論。擔任平等與包容副校長、年收入高達二十一萬五千美元的娜伊兒．史華德．納賽（Naʾilah Suad Nasir）敦促大家，要「尊重他人完整的人性」；這種訓誡通常適用於調解想要進行屠殺的部落族人，或是交戰的部落。但是，這些柏克萊承平時期的學生，打從幼稚園就接受寬容和多元化的幼稚思想，竟然危險到會侵犯他人的人性，這個荒謬假設已超出日常社交互動的細微常態。這看似無謂的訓誡背後真正的含意是：「不要碰觸政治正確的禁忌，不要違反種族、性別認同或玻璃心牢騷火藥庫中任何受到偏袒的類別項目。」

副校長兼教務主任約瑟夫・格林威爾（Joseph Greenwell）表示，應該要「保持心胸開放並正直地傾聽」，這種說詞也同樣卑鄙。令人作嘔的流行心理學創造出「正直地聆聽」這種說法，根本是學生服務官僚將自己定位為心理療程的引路人，而非在領導高等教育機構。學生抵達柏克萊後，對於最基礎的西方歷史文化一無所知，程度差到令人錯愕。柏克萊的這些大人們，應該要在學生畢業之前，對於能否盡可能地將知識塞給他們感到焦慮才對。但在旗幟運動中，知識匱乏的學生唯一可使用的學術資源，正如一名二〇一五年入學的拉美裔學生旗幟上寫著的：「好好把握美國文化課的上課機會」。正如我們所知，美國文化課可是柏克萊的多元化要求呢！官方網站上這樣寫著：「這是更具包容性的課程，反映了美國的不同種族群體，」並且可以「與社區組織一起開展協同的社會正義計畫。」事實上，對於新生來說，更適當的訓誡應該是：「畢業之前，請多學些美國歷史。」

霍姆斯和卡多佐邀請學生進入學術的生活。多元化官僚則徵用了美國大學，邀請學生參加文化再教育營，在那裡可以招認自己的政治惡行，或是鉅細靡遺地描述自己的受害過程。後川普時代的神經崩潰，是多元化官僚統治下的直接結果；人們對川普當選的反應，只會更加鞏固他們的地位，並加深假象，伴隨著學生和應屆畢業生進入外面更大的世界。我們不但沒有透過歷史遺產提供的最好知識，開展我們的心智並更加瞭解事物，反倒越來越狹隘地將學生依特徵劃分成承受各種不同委屈的群體。除了龐大的行政官僚體制之外，還有誰能從中受益呢？消失的遺產會被什麼東西給取代呢？

4. Homi K. Bhabha, ed., *Nation and Narration* (New York: Routledge, 1990), 3.

第十四章　經典課程的豐厚益處

1. Bard College Catalogue 2017–2018, pages 165, 169, 170, accessed Apr. 24, 2018, http://www.bard.edu/catalogue/index.php?aid=1204742&sid =670341pp.
2. Tom Rollins, interview, May 18, 2011.
3. Wesleyan University Catalog 2017–2018, https://iasext.wesleyan.edu/regprod/!wesmaps page.html?stuid=&facid =NONE&crse =013261&term=1179.
4. Bowdoin College's class schedule for "Renaissance Sexualities," https://www.bowdoin.edu /register /course -information /course-info/Spring/sched-s17.pdf.
5. Allen Guelzo, email message, Apr. 21, 2011.
6. Robert Greenberg, "Great Masters: Robert and Clara Schumann—Their Lives and Music," Great Courses, accessed Apr. 23, 2018, https://www.thegreatcourses.com/courses/great-masters-robert-and-clara-schumann-their-lives-and-music.html. Robert Greenberg, "GreatMasters: Brahms—His Life and Music," Great Courses, accessed Apr. 24, 2018, https://www.thegreatcourses.com/courses/great-masters-brahms-his-life-and-music.html.
7. Robert Greenberg, "Great Masters: Brahms."
8. Alan Kors, interview, Apr. 29, 2011.
9. Patrick Allitt, interview, Apr. 28, 2011.
10. Eric Reiter, interview, May 17, 2011.

第十五章　大學真正的宗旨

1. Peter Salovey, "Countering False Narratives," *Yale Alumni Magazine,* Aug. 27, 2016, accessed Apr. 24, 2018, https://yalealumnimagazine.com/articles/4394-countering-false-narratives.
2. David Shimer, "Admins Speak Out on Racial Tensions," *Yale Daily News,* Nov. 6, 2015, accessed Apr. 24, 2018, https://yaledailynews.com/blog/2015/11/06/holloways-email-addresses-campus-controversies/.
3. Salovey, "Countering False Narratives."
4. Robert P. George, "Why I Wanted to Debate Peter Singer," op-ed, *Wall Street Journal,* Dec. 18, 2016, accessed Apr. 24, 2018, https://www.wsj.com/articles/why-i-wanted-to-debate-peter-singer-1482098245.

accessed Apr. 24, 2018, https://www.nsf.gov/awardsearch/showAward?AWDID=1730693&HistoricalAwards =false.

3. Stuart H. Hurlbert, "Politicized External Review Panels as Unguided 'Diversity' Missiles: California University Administrators Remain Ultra-slow Learners," Center for Equal Opportunity, Sept. 13, 2017, accessed Apr. 23, 2018, http://www.ceousa.org/about-ceo/docs/1140-politicized-external-review-panels-as-unguided-diversity-missiles.
4. Sharon Zhen, "Engineering School Introduces Associate Dean of Diversity and Inclusion," *Daily Bruin,* Sept. 17, 2017, accessed Apr. 24, 2018, http://dailybruin.com/2017/09/17/engineering-school-introduces-associate-dean-of-diversity-and-inclusion/.
5. Association of American Colleges & Universities, "Teaching to Increase Diversity and Equity in STEM (TIDES)," accessed Apr. 24, 2018, https://www.aacu.org/sites/default/files/files/LEAP/LEAPChallengeTIDES .pdf.
6. James Damore and David Gudeman v. Google LLC, 18CV321529, Superior Court of California, County of Santa Clara, accessed Apr. 24, 2018, https://www.scribd.com/document/368694136/James-Damore-vs-Google-class-action-lawsuit.
7. Physician -scientist, email message to author, February 4, 2018.

第十二章　資產階級行為的喧然大波

1. Dan Spinelli, " 'Not All Cultures Are Created Equal,' Says Penn Law Professor in Op-Ed," *Daily Pennsylvanian, Aug.* 10, 2017, accessed Apr. 24, 2018, http://www.thedp.com/article/2017/08/amy-wax-penn-law-cultural-values.
2. Ted Ruger, "On Charlottesville, Free Speech, and Diversity," *Daily Pennsylvanian,* Aug. 14, 2017, accessed Apr. 24, 2018, http://www.thedp.com/article/2017/08/guest-column-dean-ted-ruger-penn-law-charlottesville-amy-wax.
3. 33 Penn Law Faculty Members, "Open Letter to the University of Pennsylvania Community," *Daily Pennsylvanian,* Aug. 30, 2017, accessed Apr. 24, 2018, http://www.thedp.com/article/2017/08/open-letter-penn-law-faculty.
4. Stephen Ferruolo, email, "To the USD School of Law Community," Sept. 12, 2017.

第十三章　人文學科與我們的關係

1. *The Memoirs of Hector Berlioz,* trans. and ed. David Cairns, (New York: Alfred A. Knopf/Everyman's Library, 2002), 70, 72.
2. *The Collected Essays of Ralph Ellison,* rev. and updated, ed. and with an introduction by John F. Callahan (New York: Modern Library, 2003), 164.
3. Jacques Derrida, *Of Grammatology,* trans. Gayatri Chakravorty Spivak (Baltimore and London: Johns Hopkins University Press, 1976), 109.

4. "UCLA's Core Mission can Be Expressed in Just Three Words: Education, Research, Service," *UCLA Mission and Values,* accessed Apr. 23, 2018, http://www.ucla.edu/about/mission-and-values.
5. Interview with electrical and computer engineering professor, July 27, 2012.
6. Maria Herrera Sobek, interview, July 18, 2012.
7. "Astrophysics Jobs Rumor Mill—Faculty & Staff," *AstroBetter,* accessed Apr. 23, 2018, http://www.astrobetter.com/wiki/Rumor+Mill+2012-2013+Faculty -Staff.
8. "UC Advisory Council on Campus Climate, Culture and Inclusion named," press release, University of California Office of the President, June 16, 2010, accessed Apr. 23, 2018, http://www.fresno.ucsf.edu/newsroom/newsreleases/2010-6-16Flores.pdf.
9. University of California, Diversity Annual Accountability Sub-Report, September 2010, accessed May 7, 2018, https://www.ucop.edu/graduate-studies/files/diversitysubreport2010.pdf.
10. Berkeley Academic Guide, American Cultures Requirement, accessed Apr. 23, 2018, http://guide.berkeley.edu/undergraduate/colleges-schools/engineering/american-cultures-requirement/.
11. UC Berkeley Spring 2016 course: Gender and Women's Studies 130AC—Gender, Race, Nation, and Health, accessed Apr. 23, 2018, https://ninjacourses.com/explore/1/course/GWS/130AC/.
12. "College Faculty Vote Down Community and Conflict General Education Requirement," UCLA Today, June 1, 2012, accessed Apr. 28, 2018, http://newsroom.ucla.edu/stories/college-faculty-vote-down-community-234674.
13. Phil Hampton, "Faculty Approve Undergraduate Diversity Requirement for UCLA College," *UCLA Newsroom,* Apr. 10, 2015, accessed Apr. 23, 2018, http://newsroom.ucla.edu/releases/faculty-approve-undergraduate-diversity-requirement-for-ucla-college.
14. University Committee on Planning and Budget, The Choices Report (Oakland: Systemwide Academic Senate of the University of California, March 2010), accessed Apr. 23, 2018, http://gsa.ucsd.edu/sites/gsa.ucsd.edu/files/SW%20UCPB%20Choices%20Rpt%20Apr%202010 .pdf.
15. UC Newsroom, "How UC Serves Low Income Students," Jan. 29, 2014, accessed Apr. 23, 2018, https://www.universityofcalifornia.edu/news/how-uc-serves-low-income-students.
16. Berkeley Financial Aid & Scholarships website, Blue and Gold Opportunity Plan, accessed Apr. 23, 2018, https://financialaid.berkeley.edu/blue-and-gold-opportunity-plan.

第十一章　身分認同政治對科學的危害

1. UCLA scientist, email message to author, Jan. 16, 2018.
2. "Advance Partnership: Faculty Intervention Guide and Decision Tool for Improving the Academic Workplace," award abstract 1726351, accessed Apr. 24, 2018, https://www.nsf.gov/awardsearch/showAward?AWDID=1726351&HistoricalAwards =false;National Science Foundation, "IUSE/PFE: RED: REvolutionizing Diversity Of Engineering (REDO-E),"awardabstract 1730693,

2018, https://www.nytimes.com/2018/01/13/style/mario-testino-bruce-weber-harassment.html.

4. Bonnie Wertheim, "The #MeToo Moment: Covering 'The New Red Carpet,' " *New York Times,* Jan. 6, 2018, accessed on April 23, 2018, https://www.nytimes.com/2018/01/06/us/the-metoo-moment-covering-the-new-red-carpet.html.
5. Jim Fusilli, "The Grammys' Boys' Club," *Wall Street Journal,* Jan. 23, 2018, accessed Apr. 23, 2018, https://www.wsj.com/articles/the-grammys-boys-club-1516745617.
6. Julia Reiss, "Six Female Music Executives Respond to Neil Portnow with Letter to Recording Academy," *Complex,* Feb. 5, 2018, accessed Apr. 23, 2018, http://www.complex.com/music/2018/02/six-female-music-executives-respond-neil-portnow-with-letter-to-recording-academy.
7. Joelle Emerson, email message to author, Jan. 21, 2018.
8. Carolina A. Miranda, "What the Sexual Harassment Allegations at Artforum Reveal about Who Holds the Power in Art (Hint: Not Women)," *Los Angeles Times,* Nov. 1, 2017, accessed Apr. 23, 2018, http://www.latimes.com/entertainment/arts/miranda/la-et-cam-knight-landesman-artforum-20171101-htmlstory.html.
9. Robin Pogrebin and Jennifer Schuessler, "Chuck Close Is Accused of Harassment. Should His Artwork Carry an Asterisk?" *New York Times,* Jan. 28, 2018, accessed Apr. 23, 2018, https://www.nytimes.com/2018/01/28/arts/design/chuck-close-exhibit-harassment-accusations.html.
10. Interview with orchestra conductor's agent, Nov. 28, 2017.
11. Deirdre McCloskey, email to author, January 24, 2018.
12. James Damore and David Gudeman v. Google LLC, 18CV321529, Class Action Complaint, filed Jan. 8, 2018, Superior Court of California, County of Santa Clara, accessed Apr. 23, 2018, https://www.scribd.com/document/368694136/James-Damore-vs-Google-class-action-lawsuit.
13. Editorial Board, "The Quest for Transgender Equality," *New York Times Opinion Section,* May 4, 2015, accessed Apr. 23, 2018, https://www.nytimes.com/2015/05/04/opinion/the-quest-for-transgender-equality.html.

第十章　多元文化大學

1. "President Clark Kerr, a National Leader in Higher Education, Dies at 92," press release, *UCBerkeleyNews,* Dec. 2, 2003, accessed Apr. 23, 2018, https://www.berkeley.edu/news/media/releases/2003/12/02kerr.shtml.
2. Kassy Cho, "Assistant Dean for Campus Climate Selected," *Daily Bruin,* May 10, 2011, accessed Apr. 23, 2018, http://dailybruin.com/2011/05/10/assistantdeanforcampusclimateselected/.
3. Lisa Cisneros, "UCSF Appoints First-Ever Vice Chancellor for Diversity, Outreach," *UCSF News Center,* Dec. 2, 2010, accessed Apr. 23, 2018, https://www.ucsf.edu/news/2010/12/5854/ucsf-appoints-first-ever-vice-chancellor-diversity-outreach.

assets/pdf/Task%20Force%20Report%20Final .pdf.
4. Michael Kimmel and Gloria Steinem, " 'Yes' Is Better Than 'No,' " op-ed, *New York Times, Sept.* 4, 2014, accessed Apr. 23, 2018, https://www.nytimes.com/2014/09/05/opinion/michael-kimmel-and-gloria-steinem-on-consensual-sex-on-campus.html.
5. Exhibit 4, screen shots of text messages submitted as evidence in John Doe v. Occidental College, accessed Apr. 23, 2018, https://d28htnjz2elwuj cloudfront.net/wp-content/uploads/2014/06/John-Doe-Full-Lawsuit-against-Occidental-Part-2 pdf.
6. John Doe v. Occidental College, Los Angeles County Superior Court, Feb. 13, 2014, accessed Apr. 23, 2018, https://d28htnjz2elwuj.cloudfront.net/wp-content/uploads/2014/02/John-Doe-Full-Lawsuit-against-Occidental-Part-1Redacted.pdf.
7. Jeffrey Rosen, "Ruth Bader Ginsburg Opens Up About #MeToo, Voting Rights, and Millennials," *Atlantic,* Feb. 15, 2018, accessed Apr. 23, 2018, https://www.theatlantic.com/politics/archive/2018/02/ruth-bader-ginsburg-opens-up-about-metoo-voting-rights-and-millenials/553409/.

第八章 小家碧玉的哥大女學生

1. *Columbia University Sexual Respect* website, accessed Apr. 23, 2018, https://sexualrespect.columbia.edu/2017-18-sexual-respect-and-community-citizenship-initiative.
2. Email message to author, July 7, 2015.
3. Paul Nungesser complaint filed against Columbia University trustees Lee C. Bollinger and Jon Kessler, 15 CV 03216, United States District Court, Southern District of New York, Apr. 29, 2015), accessed Apr. 23, 2018, https://www.scribd.com/doc/262956362/Nungesser-Filed-Complaint.

第九章 監督性欲：#MeToo 運動不可能存在的假設

1. Alexa Valiente and Angela Williams, "Matt Damon Opens Up about Harvey Weinstein, Sexual Harassment and Confidentiality Agreements," *ABC News,* Dec. 14, 2017, accessed Apr. 23, 2018, https://abcnews.go.com/Entertainment/matt-damon-opens-harvey-weinstein-sexual-harassment-confidentiality/story?id=51792548.
2. Jessica Bennett, "When Saying 'Yes' Is Easier Than Saying 'No,' " *New York Times* Sunday Review, Dec. 16, 2017, accessed Apr. 23, 2018, https://www.nytimes.com/2017/12/16/sunday-review/when-saying-yes-is-easier-than-saying-no.html?rref=collection%2Fsectioncollection%2Fsunday&action =click&contentCollection =sunday&region =stream&module=streamunit&version =latest&contentPlacement =7&pgtype=sectionfront.
3. Jacob Bernstein, Matthew Schneiner, and Vanessa Friedman, "Male Models Say Mario Testino and Bruce Weber Sexually Exploited Them," New York Times, Jan. 13, 2018, accessed Apr. 23,

12. Janet Halley, "Trading the Megaphone for the Gavel in Title IX Enforcement," *Harvard Law Review* 128 (Feb. 18, 2015), accessed May 7, 2018, https://harvardlawreview .org/2015/02/trading-the-megaphone-for-the-gavel-in-title-ix-enforcement-2/.
13. Interview with Columbia University security official, Oct. 26, 2007.
14. Memorandum Opinion by Judge Norman K. Moon, John Doe v. Washing ton and Lee University, 6:14-cv-00052, U.S. District Court for he Western District of Virginia, ynchburg Division (2015), accessed on ay 7, 2018, https://law.justia.com/cases/federal/district-courts/virginia/vawdce/6:2014cv00052 96678/54/.
15. Brett A. Sokolow, Esq. and NCHERM Group Partners, An Open Letter to Higher Education about Sexual Violence, ay 27, 2014.
16. Jeremy Bauer-Wolf,"Student Accused of Sexual Assault Wins Big in Court," *Inside Higher Ed,* Feb. 13, 2018, accessed Apr. 23, 2018, https://www.insidehighered.com/quicktakes/2018/02/13/student-accused-sexual-assault-wins-big-court.
17. Alan Charles Kors, interview, Oct. 26, 2007.
18. Alan D. Berkowitz, "Guidelines for Consent in Intimate Relationships," *Campus Safety & Student Development* 4, no. 3, (March/Apr. 2002), 49–50, accessed Apr. 23, 2018, http://www.alanberkowitz.com/articles/consent.pdf.
19. B well Health Promotion, Sex 101, "Sex Toys," Brown University, accessed Apr. 23, 2018, https://www.brown.edu/campus-life/health/services/promotion/sexual-health-sex-101/sex-toys.
20. Tumblr page for Oberlin Sexual Information Center, accessed Apr. 23, 2018, http://oberlinsic.tumblr.com/post/76579281747/is-the-sex-toy-sale-happening-this-semester.
21. Harvard Sex Week, "Sex Week 2017," Harvard University, accessed Apr. 23, 2018, https://www.harvardsexweek.org/sex-week-2017/.
22. Go Ask Alice!, Columbia University website, accessed Apr. 23, 2018, http://goaskalice.columbia.edu/answered-questions/im-sure-i-was-drunk-im-not-sure-if-i-had-sex.
23. Interview with Rutgers University freshman, Nov. 7, 2007.

第七章　校園中的新維多利亞主義

1. Tovia Smith, "A Campus Dilemma: Sure, 'No' Means 'No,' but Exactly What Means 'Yes'?" *All Things Considered,* NPR, June 13, 2014, accessed Apr. 23, 2018, https://www.npr.org/2014/06/13/321677110/a-campus-dilemma-sure-no-means-no-but-exactly-what-means-yes.
2. "Move the 'Sleepwalker' Inside the Davis Museum," petition from Wellesley student to Wellesley president, Change .org, accessed Apr. 23, 2018, https://www.change.org/p/president-h-kim-bottomly-move-the-sleepwalker-inside-the-davis-museum.
3. OSU Marching Band Culture Task Force, "OSU Marching Band Cultural Assessment and Administrative Oversight Review," Nov. 18, 2014, accessed Apr. 23, 2018, https://www.osu.edu/

knownoffender2006-2015.xls.

第六章　校園性侵的謊言

1. Kristi Tanner, "Database: 2016 FBI Crime Statistics by U.S. City," Detroit Free Press, Sept. 25, 2017, accessed Apr. 23, 2018, https://www.freep.com/story/news/2017/09/25/database-2016-fbi-crime-statistics-u-s-city/701445001/.
2. Claire Kaplan, interview, Oct. 30, 2007.
3. Bonnie S. Fisher, Francis T. Cullen, and Michael G. Turner, "The Sexual Victimization of College Women" (Washington, D.C.: U.S. Department of Justice, National Institute of Justice, Dec. 2000), accessed Apr. 23, 2018, https://www.ncjrs.gov/pdffiles1/nij/182369.pdf.
4. David Cantor, Bonnie Fisher, Susan Chibnall, Carol Bruce, Reanne Townsend, Gail Thomas, and Hyunshik Lee, "Report on the AAU Campus Climate Survey on Sexual Assault and Sexual Misconduct," report prepared for Harvard University (Rockville, MD: Westat, Sept. 21, 2015), accessed Apr. 28, 2018, http://sexualassaulttaskforce.harvard.edu/files/taskforce/files/finalreportharvard9.21.15.pdf?m=1442784546.
5. Stanford University, "Safety, Security, and Fire Report," 2017 (Stanford, CA: Stanford University Department of Public Safety, 2017), accessed Apr. 25, 2018, https://police.stanford.edu/pdf/ssfr-2017.pdf.
6. Julie Shaw, "Suspect in Rape Case Cops a Plea," *Inquirer and Daily News,* June 29, 2007, accessed Apr. 23, 2018, http://www.philly.com/philly/hp/newsupdate/20070629Suspectinrapecasecopsaplea.html.
7. Rebecca D. Robbins, "Students Call for Beefed Security After Reported Rapes," *Harvard Crimson,* Aug. 25, 2012, accessed Apr. 23, 2018, http://www.thecrimson.com/article/2012/8/25/students-security-after-rapes/.
8. T. Rees Shapiro and Nick Anderson, "U-Va. Seeks to Cope with Trauma after Sophomore Hannah Graham Vanished," *Washington Post,* Oct. 4, 2014, accessed Apr. 23, 2018, http://www.washingtonpost.com/local/education/u-va-seeks-to-cope-with-trauma-after-sophomore-hannah-graham-vanished/2014/10/04/4f5adcb4-4a80-11e4-891d-713f052086a0story.html.
9. Carole T. Goldberg, "Confronting Sexual Assault," *Yale Health* Care 10, no. 2, (March/Apr. 2007), 4, accessed Apr. 25, 2018, https://yalehealth.yale.edu/resources/yale-health-care-newsletter.
10. Brett A. Sokolow, "Who's Helping Whom: Are Our Sexual Assault Response Protocols Working?" *Campus Safety & Student Development* 4, no. 5 (May/June 2003), 657–70, accessed May 7, 2018, http://www.civicresearchinstitute.com/online/articleabstract.php?pid=11&iid=395&aid =2621.
11. Elizabeth Bartholet, Nancy Gertner, Janet Halley, and Jeannie Suk Gersen, "Fairness for All Students Under Title IX," Harvard Law School Digital Access to Scholarship at Harvard, Aug. 21, 2017, accessed Apr. 23, 2018, http://nrs.harvard.edu/urn-3:HUL .InstRepos:33789434.

13. Sy Stokes guest appearance, NewsNation with Tamron Hall, Nov. 11, 2013, YouTube video, posted Nov. 11, 2013, accessed Apr. 22, 2018, http://www.youtube.com/watch?v=FpaZv-YM4kE.

第五章　大家都是無意識的種族主義者？

1. "Our Teams: Vice Chancellor's Team, Vice Chancellor for Equity, Diversity and Inclusion, Jerry Kang," UCLA website, accessed Apr. 23, 2018, https://equity.ucla.edu/about-us/our-teams/vice-chancellor/.
2. Frederich R. Lynch, "Why Trump Supporters Distrust Immigration and Diversity," op-ed, *New York Times,* Aug. 4, 2017, accessed Apr. 23, 2018, https://www.nytimes.com/2017/08/04/opinion/trump-supporters-immigration-diversity.html.
3. Joelle Emerson, interview, Aug. 14, 2017.
4. "Why Family Income Differences Don't Explain the Racial Gap in SAT Scores," *Journal of Blacks in Higher Education, no.* 20 (Summer 1998), 6, DOI: 10.2307/2999198. Accessed May 7, 2018, http://www.jstor.org/stable/2999198.
5. California Department of Education News Release, "Schools Chief Torlakson Reports Across-the-Board Progress Toward Career and College Readiness in CAASPP Results," Release: 16–57, Aug. 24, 2016, accessed Apr. 23, 2018, https://www.cde.ca.gov/nr/ne/yr16/yr16rel57.asp.
6. Roland G. Fryer, Jr. "An Empirical Analysis of Racial Differences in Police Use of Force," National Bureau of Economic Research Working Paper 22399, issued July 2016, revised Jan. 2018, accessed Apr. 23, 2018, http://www.nber.org/papers/w22399;Ted R. Miller, Bruce A. Lawrence, Nancy N. Carlson, Delia Hendrie, Sean Randall, Ian R. H. Rockett, and Rebecca S. Spicer, "Perils of Police Action: A Cautionary Tale from US Data Sets," Injury Prevention 23, no. 1 (June 16, 2016), accessed Apr. 23, 2018, http://injuryprevention.bmj.com/content/early/2016/06/16/injuryprev-2016-042023; Phillip Atiba Goff, Tracey Lloyd, Amanda Geller, Steven Raphael, and Jack Glaser, The Science of Justice: Race, Arrests, and Police Use of Force, Center for Policing Equity, UCLA (July 2016), accessed Apr. 23, 2018, SoJRace-Arrests-UoF2016-07-08-1130.pdf; Lois James, Stephen M. James, and Bryan J. Vila, "The Reverse Racism Effect: Are Cops More Hesitant to Shoot Black Than White Suspects?" *Criminology & Public Policy* 15, no 2 (May 2016), 457–79, accessed Apr. 23, 2018, http://onlinelibrary.wiley.com/doi/10.1111/1745-9133.12187/abstract.
7. James P. O'Neill: Crime and Enforcement Activity in New York City, Jan. 1–December 31, 2016, NYPD Commissioner's report, accessed Apr. 23, 2018, http://www1.nyc.gov/assets/nypd/downloads/pdf/analysis_andplanning /year-end-2016-enforcement-report.pdf.
8. Federal Bureau of Investigation, "2015 Law Enforcement Officers Killed & Assaulted," Table 41: 2015 Law Enforcement Officers Feloniously Killed: Race and Sex of Known Offender, 2006–2015, accessed Apr. 23, 2018, https://ucr.fbi.gov/leoka/2015/tables/table41leosfkraceandsexof_

com/2012/01/econometrics-of-rwandan-pear-blossoms.html.
6. "Politics of Grievance at Duke," ZetaBoards, Jan. 22, 2012, accessed May 7, 2018, http://s1.zetaboards .com/Liestoppersmeeting/topic/4662188/1/.

第四章 「微歧視」的鬧劇

1. Cathryn Dhanatya, interview, July 7, 2014.
2. Rosalind Raby, interview, July 17, 2014.
3. Rosalind Raby, "Val Rust: A Lifetime of Achievement," SSCE Newsletter (Spring 2013), 5, accessed Apr. 22, 2018, https://www.yumpu.com/en/document/view/19168727/spring-2013-ssce-newsletter-ampersand-ucla.
4. Interview with recent graduate, July 20, 2014.
5. Daniel Solorzano, Sayil Camacho, William Dandridge, Johanna Drucker, Alma Flores, Annamarie Francois, Patricia Garcia, Sandra Graham, Timothy Ho, Tyrone Howard, et al., "Final Report of the GSE&IS Committee on Race and Ethnic Relations,"UCLA Ed & IS, GSE&IS Resources (June 2014), accessed Apr. 22, 2018, https://portal.gseis.ucla.edu/incident-resolution/gse-is-committee-on-race-and-ethnic-relations-final-report.
6. Elie Mystal, "Racists' T-Shirtson Campus? Only If You Bother to ThinkAbout It," *Above the Law,* Nov. 22, 2013, accessed Apr. 22, 2018, https://abovethelaw.com/2013/11/racists-t-shirts-on-campus-only-if-you-bother-to-think-about-it/.
7. "Substantively Respond to BLSA's Suggestions for a Less Hostile Campus Climate," petition from BLSA at UCLA School of Law to Dean Rachel Moran, UCLA School of Law, Change .org, accessed Apr. 22, 2018, https://www.change.org/p/dean-rachel-moran-ucla-school-of-law-substantively-respond-to-blsa-s-suggestions-for-a-less-hostile-campus-climate-2.
8. Rachel Moran, "Initial Steps to Enhance Diversity and Inclusion in Our Community," email message to Classes of 2014, 2015, and 2016, Feb. 28, 2014.
9. Institute of Education Sciences, "The Nation's Report Card: Reading, 2013, State Snapshot Report, California Grade 8 Public Schools," accessed May 7, 2018, http://nces.ed.gov/nationsreportcard/subject/publications/stt2013/pdf/2014464CA8.pdf.
10. "Quick Facts About UCLA," UCLA Undergraduate Admission website, accessed Apr. 22, 2018, http://www.admissions.ucla.edu/campusprofile.htm.
11. UCLA Office of Media Relations, "Statement on Video by African American Student Group," UCLA Newsroom, Nov. 7, 2013, accessed Apr. 22, 2018, http://newsroom.ucla.edu/stories/statement-on-video-by-african-249314.
12. Gene D. Block, "The Impact of Proposition 209 and Our Duty to Our Students," UCLA Office of the Chancellor website, Feb. 24, 2014, accessed Apr. 22, 2018, https://chancellor.ucla.edu/messages/the-impact-of-proposition-209-and-our-duty-to-our-students/.

4. Nina Robinson, interview, Nov. 30, 2006.
5. Brent Bridgeman and Cathy Wendler, Characteristics of Minority Students Who Excel on the SAT and in the Classroom, Policy Information Report (Princeton, NJ: Educational Testing Service, 2005), accessed Apr. 22, 2018, https://www.ets.org/Media/Research/pdf/PICMINSAT.pdf.
6. Mark Rashid, interview, Nov. 21, 2006.
7. Richard H. Sander, "A Systematic Analysis of Affirmative Action in American Law Schools," *Stanford Law Review* 57 (Nov. 2004), 367–483, accessed Apr. 22, 2018, http://www.adversity.net/Sander/Systemic_AnalysisFINAL.pdf.
8. Katherine S. Mangan, "Combatants Over Affirmative Action in Admissions Await Law Review Issue That's Their Next Battleground," *Chronicle of Higher Education,* Apr. 15, 2005, accessed Apr. 22, 2018, https://www.chronicle.com/article/Combatants-Over-Affirmative/120448.
9. Goodwin Liu, "A Misguided Challenge to Affirmative Action," Commentary, *Los Angeles Times,* Dec. 20, 2004, accessed Apr. 22, 2018, http://articles.latimes.com/2004/dec/20/opinion/oe-liu20.
10. Katherine S. Mangan, "Does Affirmative Action Hurt Black Students?" *Chronicle of Higher Education,* Nov. 12, 2004, accessed Apr. 22, 2018, https://www.chronicle.com/article/Does-Affirmative-Action-Hurt/19206.
11. "Robert Birgeneau: 'We Serve California Extremely Well,' " Berkelyan, *UC Berkeley News,* October 18, 2006, accessed Apr. 22, 2018, https://www.berkeley.edu/news/berkeleyan/2006/10/18Birgeneau.shtml.

第三章 「平權行動」的災難

1. Peter Arcidiacono, Esteban M. Aucejo, and Ken Spenner, "What Happens after Enrollment? An Analysis of the Time Path of Racial Differences in GPA and Major Choice," *IZA Journal of Labor Economics* 1, no. 5 (Oct. 2012), accessed Apr. 22, 2018, https://izajole.springeropen.com/articles/10.1186/2193-8997-1-5.
2. Ibid.
3. "Black Students at Duke Upset Over Study," UrbanMecca, Herald-Sun(Durham, NC), Jan. 13, 2012, accessed Apr. 22, 2018, http://urbanmecca.net/news/2012/01/13/black-students-at-duke-upset-over-study/.
4. karla fc holloway (@ProfHolloway), "#Duke authors' unpublished study of #race + #AffirmativeAction lacks academic rigor," Jan. 16, 2012, https://twitter.com/ProfHolloway/status/159011440831901697.
5. Timothy B. Tyson, "The Econometrics of Rwandan Pear Blossoms at Duke University," *Mike Klonsky's Blog,* Jan. 27, 2012, accessed Apr. 22, 2018, http://michaelklonsky.blogspot.

7. Elizabeth Abel, Wendy Brown, Judith Butler, Ian Duncan, Donna Jones, David Landreth, Saba Mahmood, et al., *Letter to Chancellor Nicholas Dirks,* Jan. 3, 2017, accessed Apr. 22, 2018, https://docs.google.com/document/d/13mTOQ7wVst6voLMg6Pvr-3uJ2Fbn7zcXg_Bkx8mGDOk/edit.
8. "Yale University Student Protest Halloween Costume Email," YouTube video, posted Nov. 6, 2015, accessed Apr. 22, 2018, https://www.youtube.com/watch?v=9IEFDJVYd0&feature =youtu.be.
9. "Part III: Yale Students and Nicholas Kristachis [sic]," YouTube video,Nov. 5, 2015, posted Nov. 14, 2015, accessed Apr. 22, 2018, https://www.youtube.com/watch?v=u-q3Y8pRoj8&feature =youtu.be&t =2m;"Part IV:Yale Students and Nicholas Kristachis [sic]," YouTube video, Nov. 5, 2015,posted Nov. 14, 2015, https://www.youtube.com/watch?v=es1W9cREZAs&feature =youtu.be&t =2m.
10. "President and Yale College Dean Underscore Commitment to a 'BetterYale' " statement, Yale University website, Nov. 6, 2015, accessed Apr. 22, 2018, https://news.yale.edu/2015/11/06/president-and-yale-college-dean-underscore-commitment-better-yale.
11. Sam Budnyk, "Emory Students Express Discontent with Administrative Response to Trump Chalkings," *Emory Wheel,* Mar. 22, 2016, accessed Apr. 22, 2018, http://emorywheel.com/emory-students-express-discontent-with-administrative-response-to-trump-chalkings/.
12. Jim Galloway, "Chalk One Up for Donald Trump at Emory University," *Political Insider* (blog), *Atlantic Journal-Constitution,* Mar. 22, 2016, accessed Apr. 22, 2018, https://politics.myajc.com/blog/politics/chalk-one-for-donald-trump-emory-university/6pgzUuEj8T4bhrGT2RFMjL/.
13. BWOG Staff, "Columbia Class of 2018 Facebook Page Debates POC Core Professors," *BWOG Columbia Student News,* Nov. 15, 2015, accessed Apr. 21, 2018, http://bwog.com/2015/11/15/columbia-class-of-2018-facebook-page-debates-poc-core-professors/.
14. "Note to Employees from CEO Sundar Pichai," Google blog, Aug. 8, 2017, accessed Apr. 22, 2018, https://www.blog.google/topics/diversity/note-employees-ceo-sundar-pichai/.
15. Yonatan Zunger, "So, About This Googler's Manifesto," *Medium,* Aug. 5, 2017, accessed Apr. 22, 2018, https://medium.com/@yonatanzunger /so-about-this-googlers-manifesto-1e3773ed1788.
16. Sarah Emerson, Louise Matsakis, and Jason Koebler, "Internal Reaction to Google Employee's Manifesto Show Anti-Diversity Views Have Support," *Motherboard,* Aug. 5, 2017, accessed Apr. 22, 2018, https://motherboard.vice.com/enus/article/ywpamw/internal-reaction-to-google-employees-manifesto-show-anti-diversity-views-have-support.

第二章　硬用「平權行動」的錄取方式

1. John Searle, interview, Dec. 1, 2006.
2. Interview with University of California-SanDiego professor, Dec. 4, 2006.
3. Richard Sander, interview, Nov. 4, 2006.

注釋

前言

W. E. B. Du Bois, *The Souls of Black Folk, with an introduction* by John Edgar Wideman (New York: The Library of America, 2009, pbk.), 438.

The Frederick Douglass Papers, Series Two: Autobiographical Writings, vol. 2: My Bondage and My Freedom, eds. John W. Blassingame, John R. McKivigan, and Peter P. Hinks (New Haven and London: Yale University Press, 2003), 90–91.

Victor Wang, "Student Petition Urges English Department to Diversify Curriculum," *Yale Daily News,* May 16, 2016, accessed May 7, 2018, http://yaledailynews.com/blog/2016/05/26/student-petition-urges-english-department-to-diversify-curriculum/.

Allison Stanger, "Understanding the Angry Mob at Middlebury That Gave Me a Concussion," op-ed, *New York Times,* Mar. 13, 2017, accessed May 7, 2018, https://www.nytimes.com/2017/03/13/opinion/understanding-the-angry-mob-that-gave-me-a-concussion.html.

Middlebury Faculty for an Inclusive Community, "An Initial Statement of Our Principles," *Middlebury Campus,* May 10, 2017, accessed May 7, 2018, http://middleburycampus .com/35724/opinions/an-initial-statement-on-the-principles-of-inclusivity-civil-freedoms-and-community/.

第一章 歇斯底里的校園

1. Steven Glick, "Claremont Students Plan to Protest 'Anti-Black Fascist' Heather Mac Donald," *Claremont Independent,* Apr. 6, 2017, accessed May 7, 2018, https://claremontindependent.com/students-plan-to-protest-anti-black-fascist-heather-mac-donald/.
2. Hiram Chodosh, "Last Night's Ath Talk," email message to Claremont McKenna faculty, staff, and students, Apr. 7, 2017.
3. Editorial Board, "Ath Talks Aren't Neutral," *Student Life,* Apr. 7, 2017, accessed May 7, 2018, http://tsl.news/opinions/6698/.
4. Dray Denson, Avery Jonas, and Shanaya Stephenson, "Open letter to David Oxtoby: In Response to Academic Freedom and Free Speech," Apr. 17, 2017, accessed Apr. 24, 2018, http://archive.is/Dm2DN#selection-147.10-147.127.
5. Haruka Senju,"Violence as Self-defense," *Daily Californian,* Feb. 7, 2017, accessed May 7, 2018, http://www.dailycal.org/2017/02/07/violence-self-defense/.
6. Neil Lawrence, "Black Bloc Did What Campus Should Have," *Daily Californian,* Feb. 7, 2017, accessed Apr. 24, 2018, http://www.dailycal.org/2017/02/07/black-bloc-campus/.

ALPHA 46

美國多元假象：

一味迎合種族和性別議題，使大學沉淪，並逐漸侵蝕我們的文化

The Diversity Delusion: How Race and Gender Pandering Corrupt the University and Undermine Our Culture

作　　著　希瑟・麥克・唐納（HEATHER MAC DONALD）
譯　　者　黃庭敏

總 編 輯　富　察
副總編輯　成怡夏
執行編輯　成怡夏
行銷企劃　蔡慧華
封面設計　莊謹銘
內頁排版　宸遠彩藝

社　　長　郭重興
發行人暨出版總監　曾大福
出　　版　八旗文化／遠足文化事業股份有限公司
發　　行　遠足文化事業股份有限公司
231 新北市新店區民權路 108 之 2 號 9 樓
電話　02-22181417
傳真　02-86611891
客服專線　0800-221029

法律顧問　華洋法律事務所 蘇文生律師
印　　刷　成陽印刷股份有限公司

初版一刷　2020 年 9 月
定　　價　450 元

國家圖書館出版品預行編目 (CIP) 資料

美國多元假象 : 一味迎合種族和性別議題 , 使大學沉淪 , 並逐漸侵蝕我們的文化 / 希瑟 . 麥克 . 唐納 (Heather Mac Donald) 作 ; 黃庭敏譯 . -- 初版 . -- 新北市 : 八旗文化出版 : 遠足文化發行 , 2020.09
面 ;　公分 . -- (Alpha ; 46)
譯自 : The diversity delusion : how race and gender pandering corrupt the university and undermine our culture.
ISBN 978-986-5524-22-7(平裝)
1. 人文社會學　2. 學校與社會　3. 高等教育　4. 美國

525.952　　109010930